Carol Shinoda
Carolina Cavalcanti

REA
LIZA
DOS

Aprenda a criar caminhos para viver com felicidade e propósito

Benvirá

Copyright © Carol Shinoda, Carolina Cavalcanti, 2024

Copyright da edição brasileira © Saraiva Educação, 2024

Todos os direitos reservados, incluindo o direito de reprodução integral ou em parte, em qualquer forma.

Direção editorial Ana Paula Santos Matos
Gerência editorial e de produção Fernando Penteado
Gerenciamento de catálogo Isabela Ferreira de Sá Borrelli
Edição Paula Sacrini
Design e produção Jeferson Costa da Silva (coord.)
Alanne Maria
Preparação Mariana Naime
Revisão Queni Winters
Diagramação Adriana Aguiar
Capa Tiago Dela Rosa

**Dados Internacionais de Catalogação na Publicação (CIP) –
Odilio Hilario Moreira Junior – CRB-8/9949**

S556r Shinoda, Carol

Realizados: aprenda a criar caminhos para viver com felicidade e propósito/ Carol Shinoda, Carolina Cavalcanti; colaboração de Paula Sacrini. - São Paulo: Benvirá, 2024.

384 p. : il.

Inclui apêndice

ISBN: 978-65-5810-091-1

1. Autoconhecimento. 2. Resiliência. 3. Crescimento pessoal. 4.Bem-estar. 5. Realização. 6. Felicidade. I. Cavalcanti, Carolina. II. Sacrini, Paula. III. Título.

	CDD 150.1943
2024-1032	CDU 159.9.019.4

Índices para catálogo sistemático:

1. Autoconhecimento	150.1943
2. Autoconhecimento	159.9.019.4

1ª edição, agosto de 2024

Nenhuma parte desta publicação poderá ser reproduzida por qualquer meio ou forma sem a prévia autorização da Saraiva Educação. A violação dos direitos autorais é crime estabelecido na Lei n. 9.610/98 e punido pelo art. 184 do Código Penal.

Todos os direitos reservados à Benvirá, um selo editorial da Saraiva Educação, integrante do GEN | Grupo Editorial Nacional.

Travessa do Ouvidor, 11 – Térreo e 6ª andar
Rio de Janeiro – RJ – 20040-040

Atendimento ao cliente:
http://www.editoradodireito.com.br/contato

Dedico este livro ao Mateus Tetsuo, meu filho.
Que você encontre seus próprios caminhos para
ser feliz e contribuir com o mundo.
Estarei sempre ao seu lado.
Carol Shinoda

Aos meus filhos Lucas e Davi, a quem amo de forma tão
profunda. Vocês são o meu maior legado. Sou abençoada
pela oportunidade preciosa de poder ajudá-los a construir
uma vida pautada na fé e no propósito.
Carolina Cavalcanti

Sumário

Prefácio 1

Agradecimentos 3

Sobre o livro 7

    Qual é a proposta deste livro? 9

    Como foi nosso processo de escrita? 15

        Perspectiva da Carol Shinoda 15

        Perspectiva da Carolina Cavalcanti 19

    Como ler este livro? 23

Parte 1 | Definindo nossas bases

1 | Abaixo a tirania do Propósito e da Felicidade tóxica ... 29

2 | Conceitos fundamentais: Felicidade, Bem-Estar e
    Propósito 35

    Conceitos de Felicidade e Bem-estar 35

    Conceitos sobre Propósito de Vida 45

3 | Bases da nossa pesquisa...51

O encontro com pessoas e histórias cheias de
sentido 51

Autoavaliação inicial 59

Parte 2 | Felicidade e Bem-Estar

4 | Fontes de Felicidade e Bem-Estar...........................65

Fonte 1 – Convívio familiar..66

Fonte 2 – Redes de apoio e comunidades 79

Fonte 3 – Aprendizagem...96

Fonte 4 – Trabalho..109

Fonte 5 – Cuidados com corpo..................................124

Fonte 6 – Arte 132

Fonte 7 – Espiritualidade 138

5 | Ambientes para recarga energética........................159

6 | Gestão da vida para a Felicidade e Bem-Estar..........171

Estratégia "rotina estruturada"................................174

Estratégia "2 em 1" 176

Estratégia "tudo junto e misturado" 177

Parte 3 | Sobre o Propósito de Vida

7 | De onde nascem os Propósitos?.............................185

Caminho Interno (de dentro para fora) 187

Caminho Externo (de fora para dentro) 190

Caminho Misto (transformação dentro e fora)........197

8 | Formas de contribuir além de si 207

9 | O que eu ganho com isso? Benefícios de viver com Propósito 221

10 | Legado: uma construção diária 229

11 | Lições de quem sustenta um Propósito 235

Lição 1 – Propósitos são uma escolha 235

Lição 2 – Os desafios da vida como oportunidades para o crescimento 246

Lição 3 – Os valores dão forma ao Propósito 260

Lição 4 – O autoconhecimento como propulsor das descobertas 265

Lição 5 – A força dos exemplos 278

Lição 6 – O papel das habilidades 286

Lição 7 – Gratidão e contentamento 298

Lição 8 – A importância dos limites 308

Lição 9 – A coragem de sair das gaiolas de ouro 318

Lição 10 – O efeito multiplicador do Propósito 329

Parte 4 | Como viver uma vida de realização?

12 | Organizando as suas fontes de Felicidade e Bem--Estar 341

Atividade 1 – Reconhecendo as Fontes de Felicidade 341

Atividade 2 – Reconhecendo os Ambientes de Recarga Energética 344

Atividade 3 – Minha trilha para estruturar uma vida mais feliz e com bem–estar 345

Atividade 4 – E quando tudo isso não é suficiente? ... 347

13 | Compreendendo o seu Propósito 349

Atividade 1 – Reflexões sobre o seu Propósito 349

Atividade 2 – Caminhos para o Propósito 351

Atividade 3 – Focos de atuação: formas de contribuir além de si 352

Atividade 4 – Reflexões com base nas lições dos nossos entrevistados.. 353

14 | Integrando o Bem-Estar e o Propósito no seu dia a dia.. 357

Apêndice – Metodologia da pesquisa 359

Prefácio

O tema deste livro sempre foi importante, mas nos últimos anos passou a ser crucial. O mundo está mudando rapidamente e trazendo cada vez mais complexidade e inseguranças. Isso tem efeitos colaterais... Os indivíduos passaram a se questionar muito sobre o que realmente importa para serem felizes. Para muitas pessoas, felicidade é utopia; mas, para a maior parte, ela está atrelada a encontrar um significado para a vida que esteja alinhado a seus objetivos e valores. Propósito de vida e felicidade atualmente fazem parte do cotidiano de várias pessoas, não apenas em conversas e discussões, mas principalmente em ações que conseguem colocar em prática. Outras pessoas ainda têm dúvidas e acreditam em muitos mitos sobre a temática, o que dificulta a construção de uma vida com mais sentido.

Quando fui convidada pelas autoras para participar do estudo realizado para dar base para esta obra, não me sentia pronta para o desafio, mas foi muito prazeroso e me envolvi de corpo e alma. Não tenha dúvida de que esta grande obra vai tocar o seu coração e fazer com que reflita sobre o que realmente importa na vida.

O livro tem alguns diferenciais importantes. Primeiro, é embasado em histórias de pessoas reais, que estão na luta para sustentar vidas com alegria e propósito. Não são artistas famosos ou pessoas que parecem mais realizadas do que de fato são. As categorias de bem-estar e as lições sobre propósito de vida emergem de suas falas e vivências.

Em segundo lugar, a escolha dos entrevistados foi bastante cuidadosa para dar espaço à diversidade. Não são pessoas iguais às autoras (mulheres na faixa dos 40 anos, casadas, com filhos e que trabalham como autônomas). Vemos histórias de pessoas de diferentes idades, gêneros, orientações sexuais, cores de pele, níveis socioeconômicos e estados civis, indivíduos com e sem filhos e que trabalham em segmentos diversos (empresas, ONGs e instituições religiosas).

Outro diferencial do livro é o alinhamento do que emergiu das entrevistas com as teorias de Bem-Estar e de Propósito e pesquisas relacionadas. As autoras compartilham os principais conceitos e resultados de estudos de forma bastante didática, cativando a leitura. Isso permite aprofundar nosso conhecimento de forma leve e gostosa.

Importante citar as perguntas de reflexão deixadas em cada capítulo, que nos convidam a relacionar a leitura com nossa própria vida. No final do livro, há diversas atividades que dão aquele "empurrãozinho final" para construirmos uma vida real, mas com mais propósito e felicidade.

E, finalmente, parece que as autoras estão ali ao nosso lado, acompanhando nossa jornada de leitura, se abrindo conosco. Isso inspira a caminharmos na leitura nos sentindo acolhidos.

Desejo que você possa trilhar este caminho de autodesenvolvimento, se envolva com as diferentes histórias das pessoas que compõem este livro e reflita sobre o que faz sua vida ter felicidade e propósito.

Que você possa viver de forma feliz e inteira. Você verá na minha história, relatada no livro, que este é o meu propósito de vida, e é o que desejo a você, querido leitor ou leitora.

Com carinho,
Sofia Esteves

Agradecimentos

Queremos agradecer, de coração, às pessoas inspiradoras e generosas com quem tanto aprendemos e trocamos durante o processo de autoria deste livro.

Somos imensamente gratas aos nossos entrevistados pela abertura à vulnerabilidade e confiança em nós para lidar com as informações pessoais que compartilharam conosco. Sabemos que é difícil assumir nossa história de maneira integral, com nossas conquistas, mas também tropeços e dores. Vocês tiveram essa coragem: Ana Carolina Silva, Adriana Ribeiro, Ana Júlia Leme, Eliza Zóboli, Fernanda Silveira, Helder Roger Cavalcanti, Isfrankle Silva, Isabelle Victoria, Luiz Zoldan, Mórris Litvak, Rivana Marino, Rodolfo Santos, Sofia Esteves, Williams Costa Jr. Ao fazer isso de forma tão singela e genuína, vocês presentearam a nós, as autoras, e a cada pessoa que ler este livro com uma sabedoria de valor imensurável.

Nosso "muito obrigada" ao Vicente Sarubbi pela competência em análise qualitativa (ele ministra cursos na área de pesquisa qualitativa) e seu olhar profundo para o ser humano (é psicólogo, além de acadêmico). Ele trouxe insights nas trocas iniciais sobre o livro após as primeiras entrevistas que nos fizeram despertar para alguns padrões que estavam tão perto de nós que não visualizamos inicialmente.

À Nicolly de Morais, da TextLab, agradecemos pelo cuidado em digitar quase 13 horas de gravações, que se tornaram 194 páginas de transcrições das entrevistas. Seu trabalho foi essencial para que pudéssemos ter uma base confiável para realizar as análises qualitativas para o livro.

Também queremos estender nossa gratidão à editora Benvirá, por dar-nos mais um voto de confiança como autoras e levar o nosso livro a todas as partes do Brasil e fora dele. Agradecemos em especial à equipe editorial, nas pessoas de Fernando Penteado, Isabela Borrelli e Paula Sacrini, e à equipe de design gráfico liderada pelo Tiago dela Rosa, que trouxe beleza e estética para a obra.

Um agradecimento muito especial é para a Debora Guterman, da Agência Mil Folhas. A Debora foi revisora do primeiro livro da Carol Shinoda em uma época em que atuou como consultora na editora Benvirá e fez uma diferença significativa para a qualidade da obra na época. Nós pedimos uma sessão de mentoria com ela para avaliar a proposta inicial do novo livro e, depois, não conseguimos desapegar. Ela foi uma das nossas leitoras prévias (que honra!) e ofereceu contribuições muito importantes com seu olhar experiente e sensível. Nunca mais escreveremos qualquer livro sem sua avaliação amorosa e atenta.

À querida amiga Talita Cordeiro: ter você na nossa vida é um grande presente. Seu companheirismo, sinceridade, acolhimento, bom humor e provocações sempre nos levam a enxergar perspectivas mais amplas e diversas. Agradecemos pela dedicação e uso de suas melhores habilidades técnicas e humanas para ler a primeira versão do livro e fazer comentários tão assertivos e carinhosos sobre o que poderia ser melhorado ou ajustado. Sua forma de demonstrar o quanto se importa conosco e com os leitores fez toda a diferença. Ter você como nossa amiga é um grande privilégio.

À Leila Brito, amiga, psicóloga e leitora assídua, nosso muito obrigada. Seu olhar cuidadoso e inclusivo nos fez ganhar consciência de algumas de nossas crenças que apareciam no texto sem a devida clareza de onde partiam. Nossa gratidão por nos ajudar nesse sentido (tivemos que levar seus pontos para trabalhar com as nossas terapeutas!).

À querida Mônica Ribeiro que, junto com a Caroline Bento, agencia as palestras da Carolina Cavalcanti na NGP Desenvolvimento Humano: o seu olhar apurado e humano trouxe insights importantes que enriqueceram alguns trechos do livro.

Ao Carlos Shinoda, pai e mentor da Carol Shinoda, por sua leitura e apontamentos de melhorias. Saber que nosso conteúdo atendeu às expectativas de uma pessoa com tanta sabedoria como você nos trouxe muita serenidade.

Obrigada Alexandre Prado e Luciana Shinoda, casal da família da Carol Shinoda que contribuiu para a capa do nosso livro com todo o talento que têm na área artística.

Queremos agradecer ao Emerson (marido da Carol Shinoda), por ter tido a paciência de ouvir os novos capítulos do livro assim que acordava. A Carol já estava há algumas horas escrevendo quando ele vinha tomar café da manhã e, mal aparecia na sala, já era "convidado" (aquele convite que parece às vezes uma intimação) a avaliar o nível de clareza dos novos textos. É uma delícia ter sua amorosidade e acolhimento!

Ao Helder (esposo da Carol Cavalcanti), por ter sido, mais uma vez, tão parceiro e compreensivo enquanto ela estava na caverna (lugar onde ele diz que a Carol fica quando está escrevendo um livro). E também, por ajudá-la a sair da caverna, respirar e olhar para o horizonte quando era preciso. É sempre reconfortante saber que em você a Carol encontra um abraço apertado, questionamentos e comentários que tanto agregam ao processo de escrita.

Somos gratas a Deus por tudo que representa para nós. Sentimos que nossa jornada no livro foi sempre muito bem acompanhada.

SOBRE O LIVRO...

Qual é a proposta deste livro?

Olá! Que alegria ter você aqui conosco iniciando esta jornada de reflexões e aprendizados! Antes de começarmos, queremos que saiba o que esperar da leitura das próximas páginas.

A proposta central deste livro é ampliar seu conhecimento sobre elementos que podem contribuir para que você tenha uma vida feliz e com propósito e, assim, permitir que você faça escolhas conscientes e que façam sentido para sua realidade.

Para organizar esta jornada, unimos nosso conhecimento teórico e científico e nossa experiência prática como professoras e facilitadoras de workshops nos temas de felicidade e propósito e desenvolvemos uma pesquisa inédita com pessoas que vivenciam esses conceitos em suas vidas.

No decorrer do livro, convidaremos você a aprender, avaliar e refletir sobre como o bem-estar, a felicidade e o propósito estão presentes na sua vida.

Acreditamos que cada pessoa tem uma trajetória única, valores próprios, paixões e sonhos singulares, além de viver em um contexto específico, com desafios e oportunidades, e que isso precisa ser levado em conta em suas escolhas sobre como ser mais feliz e contribuir para ajudar outras pessoas com aquilo que tem de melhor. Por isso, selecionamos histórias de pessoas reais – e muito diferentes entre si – que conseguem integrar propósito e felicidade em seu dia a dia, cada uma à sua maneira. A ideia é que, a partir disso, você possa ampliar sua visão sobre as diversas possibilidades de caminhos para que a sua vida possa ter mais sentido e significado.

Também precisamos deixar claro o que não é a nossa proposta: este livro não tem a intenção de apontar um passo a passo definitivo, com um caminho único para todas as pessoas, independente de suas histórias e contextos, e que possa garantir de forma inequívoca uma vida feliz o tempo todo e com plena realização de seus propósitos. Isso seria irreal e não representaria o que nós acreditamos como especialistas em desenvolvimento humano.

Ao analisar estudos teóricos, foi possível notar que há alguns aspectos os quais contribuem para a felicidade e o bem-estar, assim como possibilitam que alguém viva seu propósito. Para enriquecer esse olhar trazido pelas pesquisas teóricas nas áreas de Psicologia, Neurociência, Educação, Gestão e Ciências Sociais, quisemos ouvir histórias de pessoas que colocassem em prática esses conceitos e que pudessem trazer novos elementos ainda não estudados.[1]

Quando ouvimos as histórias dessas pessoas, apesar de serem tão diferentes em termos de idade, ocupação, condição socioeconômica, entre outros aspectos, elas exibiam muitas semelhanças no que diz respeito ao que traz alegria para os seus dias, a como enfrentam os momentos de dor e à forma como constroem uma vida com sentido. Esses padrões as ajudavam a sustentar uma vida com felicidade e propósito.

---

1. Veja no Apêndice o detalhamento da metodologia utilizada na escolha das pessoas entrevistadas.

Percebemos que muitos entrevistados falavam sobre os desafios da vida como fontes de aprendizado. Então, quando algo difícil acontecia, procuravam formas de crescer, o que os diferenciava de comportamentos típicos como dedicar muito tempo a reclamações ou a tentativas de entender "o que fizeram para merecer aquilo". Isso não significa que não tenham sofrido ou tido fases de negação com relação ao que estava acontecendo, mas confiaram que aquela experiência difícil traria um aprendizado no final. Esse é um exemplo dos padrões que identificamos entre os entrevistados.

São elementos como esses, extraídos das histórias dos entrevistados, que trazem mais cores e sensibilidade a estas páginas, de forma que você também possa ser capaz de traçar a sua própria jornada, respeitando quem é, sua história, dores, lutas, sonhos e capacidades.

Decidimos estruturar o conteúdo do livro da seguinte forma:

- **Parte 1 – Definindo nossas bases:** apresentamos nossa perspectiva para o livro, baseada em uma construção real e possível, para cada pessoa em seu próprio contexto. Nossa abordagem não é a da tirania do propósito nem a do incentivo à felicidade tóxica. Trazemos também os fundamentos para os conceitos de felicidade, bem-estar e propósito de vida. Explicamos resumidamente a metodologia da pesquisa feita para este livro e propomos uma autoavaliação inicial quanto à percepção de propósito e felicidade.
- **Parte 2 – Felicidade e bem-estar:** vamos discutir as diversas fontes possíveis de bem-estar (convívio familiar, redes de apoio e comunidades, aprendizagem, trabalho, cuidados com o corpo, artes e espiritualidade). Apresentaremos alguns ambientes para recarregarmos a nossa energia e traremos diferentes modelos para gerir a vida para termos maior bem-estar.

- **Parte 3 – Propósito de vida:** veremos os diferentes caminhos por onde nascem os propósitos, as diversas formas de contribuirmos para outras pessoas, os benefícios de se viver com propósito e como construir um legado. Em seguida, vamos conhecer dez lições que aprendemos com nossos entrevistados.
- **Parte 4 – Como viver uma vida de realização:** na parte final do livro, teremos atividades para ajudar você a avaliar as fontes de bem-estar na sua vida e para compreender o seu propósito e, por fim, integrar ambos os aspectos no seu dia a dia.

É importante dizer que propusemos discutir primeiro os aspectos ligados ao Bem-Estar e à Felicidade antes de falarmos sobre Propósito. Na nossa experiência notamos que, antes de nos colocarmos a serviço de outras pessoas, ou seja, do nosso propósito no mundo, precisamos estar energizados, nutridos. Não adianta nos esgotarmos oferecendo o nosso melhor aos outros se não tivermos fontes de felicidade nos alimentando para que essa oferta para o mundo seja sustentável.

Também é ilusório achar que vamos "encher todos os nossos potinhos da felicidade" em algum momento e só então poderemos contribuir com outras pessoas. Corremos o risco de passar a vida toda em busca dessa completude sem oferecer um pouco de nós aos outros. Um ponto interessante é que, quando ajudamos outras pessoas ou contribuímos com uma causa em que acreditamos, isso também ajuda a nos sentirmos mais felizes e preenchidos. Parece contraditório, pois estamos nos doando e recebemos algo com isso? Sim, é exatamente isso.

Fechamos o livro falando sobre como construir uma vida de realização. Escolhemos esse termo para nomear pessoas que são felizes e têm propósito, pois ao conversar com os nossos entrevistados, percebemos que eram pessoas que se consideravam (real)izadas! Não era apenas uma alegria, nem uma paz ou plenitude, pois demonstraram estar "na luta" para lidar com os desafios da vida enquanto implementam seus projetos e viabilizam seus sonhos. Era mesmo REALIZAÇÃO, uma sensação de dever cumprido a cada dia. Eram pessoas muito REAIS, verdadeiras, autênticas, com suas dores e belezas.

Convidamos você a fazer esta jornada de leitura, reflexão e experimentação conosco. Que possa se inspirar nos aprendizados que os entrevistados nos trazem e com as pesquisas complementares que apresentaremos ao longo do livro. Que construa uma forma de vida real, que faça sentido neste seu momento, e se sinta também uma pessoa realizada.

Carol Shinoda (@carolshinoda.proposito) e
Carolina Cavalcanti (@carolinacostacavalcanti)

Como foi nosso processo de escrita?

Perspectiva da Carol Shinoda

Sempre fui uma adolescente reflexiva, que queria entender as leis do universo e conceitos como destino e livre-arbítrio. Demorei a entender o meu valor como pessoa. A cada mudança (relacionamento, colégio, início da carreira profissional), sentia que o pouco que eu havia entendido ter de positivo se perdia em meio a tantas novas demandas. Fiz muitos anos de terapia e tive muitas experiências de trabalho, cursos, relacionamentos em geral, e isso me trouxe maior repertório de autoconhecimento. Hoje, quando posso contribuir para que outras pessoas possam descobrir seu valor e entender como podem ajudar outras nesse sentido, isso me traz muita realização.

Comecei a carreira na área de gerenciamento de projetos. Trabalhei em consultoria e meu propósito na época era levar ferramentas de projetos para as pessoas realizarem seus sonhos e objetivos. No entanto, durante o mestrado, tive a oportunidade de ser monitora acadêmica em um MBA de Gestão de Pessoas e descobri uma nova paixão:

o desenvolvimento humano. Fui fazer uma formação em coaching muito especial no EcoSocial (hoje Escola de Coaches) e, em um ano e meio de curso, entendi que cada pessoa tem as respostas dentro de si para seus questionamentos. Posso estar ao lado delas, apoiando, questionando, incentivando, mas são elas que vão escolher seus melhores caminhos. No doutorado, decidi unir as duas áreas – projetos e pessoas – e pesquisar o desenvolvimento do Propósito de Vida.

Como eu achava que poucas pessoas leriam minha tese,[2] que é extensa e segue a linguagem acadêmica, quis disponibilizar meus aprendizados em um livro para o público geral e não apenas para pesquisadores. Nasceu, assim, meu primeiro livro, que a editora Benvirá acolheu e disponibilizou aos leitores: *Propósito de Vida: um guia prático para desenvolver o seu*.[3]

Depois disso, segui dando aulas, palestras e workshops sobre o tema Propósito. Em paralelo, estava lidando com o desafio de conseguir engravidar. Depois de alguns anos nesse processo, finalmente o nosso filho decidiu vir compor nossa família! Quando estava com três meses de gestação, fui incentivada a pensar na escrita de um novo livro por uma pessoa querida do mercado editorial.

Comecei a planejar um método baseado em entrevistas de pessoas que se sentissem vivendo com propósito. Seria maravilhoso ampliar meu repertório a partir de histórias de pessoas reais. Só que eu queria curtir a minha tão esperada gestação. Pensei que talvez não fosse o momento de dar à luz outro projeto de grande dimensão. Decidi que o livro ficaria para depois do período de licença-maternidade.

---

2. SHINODA, A. C. M. **Desenvolvimento do propósito de vida de estudantes no ensino superior de Administração.** 2019. 352f. Tese apresentada como requisito parcial para a obtenção do título de Doutora em Ciências, Faculdade de Economia, Administração e Contabilidade, Universidade de São Paulo, São Paulo, 2019.

3. SHINODA, C. **Propósito de vida:** um guia para desenvolver o seu. São Paulo: Benvirá, 2021.

Fui contar minha decisão para a Carol Cavalcanti, uma grande amiga. Ela não se conformou:

— Por que não integrar a visão de diferentes pessoas que você entrevistar ao que você já possui de bagagem teórica? Não vai ser tão trabalhoso. Você já tem uma tese e um livro sobre o Propósito!

E eu, vendo aqueles olhos brilhantes da Carol que, além de minha amiga, já era autora de cinco livros de grande qualidade, fiz o convite:

— Carol, você toparia escrever esse livro comigo?

— Topo!!

Vale explicitar que, para a Carol, era muito significativo poder se aprofundar nos temas de desenvolvimento pessoal e propósito. Ela começou a carreira em uma perspectiva mais técnica, trazendo metodologias e ferramentas de inovação para a Educação. Seus livros anteriores eram sobre *Design Thinking* e Metodologias Inov-ativas.[4] No entanto, durante a pandemia, sentiu-se extremamente sensibilizada pelo sofrimento trazido pelos professores e equipes de Treinamento & Desenvolvimento nas organizações em que ministrou workshops. Como continuar falando exclusivamente sobre formas de eles trazerem inovação em seus trabalhos em um momento como esse? Sentia que estava adicionando um desafio em meio a tantos já vividos. Decidiu, então, escrever o livro sobre Competências Socioemocionais para Educadores,[5] no qual abordava temas relacionados a bem-estar, saúde mental e propósito.

Além disso, ela estava ampliando seu alcance para muito além da educação nos últimos anos: falando para líderes, jovens, pais e mulheres. Então, escrever um livro sobre os temas de Bem-Estar e

---

4. CAVALCANTI, C. C.; FILATRO, A. **Design Thinking na educação presencial, a distância e corporativa**. São Paulo: Saraiva Uni, 2017.
FILATRO, A.; CAVALCANTI, C. C. **Metodologias inov-ativas**: na educação presencial, a distância e corporativa. São Paulo: Saraiva Uni, 2018.

5. CAVALCANTI, C. C. **Aprendizagem socioemocional com metodologias ativas**: um guia para educadores. São Paulo: Saraiva Uni, 2022.

Propósito de Vida para o público geral tinha total conexão com seus projetos de vida.

Para mim, ter a Carol Cavalcanti como coautora era uma honra. Além da experiência como autora e o conhecimento que ela já tinha sobre temas ligados a bem-estar, saúde mental e propósito, a Carol sempre traz uma visão criativa e muito sensível a tudo a que se propõe, além de ter uma noção estética mais desenvolvida que a minha. Queria que meu próximo livro tivesse esse componente do "belo" e do sutil. Ainda havia um aspecto prático: eu não teria condições de escrever sozinha um livro nesse período de gestação; contudo, unindo forças e uma apoiando a outra, o projeto seria viável.

Além disso, após a publicação do meu primeiro livro, que era exclusivamente sobre Propósito de Vida, nos diversos workshops e palestras que dei, fui percebendo que o tema da Felicidade era um propulsor para o Propósito. É difícil pensar em contribuir com outras pessoas quando o nosso tanque de energia está vazio. Era necessário trazer esse tema como viabilizador do Propósito. E a Carol conhecia diversas pesquisas para mostrar a relevância da Felicidade e do Bem-Estar, além de conseguir compartilhar os resultados dos estudos de forma simples e didática.

E assim nosso livro foi gerado: a partir da amizade, da admiração e da vontade comum de levar reflexão sobre os temas de Propósito e Felicidade para as pessoas.

Ouvir as histórias dos entrevistados mexeu muito conosco. Especificamente para mim, algumas delas me fizeram revisitar momentos da minha própria história em que vivi as mesmas dores e desafios e refletir sobre como lidei na época. Foi bonito ver a forma como os entrevistados gerenciaram essas questões. Alguns deles trouxeram histórias que não se pareciam em nada com a minha, e até isso me fazia pensar: se eu tivesse vivido o que ele ou ela viveu, teria conseguido tomar o rumo que essa pessoa tomou? De onde essa pessoa tirou forças?

Agora, após ser impactada por todos os aprendizados que tive com as histórias dos nossos entrevistados, sigo revendo a forma como enfrento os desafios da minha vida. Lembro-me da força da fé que eles demonstraram (independentemente da crença de cada um), da mentalidade de sempre aprender com os desafios, da importância de contar com a nossa rede de apoio. Sigo avaliando minhas fontes de bem-estar para estar nutrida para os meus projetos de vida!

Desejo que você, leitor ou leitora, também abra sua mente e seu coração para as histórias das pessoas que entrevistamos e os aprendizados que elas nos trouxeram. Que possa fazer uma linda jornada de autoconhecimento e construção do seu Propósito de Vida com o nosso livro ao seu lado.

Perspectiva da Carolina Cavalcanti

A escrita deste livro foi um encontro de propósitos. É engraçado como muitos dos melhores encontros da vida não são planejados. Eles acontecem e, quando nos damos conta, fizeram uma diferença tremenda em nossa história. Toda história tem um começo...

Morei grande parte da infância num sobradinho conjugado no bairro do Capão Redondo, na periferia de São Paulo. Naquele tempo, amava brincar na rua de pega-pega e esconde-esconde com as crianças da vizinhança e subir no ipê-roxo que ficava na frente da minha casa. A vida era simples, mas acreditava que tinha tudo que precisava: família, amigos, casa, comida, escola, igreja.

Toda semana, gostava de acompanhar a minha mãe quando ia à feira livre do bairro. Lembro que sempre ficava incomodada ao ver mulheres com roupas desgastadas e suas crianças coletando frutas e legumes estragados que eram jogados no chão. Ficava imaginando onde moravam, se iam à escola, se passavam fome. No fundo, me sentia um pouco culpada por ter condições melhores que aquelas crianças.

Via a minha mãe doar roupas, brinquedos e alimentos. Mas como ajudar tantas pessoas? Eu me sentia impotente.

Na adolescência, descobri que gostava de escrever e, por isso, cursei Jornalismo. Na faculdade, conheci alguns professores inspiradores e percebi que a causa da Educação era algo que me mobilizava. Era a escola que poderia oferecer ferramentas para quem mais precisa mudar o rumo de sua história. A possibilidade de aprender e ensinar estava conectada com valores fortes para mim, como compaixão, justiça, contribuição e liberdade. Decidi cursar um mestrado e trabalhei por mais de 20 anos na formação de professores da educação básica e do ensino superior e no treinamento de times de educação corporativa. Este era um grupo muito próximo do meu coração, pelo potencial de fazer a diferença na vida de tantas pessoas, com aulas e cursos mais criativos e engajadores. Entretanto, por grande parte desse tempo, o que tinha para oferecer era um conteúdo técnico: tecnologias educacionais e metodologias de aprendizagem para realizarem o design das experiências de aprendizagem inovadoras.

Durante o doutorado na USP, conheci pessoas que pesquisavam sobre aprendizagem socioemocional, saúde mental, propósito e felicidade. Os temas despertaram meu interesse, pois estavam conectados com valores que nortearam a minha vida desde cedo. Comecei a estudá-los e a integrá-los, aos poucos, às minhas aulas, palestras e livros.

Conheci a Carol Shinoda no começo de 2018, na Califórnia. Fomos a um Congresso na área de Educação na Universidade de Santa Clara, seguido de dias de formação na Universidade de Stanford. Com um brilho no olhar, ela logo me contou que estava pesquisando sobre propósito de vida de jovens e que estava nervosa pois, juntamente com outros alunos de mestrado e doutorado da USP, apresentaria os primeiros dados de sua pesquisa da tese para o Prof. Dr. William Damon, uma das maiores referências do mundo sobre o tema "*purpose*" (propósito de vida).

Ao conviver com a Carol Shinoda durante os dias que passamos na Califórnia, percebi que tínhamos muitos valores em comum e uma vontade sincera de ajudar as pessoas a terem uma vida melhor. Esse era, de fato, o começo de uma grande amizade. Voltamos para o Brasil e começamos a nos encontrar com regularidade. Ela, assim como eu, se nutre em encontros com as amigas. Sempre separa um tempo na agenda para isso. São momentos para dialogar sobre a vida, projetos, dores, sonhos, aquilo que estamos lendo e aprendendo.

Pouco tempo depois, começamos a participar juntas de um grupo de estudos sobre propósito, coordenado por duas professoras da Faculdade de Educação da USP. Saíamos desses encontros cheias de dúvidas e ideias sobre formas mais concretas de ajudar as pessoas a construir o seu propósito de vida. E foi assim, de encontro em encontro, que nossa amizade foi se aprofundando.

De lá para cá, muita coisa aconteceu. Vi a Carol Shinoda defender a tese de doutorado, passar pelo processo de escrita e lançamento do primeiro livro sobre propósito[6] e, também, lidar com alguns desafios dolorosos em sua vida pessoal. Nesse período, começou a se interessar por questões de espiritualidade, fortaleceu a sua fé e demonstrou ser extremamente resiliente. Também passei a admirar a sua capacidade de falar e escrever sobre temas complexos de forma embasada, mas simples e bonita, inspirando as pessoas a também acreditarem que, apesar das dores que carregamos, podemos ter uma vida melhor.

Quando ela me convidou para escrever este livro em parceria, respondi que sim sem refletir. Se tivesse dado uma olhada na minha agenda dos próximos meses, saberia que a decisão foi impulsiva. No entanto, sentia que tinha à minha frente um desafio que iria me transformar para sempre. Confesso que, no começo, fiquei em dúvida se realmente seria necessário entrevistar pessoas para embasar a escrita

---

6. SHINODA, C. **Propósito de vida:** um guia para desenvolver o seu. São Paulo: Benvirá, 2021.

do livro. Temos nos aprofundado tanto em literaturas e pesquisas internacionais que nem sequer foram divulgadas no Brasil. Por que não focar apenas em deixar esse conteúdo disponível para nossos leitores? Contudo, decidi confiar em sua proposta e no planejamento detalhado que fez. Hoje, entendo o desejo de fazer uma pesquisa inédita que articula bem-estar e propósito, com base em histórias reais de pessoas que lidam com dores, alegrias e toda a complexidade da vida.

Participar dos encontros com os entrevistados me atravessou profundamente. Eram pessoas completamente diferentes, falando de dores e desafios inimagináveis com esperança no olhar e na voz.

Ao ler este livro, você também perceberá a potência dessas falas. Conhecemos histórias de pessoas reais que estão longe de serem perfeitas, mas que têm clareza de que suas vidas têm sentido, pois são direcionadas por seu propósito enquanto se nutrem de coisas boas. Várias vezes, no final das entrevistas, Carol e eu nos despedimos dos entrevistados e não conseguimos conter lágrimas. Eram histórias inspiradoras demais. Dedicamos tempo conversando e atribuindo significado ao que tínhamos ouvido, sentido e aprendido.

Os nossos encontros conectaram os nossos propósitos e chegaram até você na forma deste livro. Espero que o encontro com você, a partir do texto, seja ao nosso estilo: cheio de acolhimento, conhecimentos e conexões. Fico honrada de ter você conosco.

Como ler este livro?

Gostaríamos de propor que você escolha um local aconchegante para fazer a leitura do livro. Quem sabe, possa ir para esse cantinho com regularidade (pode até reservar alguns dias e horários fixos na semana para se dedicar ao livro e às reflexões).

Outra sugestão é escolher um caderno de reflexões para que possa registrar seus aprendizados e inquietações ao longo da leitura. Pode ser que o livro desperte coisas importantes, mas a correria da vida pode fazer você fechá-lo rapidamente para atender aos chamados, apagando essas pequenas chamas internas que foram acesas durante o seu processo.

Mesmo que você não tenha como dedicar momentos de paz para a leitura e acesse o livro nos trajetos de ida e volta ao trabalho, por exemplo, não deixe de dar algumas pausas para respirar e refletir sobre como o conteúdo está mexendo com você. Isso costuma ajudar bastante a aprofundarmos nossas reflexões e promovermos as mudanças que achamos relevantes para a vida.

E orientamos você a convidar alguém em quem confia para partilhar desta jornada. Você pode apenas ler e contar para essa pessoa os seus principais aprendizados ou podem combinar de fazer a leitura em conjunto! As reflexões com certeza serão aprofundadas em dupla ou em grupo.

Este livro é um encontro conosco e também com as pessoas que entrevistamos, cujas trajetórias para o propósito tentamos retratar de forma cuidadosa e sensível. Você pode ler este livro de forma linear, seguindo a ordem dos capítulos que propusemos, ou explorar os temas e ler as histórias que mais lhe interessam primeiro. A proposta é que seja uma leitura fluida e prazerosa.

Esperamos que aceite o convite para refletir sobre os seus valores, o que traz alegria para a sua vida, suas fontes de bem-estar, pessoas com quem pode contar, os seus propósitos e o legado que deseja deixar. Tenha certeza de que sempre há tempo para construir uma vida com mais sentido e significado. Nós acreditamos nisso e apresentamos vários caminhos nas próximas páginas. Que esta leitura inspire e motive o seu processo de reflexão e construção de seu propósito de vida.

"Quando ajudamos outras pessoas ou contribuímos com uma causa em que acreditamos, isso também ajuda a nos sentirmos mais felizes e preenchidos."

**Carol Shinoda
Carolina Cavalcanti**

PARTE 1

DEFININDO NOSSAS BASES

1

Abaixo a tirania do Propósito e da Felicidade tóxica

A busca pela razão da nossa existência é essencialmente humana e nos acompanha há milhares de anos. Nos últimos tempos, o tema de Propósito de Vida vem ganhando espaço nas discussões diárias, nas redes sociais e nas organizações. Especialmente após o período de pandemia, esse questionamento acerca de por que vivemos e sobre nossos valores ganhou força. No entanto, vemos muitas pessoas tratando o assunto de forma superficial, sem embasamento, e, o pior de tudo, mobilizando uma pressão para que todos tenham clareza dos seus propósitos.

Quando estudamos o desenvolvimento do propósito com profundidade e respaldo em pesquisas científicas, percebemos que sentir-se com propósito é um estado que muda de acordo com nossas percepções sobre quem somos e das circunstâncias da vida. Não se trata de um caminho linear e contínuo em direção ao cume de uma montanha onde, um dia, algumas pessoas "iluminadas" conseguem chegar e por lá permanecem até o final da vida, com convicção do motivo de suas existências.

"Sentir-se com propósito é um estado que muda de acordo com nossas percepções sobre quem somos e das circunstâncias da vida."

Carol Shinoda
Carolina Cavalcanti

Há momentos em que nos sentimos sem direção, em que perdemos a fé ou nos perdemos de nós. E há períodos em que estamos esgotados, com dificuldade de dar conta de nossa própria vida, e não conseguimos estar disponíveis para ajudar ninguém além de nós mesmos. Propósito demanda algo nem sempre viável: que nos coloquemos a serviço de outros, oferecendo o nosso melhor.

> "Propósito de Vida é a intenção de colocar suas capacidades a serviço de algo significativo para você e com impacto além de si, por meio de projetos de vida."[1]

Para exercer nosso propósito no mundo, precisamos nos conhecer a fim de saber o que temos de bom para trazer às pessoas, reconhecer nossos valores para nos conectarmos com o que é significativo para nós e fazer efetivamente projetos a serviço de algo além de nós mesmos. É bastante coisa! É também possível para cada um de nós, mas não podemos esperar que estejamos sempre em condições de fazer essa oferta.

Em minhas pesquisas sobre propósito [Carol Shinoda por aqui], ficou claro que, se as pessoas estão enfrentando dificuldades grandes no momento presente (questões ligadas à saúde física e mental, relacionamentos ou qualquer tipo de sofrimento), é muito difícil conseguirem olhar para o futuro e se dedicarem ao próximo. É necessário um cuidado primeiro consigo. É como aquela conhecida analogia à máscara de oxigênio no avião: não adianta querer oferecer algo ao outro se você não está nem conseguindo respirar. Por isso quisemos iniciar este livro falando sobre a tirania do Propósito, quando a pressão social parece nos tirar a liberdade de viver de acordo com nossas possibilidades nos diferentes momentos da vida.

---

1. SHINODA, C. **Propósito de Vida:** um guia prático para desenvolver o seu. São Paulo: Benvirá, 2021.

É válido, porém, um ponto de atenção: não podemos esperar que todas as nossas necessidades estejam plenamente satisfeitas para que só então nos coloquemos a serviço de ajudar outras pessoas. Isso é uma idealização que não se concretiza. Vale lembrar que contribuir também é uma necessidade humana.

Estruturamos nosso livro de forma a começar pelo tema de Felicidade e Bem-Estar. Assim, a proposta é, primeiro, ganharmos consciência do que nos nutre, do que nos faz sentir que estamos com nossas necessidades atendidas para que então, sim, possamos olhar para o outro e trazer o que temos de melhor.

Vale aqui esclarecer a diferença entre uma vida com Sentido e uma vida com Significado:

- Vida com Sentido (com propósito): temos um norte, uma intenção maior de oferecer para outras pessoas as nossas melhores capacidades.
- Vida com Significado (significativa, *meaningful* em inglês): é alinhada aos nossos valores, em que nos sentimos nutridos daquilo que é importante para nós, que pode ser viver cercado de família e amigos, ter saúde, desfrutar de uma condição financeira que nos permita ter segurança e apreciar momentos de lazer etc.

Ambos os aspectos são importantes para nos sentirmos realizados. Se buscarmos somente uma vida significativa (que já não é pouca coisa, convenhamos), ao longo do tempo nos sentimos vazios, pouco úteis para o mundo. Se, por outro lado, buscarmos somente uma vida com sentido, oferecendo nosso melhor aos outros, podemos nos esgotar no caminho e acabar não conseguindo contribuir muito, pois, sem estarmos nutridos, teremos em algum momento que interromper nossa oferta às outras pessoas. Neste livro, queremos incentivar você a olhar para estes dois componentes: a felicidade e o propósito.

Assim como não estamos de acordo com o movimento da tirania do propósito, também não queremos aqui promover a felicidade tóxica. Sabe aquele movimento de "olhe só para o positivo da vida, tudo é luz, gratidão, gratiluz". Isso é extremamente opressor. É verdade, sim, que quando nos incentivamos a ter foco nas coisas boas da vida, isso traz benefícios para a nossa saúde mental e bem-estar como um todo. Mas não podemos fingir que não estamos enfrentando dificuldades ou nos impedir de vivenciar nossas dores. Tudo isso é humano. Se fechamos o coração para as dores, também o fechamos para os amores, as belezas da vida. É uma porta só.

Então, queremos deixar claro que a felicidade que incentivamos no livro não é do tipo idealizada, irreal, egocêntrica ou tóxica. Ninguém é feliz o tempo todo. Nosso convite é o de nos aceitarmos como seres humanos que somos, em constante evolução, sempre com falhas, assim como repletos de coisas positivas e potencialidades. Aceita fazer essa jornada conosco?

2

Conceitos fundamentais: Felicidade, Bem-Estar e Propósito

Conceitos de Felicidade e Bem-estar

Você consegue pensar em alguns momentos da vida nos quais sentiu que estava realmente feliz? Nesses momentos, quais foram as principais fontes de felicidade? Buscamos ser felizes nos relacionamentos e no trabalho. Enchemos a casa de objetos, economizamos para pagar a próxima viagem dos sonhos e seguimos aflitos quando a felicidade vem e vai. Para Thomas Jefferson, a busca pela felicidade é um direito que temos: "Todos os homens [seres humanos] são criados iguais, foram dotados pelo seu Criador com certos direitos inalienáveis, dentre eles estão a vida, a liberdade e a busca da felicidade".

Tem leituras que ficam cravadas na memória e no coração. Ler, no começo da adolescência [Carol Cavalcanti aqui], o livro *Olhai os Lírios do Campo*, de Erico Verissimo, me fez refletir sobre a vida que queria construir. Nesse livro, que fala da complexidade das relações humanas, me deparei com uma frase provocativa: "Felicidade é a certeza de que a nossa vida não se está passando inutilmente". Desde então, de vez em quando me perguntava: sou feliz? Está valendo a pena? Confesso que por vezes a resposta foi positiva, mas em outros momentos, se fosse bem honesta comigo, saberia que, internamente, as coisas estavam descompassadas. Estava simplesmente vivendo no piloto automático ou tomada por ansiedade, medo, e não era tão feliz quanto um dia havia idealizado que seria.

E você? Acredita que é uma pessoa feliz? Pode ser que esteja pensando: "nossa, essa pergunta é difícil de responder! Tem dias que estou bem, me sentindo alegre, mas tem dias que não tenho energia para nada!" Será que a felicidade deve ser baseada somente no que sentimos? O que seria então a tal da felicidade?

Essa discussão é milenar. Na filosofia da antiga Grécia encontramos duas visões do que significa ser feliz:

- **Felicidade hedônica:** a busca por momentos de prazer, sentimentos positivos e minimização do sofrimento. Esta visão nasce no pensamento filosófico hedonista que defendia que devemos buscar viver experiências as quais estimulam nossos sentidos e nos trazem bem-estar, como entretenimento, comidas saborosas, sexo, viagens interessantes.

- **Felicidade eudaimônica:** refere-se a uma realização genuína, resultado de uma vida de virtude e propósito. Este conceito nasce da visão de felicidade proposta por Aristóteles e vai além de prazeres mais momentâneos, pois se sustenta num bem-estar advindo de valores como amizade, justiça e compaixão. Este tipo de felicidade está pautado em uma vida com sentido (na qual contribuímos com outras pessoas).

Na Bíblia, encontramos o verso: "Há mais felicidade em dar do que receber".[1] Essa visão se conecta com a perspectiva eudaimônica do que significa ser feliz. De fato, também se articula com linhas conceituais mais atuais de felicidade, como a proposta por cientistas e pesquisadores do campo da Psicologia Positiva. A prestigiada Dra. Sonja Lyubomirsky,[2] da Universidade da Califórnia, defende que a "felicidade é a experiência de contentamento e bem-estar combinada à sensação de que a própria vida possui sentido e vale a pena". As pesquisas que ela realizou ampliaram nossa compreensão sobre elementos que apoiam a construção de uma vida feliz, com bem-estar e sentido (propósito). Ela explica que, embora a felicidade e o bem-estar sejam usados de maneira informal como sinônimos (por estarem relacionados), não são a mesma coisa.

É no trabalho de outro renomado cientista da Psicologia Positiva, Martin Seligman,[3] que encontramos delimitações bem claras dos dois conceitos. Para ele, a felicidade engloba três elementos: emoções positivas, engajamento e sentido.

- **Emoções positivas**: sentir alegria é a base de um estado emocional agradável e de satisfação (emoções e sentimentos que gostamos de ter). É a sensação de que a vida vale a pena, quando sentimos prazer, contentamento, acolhimento, entusiasmo, motivação.
- **Engajamento**: presença e entrega completa a uma atividade, dedicando nossas melhores energias e talentos para que seja realizada. Quando estamos realizando uma atividade de forma engajada, é comum nem percebermos o tempo passar.

---

1. BÍBLIA. Atos 20:35. Nova Tradução na Linguagem de Hoje. App Bíblia.
2. LYUBOMIRSKY, S. **Como ser feliz**: a receita para a felicidade. Lisboa: Pergaminho SA, 2011.
3. SELIGMAN, M. **Florescer**. Rio de Janeiro: Objetiva, 2011.

- **Sentido**: usar nossas habilidades para servir a pessoas ou causas positivas que sejam maiores que nós mesmos. Está conectado a um senso de propósito, que direciona as nossas escolhas e faz com que tenhamos a certeza de que estamos deixando nossa real contribuição para outras pessoas.

Em seus estudos sobre felicidade, Seligman chegou a um conceito de bem-estar que é mais amplo. Para ele, o bem-estar abarca os três primeiros elementos que sustentam a definição de felicidade (emoções positivas, engajamento e sentido) e mais dois: relacionamentos positivos e realizações.

- **Relacionamentos positivos**: as melhores coisas da vida são compartilhadas com outras pessoas. Boas relações familiares e de amizade são pautadas em amor, confiança, respeito, empatia e acolhimento. Ter pessoas com quem contar na vida nos dá um senso de pertencimento.
- **Realizações**: são os objetivos pessoais e profissionais que traçamos para nossa vida e que alcançamos. Podem ser objetivos valorizados socialmente ou não necessariamente; o importante é que façam sentido para a pessoa.

O acrônimo PERMA representa estas cinco dimensões do bem-estar que "abraçam" a felicidade.[4]

---

4. Aplicamos o questionário PERMA, criado por Seligman, para encontrar as pessoas que iríamos entrevistar. Identificamos pessoas que, de fato, eram felizes, tinham bem-estar e, ao mesmo tempo, um propósito de vida. Contamos brevemente como foi esse processo na seção "O encontro com pessoas e histórias cheias de sentido" (Capítulo 3). A descrição completa da nossa metodologia de pesquisa está disponível no Apêndice 1.

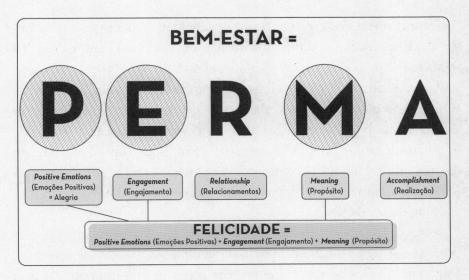

Fonte: elaborado pelas autoras.

A verdade é que a vida real tem mesmo altos e baixos. Às vezes, reconhecemos que algumas das dimensões PERMA estão mais presentes em nossa vida e outras nem tanto. Imagine que você está trabalhando numa empresa muito competitiva, algo que é contra os seus valores, e isso gera ansiedade e diminui o seu engajamento. Por outro lado, nessa fase profissional meio difícil, você reconhece que tem ótimos amigos a quem recorrer e com quem conversar para traçar os próximos passos da carreira, e isso gera emoções positivas. É assim que vamos tentando equilibrar esses elementos. A percepção de que, no geral, somos felizes, emerge quando consideramos que o saldo é positivo nessas cinco áreas da vida.

Apesar de, inicialmente, a felicidade parecer ser algo individual, hoje encontramos pesquisas que sustentam que a felicidade também é fruto de um contexto social justo para todos. De fato, o *World Happiness Report* (Relatório Mundial da Felicidade, em português)[5] organizado pela ONU desde 2012 é um relatório anual que classifica 137 países

---

5. Acesse em: https://worldhappiness.report/about/. [Conteúdo em inglês]

do mundo de acordo com os níveis de felicidade e bem-estar da população. Para criar o ranking são considerados fatores econômicos (PIB *per capita*), apoio social, generosidade, liberdade para fazer escolhas de vida, expectativa de vida saudável, corrupção e confiança no governo. O relatório busca apresentar dados que gerem discussões e fomentem a criação de políticas públicas as quais possam melhorar a felicidade e o bem-estar das pessoas globalmente. Em 2023, o primeiro país do ranking foi a Finlândia e o último foi o Afeganistão, o que demonstra o papel fundamental dos governos e organizações sociais na promoção da felicidade coletiva.

A preocupação em construir nações, cidades e comunidades mais felizes e com bem-estar tem impacto na saúde e longevidade das pessoas. Algumas regiões do mundo concentram um grande número de pessoas centenárias, as chamadas *Blue Zones* ou Zonas Azuis. Estudando os hábitos das pessoas nesses locais, pesquisadores encontraram respostas sobre alguns elementos que sustentam uma vida feliz, com bem-estar e mais saúde. E há iniciativas de nações como Singapura, que usaram esses achados para definir políticas públicas para seus habitantes. Vamos conhecer o que acontece de especial com as pessoas nessas áreas?

O que temos a aprender com as *Blue Zones* (Zonas Azuis)?

Como ter uma vida longa e com muito bem-estar? Essa foi a pergunta que norteou os estudos de Gianni Pes e Michael Pollan, dois médicos italianos que descobriram que na Sardenha (Itália) existiam elementos que contribuem para que os idosos vivam mais e melhor. Chamaram essa região do planeta de *Blue Zone*. Intrigado com essa pesquisa, o jornalista Dan Buettner[6] conseguiu uma verba da

---

6. BUETTNER. D. **The blue zones of happiness**: lessons from the world's happiest people. Washington: National Geographic, 2017.

revista *National Geographic* e foi buscar informações em outras regiões do mundo com grande concentração de pessoas acima dos 90 anos, mais longevas que a média. Foi assim que, em 2005, publicou na renomada revista o artigo *The Secrets of Long Life*, no qual apresentou quatro *Blue Zones*: Okinawa, no Japão; Loma Linda, nos Estados Unidos; Icária, na Grécia; e Sardenha, na Itália. As pesquisas dele continuaram e hoje já existem outras regiões do mundo consideradas *Blue Zones*. Mas o que temos a aprender com essas descobertas? Como ter mais bem-estar, saúde e viver por mais tempo? Buettner apresenta alguns elementos fundamentais:

1) Mova-se naturalmente: nas *Blue Zones*, a atividade física faz parte da rotina. As pessoas caminham, sobem escadas, realizam trabalhos domésticos, jardinagem etc. Elas não passam necessariamente horas na academia.

2) Enfoque positivo: é a lente pela qual as pessoas enxergam a vida. É composta por dois elementos:

> **a) Propósito de vida**: viver de acordo com seus valores contribuindo para outros. Ter uma vida com sentido.
>
> **b) Manejo do estresse**: formas de lidar com o estresse do dia a dia que envolvem momento de reflexão, oração e meditação.

3) Alimentação saudável: ingredientes que compõem a dieta dos centenários:

> **a) Regra dos 80%**: consciência de que está na hora de parar de comer quando a pessoa sente que está 80% saciada.

b) Dieta natural: alimentação baseada em frutas, verduras, legumes, grãos, nozes e baixo consumo de carne animal e derivados.

c) Uma taça de vinho: ingestão moderada de vinho ou abstenção de bebidas alcoólicas.

4) Conexões

a) Família em primeiro lugar: priorizar e ter vínculos fortes com um cônjuge, filhos e pais aumenta a expectativa de vida e o bem-estar.

b) Espiritualidade: participar de uma comunidade de fé e de atividades que desenvolvem a espiritualidade.

c) Tribo certa: fazer parte de um grupo de amigos que preza pela saúde mental e física impacta os hábitos das pessoas nas *Blue Zones*.

Em 2023, a Netflix lançou um documentário *Live to 100, secrets of the Blue Zones* (*Como viver até os 100: os segredos das Zonas Azuis*, em português) que apresenta novos locais mapeados por Dan Buettner, além de resultados de experimentos nos quais os elementos observados na pesquisa são incorporados em locais fora das *Blue Zones*. O documentário apresenta resultados de como a saúde e o bem-estar das pessoas foram impactados por essa prática.

Se, por um lado, temos pesquisas como a das *Blue Zones* que nos mostram como viver mais e melhor a partir de pilares que envolvem movimento do corpo, enfoque positivo, alimentação saudável e conexões, também estamos enfrentando, como humanidade, uma séria crise de saúde mental que impacta diretamente o bem-estar das pessoas. A Organização Mundial da Saúde (OMS) alerta que a pandemia desencadeou um aumento de 25% nos casos de ansiedade e depressão mundialmente,[7] sendo as mulheres e os jovens os mais atingidos por essas doenças. O quadro é preocupante e, mais do que nunca, precisamos entender o que é saúde mental e como proteger a nossa.

Ter saúde mental, segundo a OMS,[8] é viver num estado de bem-estar que permite que a pessoa seja capaz de utilizar suas habilidades para lidar com o estresse cotidiano e manter-se produtiva para que possa contribuir positivamente com outras pessoas. A nossa saúde mental impacta diretamente a forma como pensamos, sentimos, agimos e convivemos com outras pessoas. Trata-se de um espectro amplo, o qual não pode ser limitado à ausência de transtornos como depressão, bipolaridade ou esquizofrenia. De um lado desse espectro, encontramos pessoas com altos níveis de bem-estar e que se sentem bem para realizar suas atividades diárias e lidar com os desafios da vida; na outra ponta, encontramos pessoas que precisam de acompanhamento médico e tratamento para superarem o adoecimento. Existem, ainda, pessoas que estão no meio do caminho, pois não sentem bem-estar, mas também não desenvolveram um transtorno mental.

Estarmos atentos ao nosso estado de saúde mental é fundamental, pois ele pode mudar de acordo com as situações da vida (por exemplo, traumas, lutos, abusos) ou até mesmo por questões biológicas. Buscar ajuda e suporte pode ser necessário para algumas pessoas. Esse é um primeiro passo importante para a construção de uma vida mais feliz e com bem-estar.

---

7. PANDEMIA de COVID-19 desencadeia aumento de 25% na prevalência de ansiedade e depressão em todo o mundo. **Nações Unidas Brasil**, Brasília, 3 mar. 2022. Disponível em: https://brasil.un.org/pt-br/173825-pandemia-de-covid-19-desencadeia-aumento-de-25-na-prevalência-de-ansiedade-e-depressão-em. Acesso em: 20 mai. 2024.

8. MENTAL health: strengthening our response. **OMS**, 30 mar. 2018. Disponível em: https://www.who.int/news-room/fact-sheets/detail/mental-health-strengthening-our-response. Acesso em: 25 fev. 2022.

"Buscar ajuda e suporte pode ser necessário para algumas pessoas. Esse é um primeiro passo importante para a construção de uma vida mais feliz e com bem-estar."

Carol Shinoda
Carolina Cavalcanti

Decidimos começar discutindo a felicidade e o bem-estar para que possamos primeiro avaliar como estão nossas fontes de nutrição antes de nos direcionarmos para o propósito, que demanda que entreguemos o nosso melhor para as outras pessoas. Como já discutimos, se não estamos bem conosco, fica difícil oferecer nosso melhor aos outros.

Agora, vamos detalhar alguns conceitos sobre o Propósito de Vida, que, pelo que já vimos, faz parte de uma vida com bem-estar.

Conceitos sobre Propósito de Vida

Quando discutimos o conceito de Propósito, percebemos que as pessoas têm diferentes crenças a respeito do tema. Há quem acredite que o propósito é uma missão dada por Deus para cada pessoa realizar na Terra. Há aqueles que não acreditam em Deus ou em uma força maior, mas que creem que faça sentido construir por conta própria um propósito para orientar as suas ações diárias e seus grandes projetos. E há quem não acredite que exista um propósito para cada um. Isso só para citar algumas possibilidades.

Não há como dizer qual crença está correta. É preciso olhar para dentro de nós e avaliar o que parece fazer sentido. Aliás, aqui vale uma pausa para reflexão: qual é a sua crença sobre Propósito? Existe um propósito para cada pessoa? Se sim, quem escolhe o nosso propósito?

Embora o entendimento sobre o conceito varie de pessoa para pessoa, muitas pesquisas acadêmicas trazem elementos para refletirmos sobre a definição de propósito e ampliarmos nosso repertório.

Um dos primeiros pensadores da atualidade no estudo sobre Propósito de Vida foi Viktor Frankl, um psiquiatra austríaco que fundou a logoterapia, a cura com base na busca por sentido. Ele teve diversas experiências com pacientes suicidas e percebeu que ter um sentido para viver fazia diferença para a saúde mental. Frankl era judeu e foi forçado a passar por quatro campos de concentração na época do nazismo. No entanto, toda a sua vivência reforçou o que ele já estudava antes do holocausto: "quem tem por que viver aguenta quase qualquer como" (frase atribuída a Nietzsche), ou seja, quem tem propósito consegue desenvolver uma resiliência maior diante dos desafios da vida.

Frankl acreditava que o sentido da vida era inerente ao ser humano e trazia uma visão bastante protagonista:

> "Podem roubar tudo de um homem, salvo uma coisa: a última das liberdades humanas – a escolha da atitude pessoal frente a um conjunto de circunstâncias – para decidir seu próprio caminho." — Viktor Frankl

Ouvir isso de alguém que foi submetido ao sofrimento dos campos de concentração tem um peso significativo. Ele escreveu um livro mundialmente conhecido chamado *Em busca de sentido* (o título original em alemão, em tradução livre, era "Dizer sim à vida, apesar de tudo").[9] Entretanto, Frankl não chegou a fazer pesquisas científicas, no sentido de testar de forma sistemática suas percepções. O que aconteceu foi que, mais tarde, muitas pesquisas comprovaram suas proposições, o que só engrandeceu a sua contribuição.

Depois dele, os pesquisadores da psicologia positiva, tais como Martin Seligman, que já conhecemos quando discutimos os temas de felicidade e bem-estar, propuseram que o sentido da vida orientasse não apenas as pessoas em situações difíceis, nas quais precisamos de resiliência para nos sustentarmos e superarmos, mas também servisse de guia para sermos nossa melhor versão. Isso ampliou a perspectiva do campo.

Então chegamos aos estudos feitos por William Damon, da Universidade de Stanford, que propôs uma definição para o conceito de Propósito e realizou diversas pesquisas práticas sobre o tema. Segundo ele,

---

9. FRANKL, V. **Em busca do sentido**: um psicólogo no campo de concentração. 46. ed. Petrópolis: Vozes, 2019.

o propósito é uma intenção estável e generalizada de alcançar algo que é, ao mesmo tempo, significativo para o eu e que gera consequências no mundo além do eu.[10] Aqui vemos os elementos de intenção futura (o propósito é um norte que nos orienta no presente, mas que está na dimensão do futuro), de valores (é significativo para o eu), de implementação (é algo que gera consequências no mundo, não é apenas uma idealização) e do altruísmo (as consequências são "além do eu").

Vale então notar que, para identificarmos nosso propósito, precisamos nos conhecer para conseguirmos entender o que é importante para nós, além de termos que desenvolver empatia para conseguirmos nos conectar com o mundo e buscarmos apoiar pessoas ou causas além de nós.

Queremos propor uma diferenciação importante entre Projetos de Vida e Propósito de Vida. Projeto é algo que demanda um início e um término, enquanto um propósito pode nunca ter fim.[11] Eu [Carol Shinoda] tenho como propósito ajudar pessoas a desenvolverem seus propósitos de vida. Nunca vou terminar de entregar esse propósito, mesmo que me dedique a vida inteira a isso. O que posso, sim, concluir são os projetos de vida relacionados a essa intenção: escrever livros sobre o desenvolvimento do propósito, dar aulas, workshops, mentorias sobre o tema. Todos esses projetos têm a finalidade de contribuir para o meu propósito. Assim, vamos realizando nosso propósito no dia a dia, por meio dos nossos projetos de vida.

Vemos muitas pessoas que dizem que já realizaram seus propósitos. Contudo, quando vamos entender os propósitos aos quais elas se referem, são na verdade projetos de vida: formar-se em determinado

---

10. DAMON, W.; MENON, J.; BRONK, K. C. The development of purpose during adolescence. **Applied Developmental Science**, v. 7, n. 3, p. 119-128, 2003.

11. SHINODA, A. C. M. **Desenvolvimento do propósito de vida de estudantes no ensino superior de Administração**. 2019. Tese (Doutorado em Administração)– Faculdade de Economia, Administração e Contabilidade, Universidade de São Paulo, São Paulo, 2019. Disponível em: https://www.teses.usp.br/teses/disponiveis/12/12139/tde-06022020-174305/pt-br.php . Acesso em: 30 out. 2023.

curso, encontrar um(a) parceiro(a) de vida, ter filhos, comprar uma casa própria, entre inúmeras outras coisas. A grande questão é o que está por trás desses projetos, qual é a intenção? É construir uma família? É servir por meio de uma determinada profissão? Isso não tem fim.

Um ponto que vale esclarecermos é que, quando estudamos o tema Propósito, há quem indique que só podemos ter um único propósito de vida. Simon Sinek, muito conhecido por seu TED em que sugere que as organizações "comecem pelo porquê",[12] adaptou seu método para que também os indivíduos encontrassem os seus porquês. No entanto, só é possível escrever uma única frase da nossa contribuição ao mundo. Particularmente, nós achamos um pouco rígida essa determinação. Às vezes, temos mais de uma intenção que nos norteia; talvez uma no campo pessoal e outra no campo profissional, por exemplo. E tudo bem. Pode ser que um dia integremos os dois direcionamentos para algo mais amplo. Talvez não. Acreditamos que é melhor ter dois propósitos do que não ter nenhum. O importante é propormos intenções significativas para nós, que contribuam com outras pessoas ou causas, e fazermos ações na prática para isso acontecer.

Finalmente, queremos fechar este breve capítulo dizendo que o propósito está ao alcance de todos. Se você acreditar que faz sentido ter uma intenção que o ajude a nortear suas ações e estiver disposto a realizar ações e projetos no dia a dia que ajudem outras pessoas ou causas além de você, isso é possível. Já vimos muitas pessoas construindo seus propósitos, mesmo inicialmente sentindo que não tinham nenhuma pista sobre por onde começar.

Queremos apenas alertar você que já vimos também muitas pessoas se bloqueando por mitos que as impediam de acreditar que elas tinham direito a um propósito (ou propósitos) para chamar de seu. Mito de que apenas pessoas "iluminadas" encontram seus propósitos, que isso

---

12. Disponível em: https://www.ted.com/talks/simon_sinek_how_great_leaders_inspire_action?language=pt-br

é só para quem é rico e não tem que trabalhar para se sustentar, que precisa ser algo grandioso, que não pode mudar ao longo do tempo, que é voltado somente ao sucesso individual, que é a solução para todos os problemas.[13] Esses são sabotadores de uma vida com sentido.

Então vamos, passo a passo, construindo o nosso propósito. Esperamos que este livro ajude você nesta construção.

---

13. SHINODA, C. **Propósito de Vida**: um guia prático para desenvolver o seu. São Paulo: Benvirá, 2021.

3

Bases da nossa pesquisa

Neste capítulo, traremos um resumo sobre como foi construída a nossa pesquisa para o livro, baseada em entrevistas, e proporemos que você faça uma autoavaliação inicial sobre como se sente quanto à felicidade e ao propósito em sua vida.

O encontro com pessoas e histórias cheias de sentido

Explicamos detalhadamente a nossa metodologia de pesquisa no Apêndice deste livro, pois achamos importante deixar explícito o método que embasou os nossos resultados. No entanto, vamos contar aqui, de forma resumida, como chegamos aos nossos entrevistados e aos aprendizados que compartilharemos com você ao longo do livro.

Sabíamos que queríamos conhecer pessoas que conseguissem sustentar uma vida que tivesse tanto Propósito (contribuíssem com outras pessoas além delas mesmas) quanto Bem-Estar (também se sentissem nutridas, felizes e saudáveis). Esse desejo nasceu quando conhecemos a matriz proposta no livro de Coleman,[1] que articula alegria e propósito (ou a falta dessas duas coisas):

Matriz 2 x 2 para construir uma vida com Propósito e Alegria

	Sem alegria	Com alegria
Com propósito	penosa	plena
Sem propósito	miserável	superficial

O significado de cada elemento dessa matriz está bastante detalhado no Apêndice, mas aqui é importante destacar que Coleman nomeou o eixo horizontal apenas como "alegria" ("*joy*"). No entanto, nós expandimos esse conceito para Bem-Estar, com base na teoria de Martin Seligman, já discutida no Capítulo 2. Além disso, ele nomeou o estado das pessoas com propósito e alegria de "*flourishing/fullfilment*" (traduzimos como "plenas"). No nosso livro, preferimos nomeá-las como "realizadas", como já comentamos na seção "Qual é a proposta deste livro?". Esse foi o estado que buscamos nas pessoas para as entrevistas.

Além disso, não queríamos ficar restritas ao nosso círculo de relacionamentos. Seria importante conhecer pessoas em diferentes momentos de vida, de outras faixas etárias, de contextos socioeconômicos distintos, com orientações sexuais diversas e que diferissem em termos de estado civil, tipo de trabalho e na questão de filhos (com e sem filhos). Fizemos uma tabela cruzando essas informações para orientar nossa busca e seleção de entrevistados.[2]

---

1. COLEMAN, J. **HBR Guide to crafting your purpose**. Boston: Harvard Business School Publishing Corporation, 2022. p. 25. Tradução livre da figura "2 x 2 for crafting a purposeful and joyful life".

2. Um ponto interessante é que não colocamos a religião como um critério, mas grande parte das pessoas indicadas para o livro e que foram, no final, entrevistadas tinham alguma religião (católica, evangélica, adventista, espírita, judaica). Isso reflete o cenário no Brasil, onde temos 50% de católicos, 31% de evangélicos, 3% de espíritas,

Pedimos indicações de pessoas que parecessem ser felizes e ter propósito para amigos e profissionais da nossa rede, além de postarmos um vídeo no Instagram indicando que estávamos em busca de pessoas com esse perfil para entrevistar para uma pesquisa. Recebemos 50 respostas. Entre elas havia pessoas que se candidataram espontaneamente e outras que foram indicadas.

E aí nos deparamos com o desafio de verificar se elas de fato se sentiam felizes e se contribuíam verdadeiramente com outras pessoas. Buscamos um questionário na literatura acadêmica que pudesse ter esse papel. Decidimos usar o PERMA, proposto por Seligman, para selecionar os nossos entrevistados. Como já vimos na seção "Conceitos de Felicidade e Bem-Estar" do Capítulo 2, esse instrumento avalia cinco componentes do bem-estar relativos à sigla PERMA: P = *Positive emotions* (emoções positivas), E = *Engagement* (engajamento), R = *Relationships* (relacionamentos), M = *Meaning* (sentido/propósito), A = *Accomplishment* (realizações).

Cada um dos entrevistados precisava apresentar uma nota mínima de 8 pontos na média dos componentes (na escala de 1 a 10) para ser considerado com bem-estar (o que, nessa escala, já inclui a questão do propósito e da felicidade).

A partir das 50 respostas que recebemos a esse questionário, e ponderando os critérios de diversidade, chegamos aos nossos 14 entrevistados. Apresentaremos aqui uma visão geral sobre cada um, mas você terá a oportunidade de conhecer suas histórias em profundidade ao longo do livro.

2% umbanda, candomblé ou afro-brasileiras, 2% outra, 1% ateus, 0,3% judaicas e 10% não têm religião. Para mais informações, acesse: https://g1.globo.com/politica/noticia/2020/01/13/50percent-dos-brasileiros-sao-catolicos-31percent-evangelicos-e-10percent-nao-tem-religiao-diz-datafolha.ghtml

Nome	Idade	Perfil	Páginas para acessar a história completa
Isabelle Victoria (Isa)	19	Estudante do curso tecnológico de Análise de Sistemas. Mora no Itaim Paulista (SP) com a mãe. É desenvolvedora júnior em um grande banco e voluntária em uma ONG que apoia meninas que sonham em atuar na área de tecnologia (Projeto Meninas UX).	98 a 100
Isfrankle Silva (Frankle)	22	Maranhense que vive sozinho em São Paulo desde os 16 anos. Já foi pintor, lavador de carros, barbeiro, entregador de pizza, empacotador de supermercado. Hoje trabalha em um banco na área de programação e logo fará sua faculdade de Engenharia de Software. Ajuda jovens a verem que um futuro melhor é possível.	249 a 253
Ana Carolina Silva (Carol Silva)	27	Formada em Relações Internacionais e voluntária em um projeto que atende refugiados no Líbano. Natural do Rio de Janeiro, é solteira e não tem filhos. Quer ajudar a ampliar horizontes, aliviar o sofrimento e ajudar na criação de uma vida digna para todas as pessoas no mundo.	190 a 193
Fernanda Silveira	36	É de Goiânia e mora nos EUA desde os 12 anos. Ficou na situação de imigrante ilegal por mais de um terço da vida. É casada, tem quatro filhos e hoje atua como diretora de uma ONG que ajuda imigrantes a terem acesso à informação e conquistarem autonomia e independência.	198 a 202

Luiz Zoldan	37	Médico psiquiatra, casado e não tem filhos. É natural de Aguaí, no interior do Estado de São Paulo, e atualmente mora na capital. Atende pacientes como psiquiatra e atua na gestão de uma grande instituição de saúde, promovendo ações práticas e humanizadas para que as pessoas possam cuidar de sua saúde mental, não se sentindo sozinhas nesse processo.	81 a 85
Ana Júlia Leme (Ana)	37	Enfermeira de formação, fez uma transição de carreira para a área de RH em uma instituição da área da saúde. É de São Paulo, casada e mãe de dois filhos. Tem como essência o cuidar e faz isso sendo ponte entre pessoas, problemas e soluções.	321 a 324
Rodolfo Santos	38	Gerente de operações de uma ONG que ajuda pessoas em situação de rua. É casado e não tem filhos. Cresceu na periferia de São Paulo e hoje faz mestrado na FGV. Seu propósito é uma reparação com a própria história: ajudar os desacreditados a voltarem a sonhar.	303 a 305
Mórris Litvak	40	É fundador da Maturi, uma empresa que ajuda a capacitar e inserir pessoas mais maduras (acima de 50 anos) no mercado de trabalho. Mora em São Paulo, é solteiro e sem filhos. Seu propósito é ajudar as pessoas 50+ a terem mais dignidade e qualidade de vida e ajudar a mudar a cultura do preconceito etário no Brasil.	166 a 169

Eliza Zóboli	43	Formada em Engenharia Civil, dedicada atualmente à família. É de Atibaia, casada e tem dois filhos. Mudou-se recentemente com a família para os EUA. Tem como propósito espalhar amor, paz, tranquilidade e alegria.	237 a 239
Adriana Ribeiro	45	Educadora do ramo da beleza negra e *hairstylist*. Atua em Brasília. É casada e tem dois filhos. Ajuda pessoas, em especial mulheres pretas, a conquistarem a liberdade de serem quem são por meio dos cabelos.	208 a 211
Rivana Marino	61	Foi professora no curso de Engenharia por 10 anos e atuou 18 anos como gestora em um Centro Universitário. Aposentada há três anos, atua como mentora de jovens em situação de vulnerabilidade. É paulistana, casada e tem dois filhos. Tem como propósito ampliar o olhar de jovens para que acreditem em todo o seu potencial.	288 a 291
Sofia Esteves	62	Empresária, fundadora da Cia de Talentos, uma das maiores empresas de recrutamento e seleção do Brasil, e do Instituto Ser+ (que capacita jovens em situação de vulnerabilidade e ajuda a inseri-los no mercado de trabalho). É casada e tem dois filhos do primeiro casamento. Quer contribuir para que as pessoas consigam ser felizes e inteiras, como ela conseguiu fazer ao longo de sua história.	76 a 78

Helder Roger Cavalcanti	67	Dedicou-se à sua igreja inicialmente como pastor e depois como presidente de diversas localidades por 42 anos. Aposentado há três anos, decidiu ser CEO de uma ONG no Líbano que apoia crianças, jovens e mulheres refugiadas. Tem como propósito dar oportunidade para que as pessoas possam maximizar seus talentos e se desenvolver em todos os aspectos (físico, mental e espiritual).	330 a 333
Williams Costa Jr.	71	Diretor de Comunicação Global de uma igreja cristã protestante. Formado em música, é casado, pai de três filhos e avô de seis netos. Já formou centenas de músicos no Brasil e ajudou a fundar um canal de televisão em sua igreja, que hoje é uma rede de comunicação com mais de 650 funcionários. Seu propósito é trazer esperança e paz para as pessoas.	145 a 148

As conversas com cada um seguiram o mesmo roteiro base:

Parte 1 - Vida Significativa

1) O que traz alegria na sua vida?

2) Como você faz no seu dia a dia para vivenciar essas coisas que lhe trazem alegria?

Parte 2 - Vida com Propósito

Na definição de Propósito de Vida que usamos, estamos buscando a contribuição que a pessoa faz para outras pessoas ou para uma causa. A partir disso…

3) Como você contribui para a vida de outras pessoas ou para causas além de você?

4) Por que isso é importante para você?

5) Como você descobriu esse propósito? (deixar livre, mas depois explorar: o que disparou a descoberta, quais qualidades ela colocou a serviço disso, o que ela ama nisso, o que a vida trouxe de surpresas, houve alguma dor associada?)

6) No final da sua vida, o que precisará ter acontecido para você sentir que deixou um legado?

Todas as entrevistas foram gravadas e transcritas por uma empresa especializada. Escrevemos uma história resumida para cada entrevistado, distribuídas ao longo dos capítulos do livro. Tivemos uma base de 194 páginas de transcrições. A partir desse material, identificamos padrões nas falas dos entrevistados, que geraram os capítulos do livro.

Consulte o Apêndice para ter acesso à metodologia detalhada usada na coleta e análise dos resultados. Aqui quisemos oferecer uma visão geral para que pudesse entender o processo em que nos baseamos para o nosso livro.

Esperamos que as histórias dos nossos entrevistados ajudem você a se sentir também uma pessoa realizada e humana, acolhendo suas vulnerabilidades assim como sua potência!

Autoavaliação inicial

Convidamos você a responder ao questionário PERMA para ter uma ideia de como se sente no momento quanto aos elementos propostos por Seligman relacionados ao bem-estar. Esse questionário foi validado[3] e traduzido para o português do Brasil.[4]

Ao longo do livro, você terá a oportunidade de refletir sobre os diferentes aspectos presentes na pesquisa, avaliar o que faz sentido conservar em sua rotina e o que talvez possa ser modificado para que possa usufruir de maior bem-estar em seu dia a dia e no longo prazo.

Então, vamos lá! Atribua uma nota de 1 a 10 para cada pergunta, sendo 1 a pontuação mais baixa e 10 a pontuação mais alta.

Nota 1 a 10	Perguntas
	1. Com que frequência você sente que está fazendo progresso na conquista dos seus objetivos?
	2. Com que frequência você fica profundamente envolvido(a) na atividade que está realizando?
	3. Em geral, quão frequentemente você se sente alegre?

---

3. BUTLER, J.; KERN, M. L. The PERMA profiler: A brief multidimensional measure of flourishing. **International Journal of Wellbeing**. .v 6, n. 3, 2016. DOI: 10.5502/ ijw.v. Disponível em: https://www.internationaljournalofwellbeing.org/index.php/ijow/article/view/526

4. CARVALHO, T. F. **A ciência do florescimento**: adaptação e evidências de validade da escala PERMA-Profiler para o contexto brasileiro. Dissertação (Mestrado em Psicologia Clínica)–Departamento de Psicologia, PUC-Rio, 2020.

	4. Em geral, quão frequentemente você se sente ansioso(a)?
	5. Com que frequência você conquista objetivos importantes que estabeleceu para si mesmo(a)?
	6. Em geral, como você diria que é a sua saúde?
	7. Em geral, o quanto você leva uma vida significativa e com propósito?
	8. Quanto você recebe de ajuda e apoio de outras pessoas quando precisa?
	9. No geral, quanto você acha que o que faz na sua vida é relevante e vale a pena?
	10. No geral, quanto você se sente empolgado(a) e interessado(a) nas coisas?
	11. O quanto você se sente solitário(a) na sua vida diária?
	12. O quanto você está satisfeito(a) com a sua saúde física atual?
	13. Em geral, com que frequência você se sente positivo(a)?
	14. Em geral, com que frequência você se sente com raiva?
	15. Com que frequência você é capaz de lidar com as suas responsabilidades?
	16. Em geral, com que frequência você se sente triste?
	17. Com que frequência você perde a noção do tempo porque está fazendo algo que você gosta?
	18. Em comparação com outras pessoas da mesma idade e sexo, como está a sua saúde?
	19. Geralmente, o quanto você sente que está consciente sobre a direção que sua vida está tomando?
	20. O quão satisfeito(a) você está com os seus relacionamentos pessoais?
	21. O quanto você se sente amado(a)?
	22. Em geral, o quanto você se sente contente?
	23. Considerando todas as coisas juntas, quão feliz você diria que está?

Pontuação

1) Emoções positivas (média): __
Some as notas que você deu para as perguntas 3, 13 e 22. Divida por 3 para obter a média para Emoções Positivas.

2) Engajamento (média): __
Some as notas que você deu para as perguntas 2, 10 e 17. Divida por 3 para obter a média para Engajamento.

3) Relacionamentos (média): __
Some as notas que você deu para as perguntas 8, 20 e 21. Divida por 3 para obter a média para Relacionamento.

4) Sentido (média): __
Some as notas que você deu para as perguntas 7, 9 e 19. Divida por 3 para obter a média para Sentido.

5) Realização (média): __
Some as notas que você deu para as perguntas 1, 5 e 15. Divida por 3 para obter a média para Realização.

6) Felicidade geral: __
Anote a pontuação que você deu para a pergunta 23.

MÉDIA DA ESCALA PERMA PARA O BEM-ESTAR:__
Some as médias que você obteve nas seis categorias anteriores (emoções positivas, engajamento, relacionamentos, sentido, realização e felicidade geral). Divida por 6 para obter a média final da escala PERMA.

Adicionais:

7) Emoções negativas: __
Inverta as notas que você deu para as perguntas 4, 14 e 16. Como fazer isso?

Se você deu nota 1... ela vai virar nota 10
Se você deu nota 2... ela vai virar nota 9
Se você deu nota 3... ela vai virar nota 8
Se você deu nota 4... ela vai virar nota 7

Se você deu nota 5... ela vai virar nota 6
Se você deu nota 6... ela vai virar nota 5
Se você deu nota 7... ela vai virar nota 4
Se você deu nota 8... ela vai virar nota 3
Se você deu nota 9... ela vai virar nota 2
Se você deu nota 10... ela vai virar nota 1

Some essas notas finais. Divida por 3 para obter a média para Emoções Negativas.

8) Saúde: ___

Some as notas que você deu para as perguntas 6, 12 e 18. Divida por 3 para obter a média para Saúde.

9) Solidão: ___

Anote a pontuação que você deu para a pergunta 11 para Solidão.

Como foi responder a essa pesquisa? Houve algo que surpreendeu você, seja positiva ou negativamente, em relação à sua expectativa?

Ao final da sua leitura, pode ser interessante refazer o questionário e analisar se houve alguma mudança. Vamos lembrar você disso na parte final do livro.

Também convidamos você a responder às perguntas abertas que fizemos aos nossos entrevistados (Parte 1 - Vida Significativa e Parte 2 - Vida com Propósito). Elas estão na seção "O encontro com pessoas e histórias cheias de sentido" deste capítulo. Quem sabe você já inicia o seu caderno de reflexões com elas?

Vamos agora detalhar as fontes de bem-estar que emergiram nas entrevistas e são reforçadas pelas pesquisas na área.

PARTE 2

FELICIDADE E BEM-ESTAR

4

Fontes de Felicidade e Bem-Estar

O que traz alegria para sua vida? O que você faz no dia a dia para vivenciar as coisas que lhe trazem alegria?

Essas foram as primeiras perguntas que fizemos aos nossos entrevistados. Nossa intenção era encontrar os caminhos percorridos por essas pessoas para construir uma vida feliz e com bem-estar. E é sobre nossos achados que vamos falar na Parte 2 do livro.

Descobrimos que a busca pela felicidade e bem-estar pessoal é uma prioridade comum entre os entrevistados. Apesar de terem enfrentado desafios imensos na vida, cada um à sua forma, vivenciam com frequência elementos estruturantes que embasam o seu bem-estar.

Antes de continuar a leitura, convidamos você a refletir e a resgatar as suas respostas a essas duas perguntas fundamentais. Não sabemos o que você respondeu, mas podemos adiantar que, na fala de nossos entrevistados, encontramos várias fontes de bem-estar e felicidade que incluem o convívio com a família, redes de apoio e comunidades, aprendizagem, trabalho, cuidados com o corpo, arte, fé e espiritualidade. Também encontramos ambientes onde recarregam as energias e maneiras variadas de fazerem a gestão da vida para a felicidade. Nossa, quantas coisas aprendemos com essas pessoas!

Vamos começar por um elemento que inicialmente não podemos escolher, mas que molda profundamente a forma como experimentamos a vida: as nossas relações familiares.

Fonte 1 – Convívio Familiar

Tente lembrar algumas memórias boas da infância. O que vem à sua mente? Onde você estava e com quem?

Para mim [Carol Cavalcanti], sempre vem uma imagem da minha família ao redor da mesa, deliciando-se com os quitutes gostosos preparados pela minha mãe (ela é conhecida por ser uma cozinheira de mão cheia). Esse era um momento de a gente conversar, rir e conviver. Também tenho muitas memórias das longas viagens de carro ou ônibus que fazíamos de São Paulo para Rondônia e Pernambuco, onde meus avós viviam na minha infância. Ambas as viagens eram intermináveis, mas a gente ia conversando, cantando e ouvindo músicas mixadas em fitas K7 ou CDs e brigando um bocado para sentar-se na janela ou para definir quem comeria o último pedaço de bolo. Depois de cruzar o país, estávamos cansados e aí eram mais 30 dias de convívio intenso com a família estendida formada pelos avós, tios, primos e agregados. Imagino que, para os adultos, todo esse tempo de convivência era desafiador, mas, para mim, era uma delícia poder ter a família mais ampla por perto. Nesses momentos, ouvia muitas histórias e me reconhecia como parte de algo muito maior que meu núcleo familiar mais próximo formado pelos meus pais e irmãos.

Vivenciei um modelo de família chamado de tradicional. Sabemos que, hoje, o conceito de família é, social e legalmente, bem mais amplo e diverso. Abrange variadas formas de organização embasadas nas relações afetivas de seus membros.[1] Talvez você se enxergue em alguns destes exemplos (são apenas exemplos, não incluem a totalidade de possibilidades): uniões estáveis, famílias monoparentais (uma mãe ou pai solo que cria os filhos), anaparentais (irmãos que vivem juntos sem a presença dos pais), homoafetivas (união de pessoas do mesmo sexo) etc. Independentemente da formatação, a família desempenha um papel central na vida de grande parte das pessoas. No convívio familiar nutrimos relações íntimas e longas. Esse convívio molda de forma muito potente quem somos, nossos valores, crenças, saúde física e socioemocional.

A *World Values Survey*[2] realizou uma pesquisa em mais de sessenta países para descobrir quais são os elementos que as pessoas consideram mais importantes em sua vida. Seis deles emergiram nos resultados: família, amigos, trabalho, lazer, política e religião. Em todos os 60 países investigados, a família foi classificada pelas pessoas como o elemento mais importante da vida.

Sabemos que nem sempre a nossa família traz a alegria e o aconchego que gostaríamos. Entretanto, para muitas das pessoas que entrevistamos, o convívio familiar é uma fonte relevante de bem-estar, a despeito das diferentes formas de organização e realidades vividas.

Antes de avançarmos, queremos compartilhar que, ao longo do livro, apresentaremos alguns trechos das entrevistas que realizamos para exemplificar as temáticas discutidas em cada seção. A história completa dos entrevistados pode ser acessada em diferentes partes do livro. Para ter uma visão geral de como as histórias estão distribuídas ao longo desta obra, consulte a tabela disponível na seção "O encontro com pessoas e histórias cheias de sentido" do Capítulo 3.

---

1. SIMIONATO, M. A. W.; OLIVEIRA, R. G. Funções e transformações da família ao longo da história. In: ENCONTRO PARANAENSE DE PSICOLOGIA, 1., 2006, Maringá. **Anais**... Maringá: UEM, 2006. p. 57-66.
2. ONLINE data analysis. **World Values Survey**. 2016. Disponível em: https://www. worldvaluessurvey.org/WVSContents.jsp. Acesso em: 13 jun. 2024.

Por ora, vamos conhecer algumas das configurações familiares de nossos entrevistados?

Rodolfo, por exemplo, foi criado pela mãe tendo forte suporte do tio e da família estendida. Aos 13 anos, retomou o relacionamento com o pai. Mais tarde, escolheu formar uma nova família ao se casar, mas continua usufruindo do convívio familiar mais amplo. Para Adriana, a família nuclear na infância era composta pelo pai, a mãe e duas irmãs. Na vida adulta casou-se e teve um filho e uma filha. O Luiz cresceu rodeado pelos pais e pelas duas irmãs. Constituiu uma família homoafetiva e não tem filhos. Helder Roger foi criado pela mãe e pelos avós maternos. Casou-se bem jovem e teve três filhos. Os pais de Mórris se separaram quando era adolescente e ele foi morar com o pai. É solteiro e não tem filhos, mas convive com os sobrinhos adolescentes. Eliza foi criada pela avó e pela mãe (ela diz que sente que teve duas mães), além do pai. É casada e tem um casal de filhos pré-adolescentes. Esses são apenas alguns exemplos.

Os modelos familiares são muitos e podem assumir diferentes papéis para o nosso bem-estar, como podemos ver pelas falas dos nossos entrevistados:

> "Eu sou muito família. Então, ver os meus filhos muito felizes, o meu marido, a minha mãe, é algo que me deixa muito plena. Saber que eles estão bem, que eles estão confortáveis... estar sempre bem juntos e ter saúde é uma coisa que me deixa muito feliz." — Adriana

A fala de Adriana revela que o bem-estar da família lhe traz satisfação e conforto. Ela destaca que isso lhe dá uma sensação de alegria e plenitude.

> "Uma das minhas principais fontes de alegria é estar com os meus sobrinhos, porque eu não tenho filhos, mas eu adoro

> estar com os meus sobrinhos. Agora eles já estão pré-ado-
> lescentes, adolescentes [...] é uma coisa que eu gosto muito,
> que me deixa feliz." — Mórris

Mórris deixa evidente que valoriza muito o convívio com os sobrinhos. Ele gosta de brincar, andar de bicicleta e fazer atividades diversas com eles. Isso lhe dá prazer. Para nossa entrevistada Eliza, a grande alegria da vida é ter a oportunidade de educar os filhos e vê-los crescendo e se desenvolvendo com saúde. A possibilidade de se dedicar à família e ver os resultados disso trazem bem-estar para Eliza.

E para você? Existem pessoas em sua família que são fonte de alegria em sua vida? Se sim, quem são elas?

Talvez seu relacionamento com seus pais, irmãos e a família estendida seja muito bom, talvez não seja dos melhores. Mesmo quem nutre relações de qualidade enfrenta dias ou períodos complicados. Os conflitos sempre vão aparecer em outras dinâmicas familiares, de uma maneira ou de outra. Dependendo de como os episódios de discórdia ocorrem, eles acabam moldando a percepção que os membros da família têm uns dos outros, a sua disposição de prestar apoio mútuo e de querer conviver de forma mais próxima. Fatores como padrões agressivos de comportamento, desafios financeiros e problemas de saúde podem ser fontes significativas de tensão em uma família.[3] Os conflitos familiares contribuem para o aumento da ansiedade e podem impactar consideravelmente o funcionamento da família, em especial quando a conexão emocional entre seus membros é frágil.

Quais são os principais conflitos que enfrenta em suas relações familiares? Existe alguma relação que precisa ser ressignificada?

---

3. RABELO, D. F.; NERI, A. L. A complexidade emocional dos relacionamentos intergeracionais e a saúde mental dos idosos. **Pensando famílias**, Porto Alegre, v. 18, n. 1, p. 138-153, jun. 2014. Disponível em: http://pepsic.bvsalud.org/scielo.php?script=sci_arttext&pid=S1679-494X2014000100012&lng=pt&nrm=iso. Acesso em: 20 set. 2023.

Alguns de nossos entrevistados nos contaram que precisaram passar por um processo de aceitar a família como ela é. Disseram que, nesse processo, aprenderam muito sobre si mesmos e sobre os outros. Só foram capazes de avançar na construção de uma vida feliz depois que aprenderam a impor limites, alinhar as expectativas, praticar o perdão e aceitar as pessoas pelo que são.

"Uma das coisas que foi muito difícil para mim foi entender que minha família é minha família e ela não vai mudar nunca. Ela é o que é, e eu vou ter que ser feliz ao lado dela [...] A minha família tem problemas. Eles contam umas mentiras no almoço de domingo. Eles falam alto, eles falam palavrão, eles seguram o frango com a mão, mas eu amo eles. Eu me sinto tão protegido naquele contexto [...] tenho família que me ama e eu amo eles. Então não foi um processo que eu só olhei para minha família e falei assim 'eu vou amar eles do jeito que eles são'. É eu me amar do jeito que eu sou. Eu tenho defeitos, eu entendo que eu sou assim, e tudo bem [...] Então passei a ser mais flexível diante do que são as questões humanas e passei a me relacionar muito bem com a minha família." — Rodolfo

A compreensão de Rodolfo de que não poderia mudar a sua história e família só fez sentido quando reconheceu que tinha recursos internos para ser mais compreensivo com os defeitos que enxergava neles. A terapia foi uma parte importante desse processo de aceitação e mudança de visão. A sua crença de que é amado por vários membros da família e a certeza de que também os ama permitem que encare os conflitos familiares de forma mais flexível e humanizada. Essa postura foi fundamental, inclusive, para conseguir se reconectar com o pai na juventude. Você pode ler a relevância desse processo de reconexão na história de Rodolfo apresentada na Lição 7, no Capítulo 11. Quantas vezes temos uma expectativa irreal em relação às pessoas que mais amamos, esperando que nunca tropecem ou falhem? No entanto, a realidade não é assim. Esse processo de autoconhecimento, perdão e aceitação do outro foi fundamental para o Rodolfo encontrar paz e alegria nessas relações.

Impondo limites

Aceitar a nossa família como ela é não significa que devemos aceitar relacionamentos abusivos. Mas quais seriam os tipos de violência que ocorrem nas relações familiares? Existem cinco tipos, segundo a lei Maria da Penha:[4]

a) Violência física: qualquer ato que ofenda a integridade ou o corpo da pessoa (por exemplo, atirar objetos, apertar o braço etc.).

b) Violência psicológica: ações que causem danos emocionais, diminuam a autoestima, prejudiquem o desenvolvimento ou visem controlar comportamentos, ações ou crenças (por exemplo, ameaça, humilhação, chantagem, proibir de viajar ou falar com outros familiares etc.).

c) Violência sexual: conduta que leve a pessoa a presenciar ou participar de relações sexuais indesejadas (por exemplo, estupro, impedir o uso de métodos contraceptivos etc.).

d) Violência patrimonial: conduta de retenção, destruição de instrumentos de trabalho, documentos, bens, valores ou recursos econômicos (por exemplo, controlar dinheiro, não pagar pensão alimentícia, destruir documentos pessoais etc.).

e) Violência moral: ações nas quais a pessoa é caluniada e/ou difamada (por exemplo, fazer críticas mentirosas, acusar de traição, expor aspectos da privacidade etc.).

---

4. Para saber mais, acesse: https://www.institutomariadapenha.org.br/lei-11340/tipos-de-violencia.html

No processo de construção de uma vida feliz e com propósito, alguns de nossos entrevistados tiveram de romper com pessoas muito próximas que tinham comportamentos abusivos e/ou violentos. Impor limites e tê-los respeitados é seu direito. Se você está em um relacionamento abusivo, ou se sabe de alguém de sua família que sofre desse mal, busque ajuda de amigos verdadeiros, outros familiares e até ajuda profissional e/ou de órgãos competentes (psicólogos, assistentes sociais, delegacia da mulher, Ligue 180, Polícia Militar 190). O importante é que tenha certeza de que a manutenção da vida, da sua saúde mental e da sua segurança deve ser uma prioridade.

O fato é que geralmente não escolhemos a nossa família de origem, mas muitos de nós nutrimos o desejo de um dia encontrar um parceiro ou parceira e, quem sabe, formar a nossa própria família. Outros adotam para a vida a máxima: antes só do que mal acompanhado e preferem focar em boas relações (de amizade e/ou com a família) em vez de um casamento. De fato, conhecemos várias pessoas que não se casaram ou não têm um parceiro ou parceira e que são felizes. Algumas vezes, essa escolha é deliberada; outras vezes, não é. Sabemos que o casamento não é condição para ser feliz e viver com propósito. Pesquisas, entretanto, indicam que, em vários casos, pode ser um fator de contribuição para uma vida feliz.

Por outro lado, a escolha de ter alguém com quem dividir a vida pode ser embasada em vários motivos: apaixonar-se por uma pessoa, sair de um contexto difícil, uma gravidez inesperada e assim por diante. A questão é que o casamento influencia o nosso bem-estar e a nossa saúde. Decidir se vamos casar e com quem talvez seja uma das decisões mais importantes da vida. Nossos entrevistados Rodolfo e Fernanda celebram terem feito boas escolhas:

"Todos os dias quando eu mando uma mensagem pra minha esposa, eu falo, 'nossa, que bom que eu tenho essa pessoa do meu lado'. Isso só reforça a ideia de que eu tenho tomado boas decisões. Então isso me traz uma satisfação e felicidade muito grandes." — Rodolfo

"Esse é meu o segundo casamento. Graças a Deus a gente tem uma relação muito gostosa [...] Sexta e sábado são os nossos dias, a gente sai à noite, se diverte e isso é tão gostoso!" — Fernanda

Há quem idealize viver um grande amor e estar em uma relação em que não se discute, não há frustração ou sofrimento. Seria só viver a parte "gostosa" do relacionamento. Quem é casado ou está em um relacionamento longo sabe que essa expectativa está longe de ser verdade. Este ano completei 21 anos de casada [Carol Cavalcanti]. A minha relação com o Helder tem sido uma jornada de muito amor e parceria, mas tivemos momentos de conflito que demandaram conversas difíceis e a prática do perdão. Quando era criança, meus pais evitavam brigar perto de mim e dos meus irmãos. Cresci com a impressão de que os conflitos não existiam no casamento. Então, no começo do casamento, tivemos momentos desafiadores, pois a minha expectativa era muito distante da realidade. Hoje, depois de tanto tempo com o Helder, posso dizer que construímos um casamento feliz. Acredito que o nosso amor é sustentado e expandido pelas escolhas diárias que fazemos e os valores que compartilhamos. Mas, afinal, o que faz um casamento ser feliz?

Sete segredos de um casamento feliz

A renomada revista Times[5] publicou um artigo em que organiza sete pontos essenciais que emergiram em pesquisas robustas sobre o que faz um casamento ser feliz. São eles:

---

5. BAKER. E. Recipe for a Happy Marriage: 7 scientific secrets. **Times Magazine**, 20 mar. 2014. Disponível em: https://time.com/30921/recipe-for-a-happy-marriage-the-7--scientific-secrets/. Acesso em: 13 jun. 2024.

1) Celebre as boas notícias: pessoas que comemoram as realizações de seu parceiro usufruem de intimidade, confiança e satisfação no relacionamento.

2) 5 por 1: em casamentos estáveis ocorrem 5 interações positivas (como elogio, gratidão, suporte) para cada 1 interação negativa (como discussão, frustração).

3) Mantenha expectativas altas: pessoas que têm a expectativa de serem bem tratadas, de viverem romantismo e paixão no casamento geralmente acabam tendo um relacionamento assim.

4) Mantenha a família estendida e os amigos por perto: o casamento deve ser a relação principal, mas não a única. Os casais mais felizes nutrem relações de qualidade com outros familiares e amigos.

5) Não espere que seu parceiro faça você feliz: a felicidade é algo estável, pessoal e individual. Esperar que o parceiro seja capaz de aumentar sua felicidade é injusto e irreal.

6) Faça sexo com mais frequência: em relacionamentos mais longos existe a tendência de o desejo sexual diminuir. Casais felizes mantêm a vida sexual ativa e usufruem de seus benefícios, como melhora de humor e diminuição da raiva.

7) Novidades: casais felizes programam momentos para viver o novo. Incluem na rotina viagens e surpresas, para que usufruam de novas experiências juntos.

Se você for casado ou estiver em um relacionamento, dê uma olhada nesses sete elementos e reflita o quanto estão incorporados em sua relação. Quais poderiam ser trabalhados para que tenha um relacionamento mais feliz e duradouro?

Pesquisas mostram que ter um casamento "feliz" ou "muito feliz" pode aumentar a longevidade de homens e mulheres. Essa é uma afirmação apresentada em artigo publicado na revista científica *Health Psychology*[6] e que apresenta dados de um estudo realizado com 19 mil pessoas casadas entre 1978 e 2010. Os resultados revelam que pessoas que desfrutam de casamentos felizes têm 20% menos de chances de morrer mais cedo que aquelas as quais responderam que o casamento é infeliz. O principal motivo para isso é: numa vida a dois de qualidade, um encoraja o outro a ter hábitos mais saudáveis tanto no que se refere a visitas médicas, alimentação e prática de exercícios físicos. O suporte emocional em meio aos problemas e dificuldades da vida também reduz os níveis de estresse e ansiedade de pessoas que encontram no casamento uma fonte de alegria.

> "Eu tenho um marido que tá sempre me trazendo pra minha melhor versão. Ele diz, 'olha, eu acho que não precisa trabalhar tanto. Tem um samba, tem uma viagem, vamos dar uma espairecida, uns dois, três dias'. Então, eu tenho esse apoio, que mesmo que eu corra muito pro lado do trabalho, ele tá sempre me trazendo, porque ele sabe que me faz muito bem." — Adriana

Adriana destaca que um aspecto positivo do casamento é encontrar uma fonte de suporte e encorajamento. Todavia, sabemos que mesmo casamentos felizes têm seus momentos desafiadores. Afinal, não existem relações perfeitas, pois todos temos as nossas imperfeições.

Como comentamos no início do livro, após cada entrevista, escrevemos um resumo da história da pessoa. Distribuímos essas histórias nos capítulos em que achamos que têm maior conexão com os temas que estamos discutindo. Vamos conhecer então a primeira história, que é a da Sofia Esteves, uma empresária brasileira que fundou a Cia de

---

6. WHISMAN, M. A.; GILMOUR, A. L.; SALINGER, J. M. Marital satisfaction and mortality in the United States adult population. **Health Psychology**, v. 37 n. 11, p. 1041–1044, 2018. Disponível em: https://doi.org/10.1037/hea0000677. Acesso em: 13 jun. 2024.

Talentos, uma empresa de grande reconhecimento no país na área de recrutamento e seleção de jovens e executivos. A vida dela revela a potência das relações familiares para moldar a nossa história e nosso propósito, além de ser uma grande fonte de bem-estar e felicidade. Vamos conhecê-la?

<u>Sofia Esteves</u>

62 anos, empresária, conselheira, casada com Mauricio, mãe do André e do Vitor

Propósito: Contribuir para que as pessoas sejam felizes e inteiras

Muita gente sonha em encontrar a fonte da juventude. É como se envelhecer fosse algo a ser evitado. Para Sofia foi diferente. A maturidade lhe presenteou com oportunidades e sabedoria para viver e contribuir para além do que inicialmente imaginou ser possível. Os desafios, as frustrações e até as grandes conquistas da juventude a prepararam para desfrutar da maturidade de forma plena.

A vida de Sofia divide-se entre antes e após os 46 anos. Foi nessa idade que encontrou o amor que tanto buscava, o amor por si e o sentir-se amada.

Quando criança, era chamada de "pererereca" por ser cheia de vida e sapeca. Era também muito intensa e não suportava as injustiças do mundo. Um dia, chegou a pular um muro de arame farpado para brigar com uma mãe que estava batendo em um bebê. Nasceu em seu coração o forte desejo de ter um orfanato e prover um lar para quem não tinha. E fez essa promessa a Deus.

Até os 28 anos, morava com os pais e tinha uma relação muito difícil com a mãe. Casou-se e deu-se conta de que substituiu o controle que a mãe tentava exercer sobre ela pelo primeiro marido. Foi um período de grande sofrimento.

Mas nunca deixou que ninguém a impedisse de ir à luta e buscar sua independência. Com apenas 26 anos, fundou a Cia de Talentos, uma empresa hoje referência em recrutamento e seleção no Brasil. A empresa era seu refúgio, um lugar onde se sentia querida e admirada pelas pessoas.

Seu segundo filho nasceu com apenas 5 meses e, nos três meses que passou na UTI neonatal, ela tinha a certeza de que não estava só. Sua fé inabalável estava ali presente o tempo todo com ela.

Aos 44 anos, decidiu se separar. A maturidade lhe deu a força para tomar essa decisão difícil. Mergulhou, então, em um profundo processo de autoconhecimento. Deixou de ser a mulher que não almoçava sozinha, com medo de ser vista como alguém que tinha sido abandonada, para se pegar rindo ao ler um livro em uma praça. Foi só aí, quando aprendeu a se amar de verdade, aos 46, que o Maurício apareceu na sua vida.

Essa parceria deu a força de que a Sofia precisava para sentir a paz e o equilíbrio que sempre buscou. Ela continuaria lutando com todas as forças, mas, se tudo desse errado, o novo refúgio dela não estava mais na empresa, e sim no amor e na relação de profunda parceria e admiração que nutriam.

Hoje, aos 62 anos, percebe que sua vida não foi como ela tinha planejado na juventude. Foi mãe mais tarde do que queria, encontrou seu parceiro de vida muito depois do que desejava. Sua promessa a Deus de que teria um orfanato também não pôde ser cumprida como imaginou, pois uma lei proibiu a criação de orfanatos no Brasil. Conversando com a diretora da Vara da Infância e Juventude, contando sua história, recebeu dela um grande presente: "os bebês hoje no Brasil têm fila de espera para serem acolhidos, mas o que está faltando e você tem tudo para conseguir oferecer é um orfanato para jovens abandonados pelo mercado de trabalho". A partir disso, Sofia fundou o Ser+, uma ONG que capacita jovens em vulnerabilidade social ("as Sofiazinhas", como ela chama) para serem profissionais dignos, inseridos no mercado.

Sofia sente que cumpriu sua missão. E como é bom chegar a essa etapa da vida em paz, com a certeza de que tudo valeu a pena! Viveu intensamente e fez desse mundo um lugar melhor em cada momento que podia. Hoje também é o porto seguro dos pais e reverteu sua vivência de dor em amor e cuidado.

Na maturidade, ela continua intensa e sapeca. Busca reparar as injustiças do mundo, mas agora reconhece que carrega no coração a paz, a partir do amor, que vem de si e daqueles que a rodeiam.

A história de Sofia poderia ser sobre suas conquistas profissionais mas é, em essência, sobre a busca do amor. Sua trajetória mostra a importância de ressignificarmos as nossas relações familiares, sejam elas com nossa família de origem ou com a família que formamos. Uma parte importante da história de Sofia foi o processo de reconstruir a relação com a mãe. Ela explica que, em casa, por muito tempo sentia que não tinha espaço para ser ela mesma. Era o oposto do que a mãe julgava ser uma boa filha. Na vida adulta, reconheceu que tinha uma personalidade muito parecida com a da mãe, e por isso os conflitos emergiam. E foi na maturidade que Sofia se tornou o porto seguro dos pais, de quem tem toda a admiração. Foi uma mudança de história muito grande para ela. Ao mesmo tempo, foi um processo de aprender a praticar o perdão pelos momentos difíceis que viveu na relação com a mãe.

Sofia tem se realizado tanto profissionalmente quanto socialmente, e precisou lidar com os desafios do difícil primeiro casamento, que culminou em um divórcio. A decisão por terminar um casamento nunca é fácil, pois gera sofrimento para o casal, para os filhos e outros membros da família. Na história de Sofia, porém, a separação abriu as portas para um profundo processo de autoconhecimento e de mudança que a preparou para as próximas etapas da vida. Foi no amor do segundo marido que encontrou um porto seguro que trouxe maior significado para a vida e seus projetos. Essa relação de troca preenche seus dias de alegria.

Talvez a sua família de origem ou a família que formou não sejam uma fonte de alegria em sua vida. Talvez você tivesse o sonho de casar e/ou ter filhos e ele não se realizou. Talvez seus entes queridos mais próximos já tenham falecido ou você nunca tenha tido uma família para chamar de sua. Se for o seu caso, queremos que saiba que existem caminhos para construir relações tão profundas e até melhores que aquelas que desfrutamos em família. Quando o provérbio fala "há amigos mais chegados que um irmão"[7] está se referindo a pessoas únicas com quem escolhemos compartilhar os momentos alegres, desafiadores e as conquistas da vida. As amizades, comunidades e redes de apoio das quais fazemos parte podem ser fontes reais de suporte, alegria e bem-estar. É sobre isso que vamos conversar a seguir.

Fonte 2 - Redes de Apoio e Comunidades

Ter amigos é parte essencial da vida. Francis Bacon afirma que "a amizade duplica as alegrias e divide as tristezas". Com os amigos compartilhamos os altos e baixos da vida, e essas pessoas acabam se tornando parte importante de nossa rede de apoio social. É nessa rede que encontramos cooperação, cuidado, acolhimento e, por vezes, até o compartilhamento de responsabilidades. A verdade é que nos beneficiamos

---

7. BÍBLIA. Provérbios 18:24. Nova Tradução na Linguagem de Hoje. App Bíblia.

quando temos pessoas próximas dispostas a desempenhar um papel positivo em nossas vidas.

As boas amizades podem nascer em qualquer fase da vida. Às vezes acontecem de forma inusitada (na escola, na academia, em uma viagem, no trabalho) e, em outros momentos, são fruto de um investimento intencional estimulado por valores e interesses comuns entre as pessoas.

A Isa, uma jovem de 19 anos que entrevistamos, era estudante de um cursinho popular em seu bairro e foi lá que ficou amiga da Duda (filha de sua professora). Essa amiga generosa lhe apresentou um mundo de possibilidades:

> "Eu não conhecia oportunidades como *Hackathons*, como mentorias gratuitas, que é muito importante... A Duda foi um anjinho na minha vida, que trouxe muita coisa boa [...] Eu tive uma experiência como deputada jovem no Parlamento Brasileiro, que eles têm um programa que se chama PJB, que é Parlamento Jovem Brasileiro. Foi uma oportunidade muito boa, incrível, e que eu só conheci também por conta da Duda." — Isa

Para Isa, a amizade com a Duda permitiu que abrisse a mente para oportunidades que nem conhecia. Com isso, enxergou o futuro que queria construir para si mesma do ponto de vista pessoal e profissional.

Ter uma rede de apoio em que as pessoas se preocupam com as outras é algo que apareceu com frequência na fala de vários de nossos entrevistados. Um relato em especial nos chamou a atenção: a história de Luiz Zoldan. Vamos a ela?

Luiz Zoldan

37 anos, é médico psiquiatra e gestor de uma instituição de saúde
na área da Saúde Mental

Propósito: levar informação acionável e atendimento humanizado para que as pessoas possam cuidar da saúde mental e ajudar a construir redes de apoio para que ninguém se sinta sozinho nesse processo

Dizem que na vida colhemos o que plantamos. A escolha das sementes, do ambiente onde são cultivadas e dos cuidados recebidos durante o seu crescimento são fundamentais. O calor do sol e o frescor da água permitem que pequenos brotos virem mudas e, por fim, árvores frondosas que nos protegem e abrigam.

Desde cedo, Luiz aprendeu a cultivar boas sementes. A história dele integra lindamente seu histórico de menino criado num sítio por uma família repleta de amor e abertura com o profissional paulistano que trabalha freneticamente, realiza muito e sonha grande.

Nasceu em Aguaí, no interior do Estado de São Paulo, uma cidade próxima a São João da Boa Vista. Cresceu no sítio, em meio à família (pais e irmãs), o rio onde pescava com seu pai e a plantação de abacates. Ambos os pais trabalhavam e nutriam uma relação de grande parceria. Investiram na educação privada, mas deixaram claro que excursões e qualquer item extra não caberia no orçamento familiar.

Uma de suas irmãs foi diagnosticada com diabetes tipo 1 e, naquela época, o tratamento era muito rudimentar, com insulina de porco. A família chegou a tentar até tratamento espiritual para tentar livrá-la de tanto sofrimento. Luiz, que sempre teve coração grande, rezava à noite para que a doença da irmã fosse transferida para ele, para protegê-la.

Ao ver o atendimento à irmã feito pelo Dr. Lício Veloso, uma semente começou a brotar na mente do menino Luiz: ser médico endocrinologista para poder, um dia, cuidar da irmã.

Conforme crescia, foi percebendo que era diferente do padrão social no que diz respeito à orientação sexual. Criou então um mecanismo de compensação: tentava fazer tudo perfeito para não transparecer o que poderia ser visto como um defeito nele. E mergulhou nos estudos, não aceitando notas menores que 9,9. O perfeccionismo era uma terra árida de constante autocobrança que gerava ansiedade.

Aos 17 anos, deixou a casa dos pais para ir a Campinas cursar a Unicamp. No início ingressou na Engenharia, mas não foram necessários mais de seis meses para que Luiz percebesse que ali não seria feliz. Prestou o vestibular de novo e ingressou no curso de Medicina da Unicamp, resgatando os planos semeados na infância.

No campo dos estudos tudo correu bem, mas, no pessoal, a dificuldade em lidar com a homossexualidade começou a trazer impacto para sua saúde mental. No quarto ano da faculdade começaram alguns episódios de maior ansiedade e, no quinto, seu quadro se agravou. Acordava um dos cinco amigos da república em que morava para levá-lo ao pronto-socorro. Chegando lá, após vários exames, sempre a mesma desconfiança dos médicos: ele estaria usando álcool? Drogas talvez? Não, não estava.

Os amigos da república se cansaram do leva e traz e Luiz precisou expandir seu alcance da rede de apoio para uma amiga que passou a fazer esse papel. Até que um médico desconfiou que ele poderia estar tendo crises de pânico e prescreveu uma medicação. Luiz não aceitou inicialmente a prescrição. Mais um preconceito com o qual teria de lidar.

Não estava pronto. Investiu toda a bolsa de iniciação científica em sessões de terapia. Só depois aceitou a medicação. A terapia se tornou um solo nutritivo onde poderia continuar crescendo com mais saúde.

Formou-se e passou um ano no Norte do país atendendo comunidades ribeirinhas. O menino do interior de coração grande seguia pulsando dentro dele. Ali viveu experiências marcantes e descobriu que podia plantar sementes que iriam frutificar na vida de outros.

Escolheu São Paulo como o berço de sua nova morada e começou a residência. Em meio à multidão, talvez sua orientação sexual não fosse tão notada e ele poderia se expressar integralmente com mais liberdade. No entanto, não foi uma adaptação fácil. Não tinha raízes nessa cidade. Mas Luiz persistiu, buscou conforto na música, que sempre o energizou. Era ao som de Jammil e Uma Noites que ia todos os dias ao trabalho: *"Celebrar! / Como se amanhã o mundo fosse acabar / Tanta coisa boa a vida tem para te dar / O pensamento leve faz a gente mudar, uoh"*. Tentava acreditar naquela mensagem e seguia em frente.

Ele então encontrou o amor em São Paulo. Começou a namorar a pessoa que se tornaria seu parceiro de vida.

Uma vez conquistada a independência financeira, decidiu contar aos pais sobre a homossexualidade. Sabia que, para eles, aquela notícia seria difícil. Por isso, por um período, preferiu afastar-se um pouco de suas raízes e foi cultivando então seu vínculo com São Paulo, seu trabalho, seu parceiro, seus novos amigos.

Foi só dois anos depois que o amor falou mais alto que tudo e Luiz passou a resgatar seu vínculo com sua terra de origem: as idas ao sítio passaram a ser a cada dois finais de semana. Agora acompanhado pelo, já então, seu marido.

Durante a semana, Luiz tem uma agenda puxada de trabalho. Divide as mais de 60 horas semanais entre sua clínica, atendendo como psiquiatra, e a função de gestor da área de saúde mental de uma instituição de saúde. Acorda todos os dias às 5h30 para poder se exercitar e ganhar energia para tudo que vai enfrentar no dia. À noite, antes de encerrar o expediente, tira alguns minutos para refletir sobre o que viveu. Avalia o que plantou e o que colheu.

Acredita muito em um cuidado humanizado com as pessoas, tentando se distanciar de diagnósticos com escalas impessoais no atendimento a pessoas no âmbito da saúde mental. Assumir um cargo de gestão e dar aulas e palestras vai no sentido de ampliar o alcance do que acredita. Um dia, quem sabe, vai entrar na arena política para poder expandir ainda mais o impacto do que acredita. É assim que quer semear conhecimento, boas práticas e acolhimento para quem precisa de cuidados em saúde mental.

"Só estamos bem quando estamos todos bem". Luiz tem uma visão social, humanizada e conectada. Lembra dos seus tempos de jovem estudante na Unicamp, em que sua rede de apoio foi tão importante para que ele pudesse sair daquela situação difícil enfrentando as crises de pânico. Quer que ninguém se sinta sozinho quando estiver com algum sofrimento psicoemocional, que possamos sair do egocentrismo e criar redes de proteção na nossa sociedade.

E essa é a luta dele na cidade grande.

Luiz hoje tem dois refúgios onde se nutre para os projetos que precisa semear: seu lar em São Paulo e sua casa de origem em Aguaí. Continua sendo o menino do interior de coração grande, mas traz toda a vivência pessoal e conhecimento para ajudar a construir uma sociedade humanizada, livre de preconceitos e estigmas quanto à saúde mental. Espera que as sementes que está cultivando continuem crescendo e transformem os ambientes onde vivemos em lugares mais seguros, bonitos e acolhedores para todos.

A história de Luiz emociona, pois a sua rede de apoio fez toda a diferença quando estava mais vulnerável e enfrentando problemas de saúde mental. Sem os amigos, talvez sua história e suas contribuições para tantas outras pessoas jamais tivessem acontecido. Ele sentiu na pele, mente e coração como é difícil aceitar e enfrentar transtornos mentais. Por isso, hoje é capaz de compartilhar a sua história com tranquilidade e até orgulho. Ele sabe que não chegaria aonde chegou sem as pessoas que lhe estenderam a mão. Sua história de resiliência, autoconhecimento, superação e realizações no campo da saúde mental tem impactado as pessoas com quem entra em contato e várias outras que nunca irá conhecer. Agora, ele entrega seus melhores recursos para ser um porto seguro para outros. É isso que o motiva a trabalhar por esta causa.

Separar um tempo para cultivar as amizades pode ser desafiador para algumas pessoas, mas pesquisas mostram os benefícios de tê-las em nossas vidas. A professora de psicologia Julianne Holt-Lunstad, da Universidade Brigham Young, nos Estados Unidos, estuda a relação amizade-longevidade e afirmou, em entrevista concedida à revista Exame:[8] "Não dispor de uma rede social de apoio é um fator de mortalidade mais potente que a obesidade ou uma vida sedentária e sem exercício físico". Ela justifica que estudos apresentam um aumento de 50% na probabilidade de viver mais quando se possui uma rede sólida de amizades. Ter amigos é fazer parte, é pertencer a um grupo que se importa com você.

8. SANCHA, M. 10 verdades que os cientistas dizem sobre a amizade. **Exame**, 12 ago. 2014. Disponível em: https://exame.com/tecnologia/10-verdades-que-a-ciencia-diz-sobre-a-amizade/. Acesso em: 13 jun. 2024.

De fato, as boas amizades impactam a forma como experimentamos os variados momentos da vida. Se tivéssemos que investir em uma única área que de fato tem grande impacto em nosso bem-estar e longevidade, com certeza seria em amizades de qualidade e em ter uma rede de apoio sólida. Mas será que isso é fácil de fazer? Aparentemente é bem mais difícil do que muitos imaginam. Quantas vezes nos sentimos sozinhos mesmo em ambientes repletos de pessoas? Ter pessoas fisicamente perto de nós não significa que existe conexão emocional. Ter muitos amigos nas redes sociais não significa que temos uma rede de apoio. E quando a sensação de solidão é constatada com frequência?

O fato é que a solidão é um mal que assola em média 33% das pessoas no mundo. Esse dado foi divulgado em uma pesquisa realizada pelo Instituto Ipsos em 2021.[9] Foram entrevistadas 23 mil pessoas de 28 nações. Chama a atenção que os resultados apontaram o Brasil como país onde a solidão era prevalente: 50% dos brasileiros relataram sentir-se solitários. Vários são os motivos para que alguém se sinta solitário, como o agravamento de quadros de transtorno mental (como depressão) e o uso excessivo de tecnologias para mediar interações sociais rápidas e superficiais.

À primeira vista, pode parecer que a solidão é um problema que emergiu mais fortemente durante e após a pandemia. Isso não é verdade. Em 2018, a primeira-ministra do Reino Unido, Theresa May, encomendou um estudo o qual identificou que 9 milhões de habitantes do Reino Unido declararam sentir solidão com frequência. Os públicos que mais sofriam com o mal eram os idosos (200 mil disseram não ter conversado com um amigo ou familiar no último mês) e pessoas com deficiência. Ela liberou aproximadamente R$ 11,4 milhões para implementar um programa que convocava empresas privadas, grupos voluntários, líderes comunitários e qualquer pessoa que quisesse

---

9. BRASILEIRO é o povo que mais sente solidão na pandemia, aponta ranking. **BBC News Brasil**, 3 mar. 2021. Disponível em: https://www.bbc.com/portuguese/brasil-56275133. Acesso em: 24 set. 2023.

contribuir com o Estado no combate à solidão. Não é impressionante que a falta de amigos ou de pessoas próximas seja um problema que assola uma parcela tão grande da população mundial?

Quem são os seus amigos mais próximos? Uma forma de identificar quem faz parte da nossa rede de apoio é avaliar o seguinte: se você se sentisse muito doente às 3 horas da manhã, para quem poderia pedir ajuda?

Pode ser que tenha conseguido identificar alguns amigos ou familiares mais próximos com quem pode contar e que contam com você. Caso não sinta que tem pessoas com quem contar, sempre é tempo de construir ou reconstruir sua rede.

A nossa entrevistada Eliza, por exemplo, mudou-se recentemente para os Estados Unidos com a família e está no processo de construção de redes de apoio para si mesma e para os filhos:

> "Às vezes a gente vai no clube, aproveita a piscina, os amigos que a gente está fazendo lá, e os *playdates* dos amiguinhos deles (encontros para brincar), e é isso." — Eliza

Eliza e a família vivenciam situações em que podem conhecer e conviver com pessoas que têm potencial de fazer parte de seu círculo mais próximo de amizade. Tornar-se amigo de alguém demanda investimento de tempo e desejo das partes envolvidas. O pesquisador Jeffrey Hall,[10] da Universidade de Kansas, realizou um estudo sobre criação de vínculos e descobriu que somente após 50 horas de convivência com alguém podemos considerar essa pessoa um amigo casual. Uma amizade mais próxima demanda, pelo menos, 200 horas de convivência. Talvez essa seja uma explicação clara do porquê de, muitas vezes, ser difícil nutrir novas amizades na vida adulta, quando nosso tempo é consumido por demandas do trabalho e da vida familiar. Todavia,

---

10. HALL, J. A. How many hours does it take to make a friend? **Journal of Social and Personal Relationships**, v. 36, n. 4, p. 1278–1296, 2019.

os bons relacionamentos são fator essencial para a nossa felicidade e bem-estar, e vale buscar construir essas relações mais próximas.

A Boa Vida

Um estudo longitudinal sobre desenvolvimento humano que busca entender o que faz com que tenhamos uma vida feliz é realizado na Faculdade de Medicina de Harvard[11] há mais de 80 anos. A pesquisa começou com 268 rapazes (alunos de Harvard). Hoje os pesquisadores acompanham mais de 2 mil pessoas (homens e mulheres de diferentes realidades socioeconômicas). Eles avaliam o estado de saúde física, mental e socioemocional dos participantes da pesquisa. Os resultados revelam que relacionamentos de qualidade, sejam eles conjugais, familiares ou de amizade, são primordiais para vivermos mais e melhor. Aspectos como classe social, genética, fama, dinheiro e QI (quociente de inteligência) têm menos influência em nosso bem-estar, felicidade e longevidade que as relações positivas. O estudo revela ainda que aquelas pessoas que estavam felizes com os seus relacionamentos aos 50 anos tinham melhor saúde aos 80.

Vale a pena assistir à TED Talk *What makes a good life*,[12] na qual um dos diretores da pesquisa sobre felicidade de Harvard, Robert Waldinger, apresenta mais detalhes sobre esse relevante estudo longitudinal.

---

11. ADARIO. L. Existe um segredo para a felicidade? Esse estudo pode dar uma dica. **National Geografic Brasil**. 24 out, 2022. Disponível em: https://www.nationalgeographic brasil.com/cultura/2022/10/existe-um-segredo-para-a-felicidade-esse-estudo-pode-dar-uma-dica. Acesso em: 20 set. 2023.

12. Disponível em: https://go.ted.com/6WBY

"Os bons relacionamentos são fator essencial para a nossa felicidade e bem-estar, e vale buscar construir essas relações mais próximas."

Carol Shinoda
Carolina Cavalcanti

Em geral, são poucas as pessoas que ocupam a cadeira de "melhores amigos" em nossa vida. Aquelas com quem podemos compartilhar as vulnerabilidades e os sonhos. Contudo, é importante saber quem são essas pessoas e investir nesses relacionamentos. Temos, ainda, amigos com quem não convivemos com tanta frequência. São pessoas que talvez já foram muito próximas em outros momentos da vida mas que, por algum motivo, não estão mais presentes no dia a dia. De qualquer forma, sabemos que os encontros com elas sempre serão cheios de afeto e compartilhamento genuíno de experiências. Existem, também, pessoas com quem convivemos em diferentes momentos e ambientes em nossa rotina e que acabam tendo papel relevante em nossa vida por fazerem parte de uma comunidade mais ampla à qual pertencemos.

Eu [Carol Shinoda], particularmente, sempre valorizei manter as amizades ao longo dos anos. Tenho amigos da escola, do colegial, da faculdade, do mestrado, das empresas pelas quais passei, da formação em coaching, do programa Germinar. Além disso, estou constantemente aberta a novas amizades. Faço novos amigos no clube de livros, no pilates, na natação, em grupos de estudo. Confesso que, ao longo dos anos, fiquei mais seletiva com os amigos mais íntimos, pois o tempo foi ficando escasso e preciso escolher como investir os poucos momentos livres que tenho. No entanto, para aqueles que entraram no meu coração, faço questão de anotar os aniversários na agenda (marcando para receber um alarme a cada ano naquele dia) e mandar uma mensagem de carinho na data. Gosto de celebrar os meus aniversários e os momentos mais importantes da minha vida com as pessoas que amo (formatura do mestrado e doutorado, chá bar, casamento, chá de bebê etc.). Tenho amigos que vivem mudando de cidade e lá vou eu visitá-los para garantir que continuamos convivendo, mesmo com a distância física. Então, reconheço que as amizades próximas demandam muitas horas de investimento para angariá-las, e vejo que também exigem novas investidas para sua manutenção. Sem dúvida, para mim, é um investimento com altíssimo retorno.

Quanto às pessoas das comunidades que faço parte, procuro sempre decorar o nome delas (porteiros do prédio, guardadores do carro na natação, pessoas da limpeza, secretárias dos médicos, vizinhos) e ser gentil. Acho que são pequenas ações que fazem com que cada um de nós se sinta visto e valorizado, formando essa rede expandida de apoio mútuo.

Agora reflita: a quais comunidades você está vinculado? Você pertence a um grupo de pessoas que compartilham interesses, características, crenças e valores em comum? As comunidades podem ser formadas por pessoas que moram no mesmo condomínio, se conhecem e se ajudam. Lembra-se da famosa xícara de açúcar? Podem, ainda, ser compostas por pessoas da sua religião que frequentam a mesma igreja. Existem também comunidades que se formam por pessoas com interesses culturais em comum (clubes de leitura, rodas de samba ou "bandas de garagem") e que se reúnem só para curtir algo juntas. Também encontramos comunidades profissionais que abordam temas de trabalho (como grupos de RH, encontro de CEOs) ou até mesmo comunidades de aprendizagem. As possibilidades são muitas. Talvez aqui não tenhamos pessoas que procuraremos em primeiro lugar para nos socorrer de madrugada, mas podemos conseguir contar com indicações, conexões e experiências valiosas. Dessas comunidades podem surgir boas amizades.

Fazer parte de comunidades é importante em diferentes fases da vida. Nossos entrevistados indicaram que possuem amigos mais próximos, mas que também gostam de fazer parte de variadas comunidades:

> "Tenho umas duas, três pessoas de quem sou bem próximo. Mas, costumo falar que eu me relaciono com todo tipo de pessoa [...] tem o pessoal que frequenta a igreja comigo – a gente vai falar mais de algo espiritual, pois a gente tem essa afinidade. Tem o pessoal do futebol – a gente vai falar mais de futebol." – Frankle

A família de Frankle mora no Pará, por isso ele valoriza e nutre relações positivas em São Paulo, onde vive. Na prática, essas são as pessoas com quem convive no dia a dia e compartilha crenças, valores e interesses.

Entrevistamos também a Carol Silva, que é voluntária em um projeto para refugiados no Líbano. Ela nos disse que fez amizade com outros jovens voluntários quando chegou no país há menos de um ano.

> "Ter outros voluntários aqui é uma rede de apoio. Temos a mesma idade, então conseguimos ter vários momentos para socializar e conviver." — Carol Silva

Diariamente eles trabalham juntos, vão à academia, compartilham algumas refeições e, nos fins de semana, fazem passeios; às vezes, até viajam para a praia. Fazer parte dessa comunidade é fonte de alegria e importante para o equilíbrio emocional de Carol Silva, mesmo vivendo em um lugar tão distante de seu país de origem e família.

Uma comunidade importante com que muitos de nós convive diariamente é a do trabalho. E pequenos gestos podem fazer a diferença na construção de um contexto positivo com as pessoas.

Cordialidade e gentileza em ambientes de trabalho

Nem sempre conseguimos fazer boas amizades no trabalho. Entretanto, é possível criar ambientes onde as pessoas experimentam um senso de pertencimento. Como fazer isso? O *Center for Talent Innovation* divulgou resultados de uma pesquisa em que 39% dos entrevistados experimentam maior senso de pertencimento em ambientes de trabalho quando as pessoas se comunicam de forma clara e demonstram se importar umas com as outras do ponto de vista pessoal ou profissional. Perguntas simples como "como posso ajudar?" ou "como você está?" aumentam significativamente o senso de pertencimento em ambientes

> profissionais. Pessoas que se sentem pertencentes a um ambiente profissional são 3,5 vezes mais propensas a estarem engajadas e contribuir de forma mais eficaz usando seus talentos, energia e inteligência.

Criar um ambiente no trabalho onde as pessoas se sentem aceitas, respeitadas e ouvidas é um grande desafio. De fato, a Dra. Amy Edmondson[13] escreveu um livro no qual apresenta o conceito de segurança psicológica e o papel das lideranças para criar um clima positivo a fim de que as pessoas se sintam confortáveis em serem elas mesmas. Cabe aos líderes promover um contexto em que os membros da equipe consigam expressar opiniões, cometer erros sem serem julgados, assumir riscos interpessoais (não ter medo de parecer ignorantes, incompetentes, desagradáveis), compartilhar informações, preocupações, questionamentos e ideias. Como as lideranças podem fazer isso? Ajudando cada pessoa a avançar em sua aprendizagem socioemocional (falamos disso com mais profundidade no próximo tópico), valorizando comportamentos de gentileza e o respeito à diversidade de opiniões. Acima de tudo, as lideranças precisam ser um exemplo, dando um passo na direção de se abrirem à vulnerabilidade, assumindo erros, estimulando e acolhendo opiniões diversas às suas, discutindo problemas difíceis abertamente. Essa é a semente para que, naturalmente, as pessoas sintam que pertencem a uma comunidade preocupada com o seu bem-estar.

Há outros contextos específicos em que a nossa rede de apoio é fundamental. A parentalidade, momento em que as pessoas assumem papéis de pai e mãe, é um deles. O famoso ditado africado "é preciso uma aldeia inteira para criar uma criança" destaca que o cuidado e a

---

13. EDMONDSON, A. **A organização sem medo**: criando segurança psicológica no local de trabalho para aprendizado, inovação e crescimento. Rio de Janeiro: Alta Books, 2020.

educação de uma criança não recaem apenas sobre a família e amigos, mas também sobre a comunidade da qual faz parte.

Depois de adulta (Carol Cavalcanti aqui), nunca morei na mesma cidade que meus pais e sogros. Além de eles virem nos visitar com frequência para conviver com os netos, pude recorrer também ao suporte de uma rede de apoio e várias comunidades para dar conta da rotina corrida de trabalho e cuidados com as crianças. Na comunidade de mães da escola, recebi indicações de ótimas babás, médicos especialistas, professores de música e escolinhas de esporte. Na comunidade de colegas do trabalho, tive acesso à indicação de livros sobre autocuidado, atividades divertidas para realizar em família nos fins de semana e TED Talks sobre produtividade e maternidade. Não eram amigos íntimos, que frequentavam a minha casa, mas pessoas que me apoiaram de várias maneiras.

Comunidades de parentalidade

A chegada de filhos costuma ser um momento de muitas adaptações. Mesmo mães e pais que sonharam em viver essa experiência podem ficar confusos e sozinhos nessa missão. Por muito tempo, os conselhos das mulheres mais experientes da família eram a única rede de apoio que os novos pais tinham. Hoje, esse cenário é diferente. A "aldeia" foi ampliada para comunidades de parentalidade que se reúnem para discutir e trocar sobre amamentação, educação positiva, alimentação saudável, roteiros para viajar com crianças, adolescência, entre outros temas. Se você está nessa fase da vida, procure grupos que possam lhe ajudar e acolher nessa maravilhosa aventura de educar outro ser humano.

Por fim, queremos destacar que nosso entrevistado Williams tem 71 anos e está em uma fase diferente da vida: a maturidade. Por muitos anos construiu, com seus alunos de música, uma comunidade de artistas que se apoiam mutuamente e contribuem uns com os outros em projetos e produções musicais.

> "É realmente maravilhoso. Eu fico pensando, 'nossa, se eu estivesse sozinho, eu nunca ia conseguir fazer tudo isso'. E o que é mais gratificante é que, pelo carinho e amizade que foi construído ao longo dos anos com essas pessoas, espontaneamente eles vêm, conversam comigo, pedem conselhos, pedem ajuda, pedem apoio. Então, existe aí como uma parceria, uma relação muito boa. Isso é muito gratificante. Você vê que você viveu, mas depois, à medida que você vai envelhecendo, você não fica no esquecimento. Você ainda é parte de um processo que os jovens fazem questão de te incluir." — Williams

Numa fase da vida em que as pessoas tendem a se sentir mais solitárias, Williams encontra nessa rede uma grande fonte de reconhecimento, significado e alegria.

O fato de nossos entrevistados terem uma rede de apoio e saberem que fazem parte de comunidades nas quais são apreciados é uma parte essencial de sua felicidade e bem-estar.

Ao ler esta parte do livro, você talvez esteja percebendo que não tem uma rede de apoio tão estruturada como gostaria (ou precisaria). Existem várias formas de facilitar o crescimento dos vínculos de amizade, como realizar atividades em parceria, ações altruístas, atos de bondade e gentileza, passar por momentos difíceis juntos. Esperamos que percorra os caminhos que façam sentido para você para que tenha relacionamentos mais significativos e profundos em sua vida. Sempre existe a oportunidade de aprender e se desenvolver nesse sentido. Afinal, descobrimos que a aprendizagem é uma relevante fonte de bem-estar.

Fonte 3 - Aprendizagem

Aprendemos o tempo todo. Se pensar um pouco em sua última semana, com certeza vai lembrar-se de alguns aprendizados que teve. Você pode ter aprendido o significado de algumas palavras em outra língua, uma característica nova da personalidade de sua filha, ou até mesmo sobre um protocolo complexo que deve utilizar em seu trabalho.

Como mãe e professora de jovens, profissionais e pessoas mais maduras [Carol Cavalcanti], tenho acompanhado de perto a aprendizagem acontecer e se revelar de várias formas. Geralmente fica evidente que alguém de fato aprendeu algo a partir de suas ações, como conseguir resolver um problema matemático, saber dirigir um carro, conseguir estruturar um argumento sobre uma visão política.

Acontece que, para garantir que a aprendizagem formal ocorresse, foram criadas escolas, rigor científico, notas, provas e isso acabou trazendo algumas consequências que consideramos negativas: 1) muitas pessoas passaram a acreditar que só são válidas e relevantes as aprendizagens que ocorrem na escola, na faculdade ou na universidade corporativa, 2) deixamos de encarar a aprendizagem como uma fonte de prazer da vida.

Essas duas crenças são irreais. Afinal, aprendemos em todas as situações, das triviais às mais marcantes: quando terminamos um namoro, quando investimos nosso dinheiro da forma errada, quando experimentamos uma receita nova, quando conhecemos um lugar diferente, quando temos uma conversa sincera e profunda com uma amiga, quando fazemos uma transição de carreira. A vida é, afinal, uma grande escola. Nessa escola, muitas coisas que aprendemos são extremamente prazerosas. Quer ver? Você lembra como era gostoso aprender a andar de bicicleta? No começo pode até ter ralado os joelhos, mas estava aprendendo a se equilibrar e a se divertir ao mesmo tempo. Você se lembra de qual foi a sensação de dar o primeiro beijo em alguém que realmente amou na vida? Pois é, nesse momento estava aprendendo várias nuances da complexidade de nutrir uma relação amorosa com alguém.

O patrono da educação brasileira, Paulo Freire,[14] defende que a verdadeira aprendizagem é aquela que transforma a pessoa. Você já viu transformações ocorrerem em sua vida a partir de processos de aprendizado? Quais?

Para Freire, o processo de aprender demanda autonomia para que possamos construir novos saberes enquanto ressignificamos aquilo que nos é ensinado ou as experiências que vivemos.

É claro que a vontade de aprender sobre algo pode surgir de razões e interesses variados. Na história do Dr. Luiz, apresentada na seção anterior, vimos que a vontade de estudar medicina e ser um endocrinologista surgiu por querer encontrar formas de tratar a diabetes da irmã. No entanto, foram os ataques de pânico que sofreu no quinto ano da faculdade que o levaram a querer se especializar em psiquiatria. Sabia que aquilo que havia aprendido pela experiência faria dele um profissional mais humanizado. Isso mostra que as nossas experiências, inclusive, nos motivam a mudar o foco de interesse sobre aquilo que queremos aprender.

A Adriana, por sua vez, sofreu racismo na infância e juventude e se especializou em beleza negra. Ela entende que é libertador para uma mulher preta romper com padrões estéticos impostos pela sociedade (cabelos lisos) e assumir sua beleza natural (cabelos crespos ou cacheados).

Para a nossa entrevistada Ana Júlia, cuidar dos outros sempre foi algo natural. Essa inclinação a levou a querer fazer faculdade de enfermagem e, mais tarde, atuar na área de recursos humanos de uma instituição de saúde.

Agora, é na história da pessoa mais jovem que entrevistamos, a Isabelle, que vimos que a aprendizagem, além de ser uma grande

---

14. FREIRE, P. **Pedagogia da autonomia**. São Paulo: Paz e Terra, 1996.

fonte de bem-estar, é o que impulsiona o seu progresso. Isso lhe dá muita alegria.

Isabelle Victoria de Souza

19 anos, estudante de análise e desenvolvimento de sistemas e voluntária em um projeto que ajuda meninas a experimentarem a área de tecnologia

Propósito: crescer e levar pessoas com ela, unindo educação e tecnologia

Muitas vezes, pensamos que a clareza do nosso Propósito só chega na fase adulta ou no final da vida. No entanto, há pessoas que desde muito cedo já trazem uma grande consciência de quem são e de sua missão. Esse é o caso da Isa, uma jovem de 19 anos que tem desenvolvido a complexa habilidade de programar seu futuro.

Isa é filha única de pais empreendedores. Seu pai tem uma banca na feira e sua mãe, um brechó. Cresceu no Itaim Paulista, um bairro da periferia de São Paulo, e estudou a vida toda em escolas públicas. Do 1º ao 9º ano teve a mesma turma no colégio e, juntos, criaram uma espécie de algoritmo (sequência de procedimentos lógicos) que contribuiu com o seu desenvolvimento: competiam para saber quem terminaria a lição primeiro, quem tiraria a nota mais alta. Foi no 7º ano que Isa conseguiu tirar a nota mais alta da sala e gostou do reconhecimento da professora, dos colegas e da família. Foi, assim, tomando gosto pela aprendizagem.

Em casa, tinha uma espécie de estufa reservada para ela, um espaço preservado para poder focar em seus estudos. "Minha família me deu o silêncio para eu conseguir estudar", diz. Esse elemento sutil fez toda a diferença para que Isa tivesse tempo e paz para focar em sua educação.

Seu diferencial sempre foi a área de exatas, mas não sabia exatamente o rumo a seguir. Foi então fazer cursinho no seu bairro para entrar na ETEC e cursar química. E foi aí que a vida trouxe o componente Duda, que foi tão importante para ela. Duda era filha da professora do cursinho e conhecia campos que Isa nunca havia explorado. Postava fotos na Universidade de São Paulo (USP), algo que parecia fora da realidade de Isa. "Como você consegue chegar nesses lugares?", perguntou. E a Duda apresentou para ela como usar ferramentas, quase "secretas", para ser a designer de um futuro melhor: grupos de WhatsApp, institutos que ofereciam mentorias gratuitas, bolsas em cursinhos e *Hackathons* (competições de inovação).

Começou a experimentar esses novos ambientes e a crescer com eles. Conseguiu passar no processo seletivo do Instituto PROA, teve acesso a uma mentora com quem construiu um vínculo importante e vivenciou a experiência de um hackathon! Nesse evento, Isa então descobriu o terreno fértil para suas habilidades: programação de software! Quem diria que gostaria tanto de códigos e desenvolvimento de sistemas?

Conseguiu emprego em uma grande empresa para trabalhar com isso, mas foi uma experiência devastadora. Além do cansaço do deslocamento (três horas para ir e três para voltar), tudo que trazia alegria e brilho para ela (livros, conversas, inspirações) era tratado com desdém pelos colegas e pelo gestor. Até os livros, que adorava comprar em sebos para ter a experiência de ler algo com as anotações e marcas deixadas por pessoas desconhecidas, foram ridicularizados. Ela se sentia inadequada ali. Não conseguia decifrar qual era a linguagem usada para sustentar aquele sistema tão frio e distante de sua essência. Tentou conversar com o gestor sobre o trabalho em si, que não era exatamente o que tinha imaginado no começo, mas em vez de apoio, essa atitude foi recebida por ele como uma reclamação e não como um pedido de ajuda. Isa sentiu a necessidade de reescrever o programa que estava norteando a sua história.

Começou a usar suas habilidades de design e programação para desenhar o futuro que desejava ter. Mandava para si mesma no WhatsApp mensagens de encorajamento e imagens do banco que admirava e onde queria trabalhar. E a programação mental funcionou! Aquela mentora que conheceu no PROA foi contratada no banco onde Isa almejava trabalhar e a convidou para vir junto.

A essa altura, Isa já tinha aprendido a hackear outros códigos. E usou sua habilidade para buscar uma oportunidade de voluntariado em um site que apresenta o perfil e localização onde várias ONGs atuam. Encontrou o projeto "Meninas UX" (ux = *user experience*, experiência do usuário), que visa semear o desenvolvimento de jovens meninas na área da programação. Opa! Ali estava uma oportunidade de retribuir um pouco de tudo que ganhou da vida.

Assim, Isa vai usando diferentes linguagens para criar seu futuro. Quer cada vez mais ajudar a impulsionar outros jovens que acreditam que é quase impossível decodificar formas de resolver os desafios complexos que enfrentam: "as pessoas acham que para a gente 'crescer na vida', precisa ter muito dinheiro e não é assim. Tem muita oportunidade! Mas isso não é divulgado adequadamente". Isa vai aos poucos entregando chaves para expandir os campos de atuação desses jovens talentos. Quer olhar para trás e ver que contribuiu para que outras pessoas desenvolvessem programas que fizessem sentido para sua vida. Hoje faz isso por meio da educação e da programação, as duas áreas que impulsionaram o seu crescimento.

O que mais chamou sua atenção na história de Isa? Para nós, a trajetória dela revelou que o desejo por aprender coisas novas e ajudar outras pessoas são aspectos que lhe dão muito prazer, além de permitir que amplie seus horizontes. A família dela também entende que é a partir da aprendizagem que Isa terá chances de construir a vida profissional e pessoal que deseja. Por isso, a apoiam da forma que podem, para que continue aprendendo. Em nossa conversa, percebemos que Isa tem um brilho nos olhos quando fala que ama ler vários tipos de livro, em especial aqueles que explicam o comportamento humano.

> "Eu amo ler livros, então, quando eu consigo ter meu momento ali de ler, eu fico muito feliz [...] Eu adoro ler romance, eu gosto muito de biografia também, e eu gosto de livros de estudo mesmo, sabe? Pra entender mesmo o comportamento humano [...] Por que a gente ama? Por que o ser humano tem essa necessidade? Toda a filosofia também. Eu gosto muito de ler livros desse tipo e entender as coisas." — Isa

Esse gosto por aprender a partir da leitura sobre comportamento humano, de histórias reais (biografia) e de ficção (literatura) é interessante sobretudo para uma jovem que está direcionando a carreira para uma área mais tecnológica, na qual o raciocínio lógico predomina. Entendemos que, para Isa, o "aprender" é uma grande fonte de alegria, pois abre sua mente para diferentes realidades. Pela aprendizagem é capaz de se colocar em novas situações. É capaz de compreender um pouco melhor quem é e as forças internas e externas que direcionam suas emoções e comportamentos.

E você, sobre o que gosta de aprender? Há novos temas aos quais gostaria de dedicar tempo para se aprofundar? A verdade é que às vezes nos limitamos a aprender sobre áreas e realidades mais próximas da nossa, quando temos muito a ganhar em ampliar nosso olhar ao conhecer contextos mais diversos.

Qual foi a última vez que aprendeu sobre uma realidade socioeconômica, cultural e religiosa muito distante da sua?

Essa iniciativa demanda abertura para o novo. É uma forma de ampliarmos o nosso repertório de conhecimentos e nos deparar com visões de mundo plurais e realidades diversas. Aprender pode gerar muito prazer, mas também pode causar desconfortos na medida em que emergem vieses e preconceitos que temos. Quando você viaja, se envolve em um projeto social, convive com pessoas de diferentes raças e culturas, aprende muito sobre outros contextos, mas também aprende sobre quem você é. Isso é extremamente rico, necessário e, por vezes, pode gerar incômodos.

Notamos que muitos de nossos entrevistados estavam abertos para esse processo de aprendizagem acolhendo elementos que geram conforto e desconforto. Essa abertura foi essencial e contribuiu em sua jornada de construção de propósito de vida. "Do contraste nasce a consciência". Essa frase, dita pela professora Lúcia Helena Galvão, é um convite para que busquemos, de forma mais ativa, aprender a partir das experiências com as quais não nos identificamos, pois, ao perceber que aquilo não tem sentido para mim, passo a entender então o que tem sentido.

A Sofia, cuja história você conheceu na Seção "Fonte 1 – Convívio Familiar", já era uma empresária respeitada e muito bem conectada com importantes lideranças do mundo corporativo quando decidiu abrir a ONG Instituto Ser+. Para ela foi um processo de aprendizagem importante compreender como, de fato, poderia ajudar jovens em vulnerabilidade socioeconômica a ingressar no mercado de trabalho. Precisou de abertura e flexibilidade para entender os principais desafios desses jovens e desenhar ações e programas que fossem eficazes para apoiá-los na conquista do primeiro emprego.

Outro entrevistado, o músico Williams, fez uma transição de carreira quando tinha mais de 40 anos. Por conta de sua integridade e boa reputação como artista, foi convidado a produzir um programa de

TV americano que seria trazido para o Brasil. Ele não tinha formação acadêmica ou experiência na área, mas buscou se preparar e aceitou o desafio. No começo foi esnobado pelo time de produção norte-americano e precisou se posicionar. Ele explica que nem sempre o processo de aprendizagem é prazeroso. Às vezes, aprendemos a duras penas:

> "O meu começo foi muito, muito duro. Mas eu terminei tendo o privilégio de aprender sobre televisão e produção de vídeo com os melhores profissionais de Hollywood. Então foi um conhecimento que não teve preço." — Williams

Além de aprender sobre produção de televisão, Williams também aprendeu sobre como pode ser resiliente e encontrar caminhos para lidar com os momentos de adversidade. Abraçar o aprendizado de algo novo significa acolher os dissabores e alegrias deste processo que pode ser desafiador. É pela busca da ampliação de repertório que também abrimos portas para atuarmos em outras áreas e até mesmo para sermos pessoas mais abertas para acolher a diversidade e pluralidade. O quanto você se permite estar em contextos e com pessoas diferentes para aprender mais sobre a vida e sobre quem você é?

Existe um tipo de aprendizagem essencial e que nos ajuda nesse processo de ampliação de repertório e de construção de uma vida feliz e com propósito: a aprendizagem socioemocional.

Aprendizagem socioemocional

Durante a vida, nossa família e nós mesmos investimos muito tempo e recursos em educação formal (aquilo que aprendemos nas escolas e universidades). É pela educação que muitos de nós transformamos a nossa realidade socioeconômica e conseguimos construir uma vida melhor.

Minha avó paterna, por exemplo [Carol Cavalcanti aqui], cresceu num bairro periférico do Recife, com a mãe e uma irmã. Quando criança, ela e a irmã não tinham acesso à escola e a família enfrentava sérios desafios socioeconômicos. Num determinado momento, uma senhora cristã soube da situação de vulnerabilidade da família e se propôs a pagar os estudos das meninas numa escola confessional. Essa ação foi transformadora para elas. Literalmente mudou o rumo da vida das duas e das gerações futuras. Minha avó era boa aluna e começou a sonhar em ser professora. Casou-se nova, teve quatro filhos e cursou Pedagogia já na vida adulta. Foi uma grande educadora e autora de vários livros. Nem sei se estaria aqui se não fosse essa possibilidade maravilhosa de a minha avó, quando menina, frequentar a escola.

A valorização da educação formal emerge na história de praticamente todos os nossos entrevistados, que reconhecem que foi uma etapa fundamental para que estivessem prontos para deixar relevantes contribuições para outras pessoas e causas utilizando seus conhecimentos e expertise.

Entretanto, nossos entrevistados também experimentaram um tipo de aprendizagem não formal que foi essencial em seu processo de construção de propósito de vida. Estamos falando da Aprendizagem Socioemocional: uma jornada de aprendizagem centrada em expandir saberes sobre quem somos, como ter melhores relacionamentos com os outros e tomar decisões responsáveis para nós mesmos e para os outros. Como você tem experimentado esse tipo de aprendizagem nos diferentes momentos da vida?

Antes de avançarmos, queremos apresentar alguns exemplos rápidos de aprendizagem socioemocional ao retomar as três histórias completas que apresentamos até aqui, nesta Parte 2 do livro. Estamos falando de Sofia, Luiz e Isa. Embora os três tenham tido acesso a boas escolas, também investiram de forma intencional em saber mais sobre quem são ao fazer terapia, ler sobre comportamento humano, receber mentorias, participar de formações centradas no autoconhecimento etc. Além disso, conseguiram estabelecer metas e objetivos pessoais e profissionais que foram alcançados. Esses três entrevistados fazem isso enquanto mantêm um olhar empático e humanizado às necessidades de outras pessoas. Sofia criou uma ONG que ajuda jovens em vulnerabilidade social no mercado de trabalho. Em suas aulas e palestras, Luiz quebra preconceitos, ampliando conhecimentos e consciência sobre saúde mental. A partir do voluntariado, Isa ajuda meninas a conhecerem mais sobre carreiras na área de tecnologia. A capacidade de nutrir boas relações e de tomarem decisões responsáveis para si mesmos e para os outros permite que tenham uma vida com propósito.

O conceito de Aprendizagem Socioemocional tem sido disseminado por educadores e pesquisadores vinculados à CASEL (*Collaborative Academic for Social and Emocional Learning*).[15] Há mais de 30 anos a organização norte-americana desenha, implementa e avalia programas de aprendizagem socioemocional realizados em escolas e organizações.

A CASEL[16] indica cinco grandes competências[17] socioemocionais que podem ser desenvolvidas de forma intencional ao longo da vida. Enquanto apresentamos cada uma delas, convidamos você a fazer registros sobre como tem investido para que se desenvolva em cada uma dessas áreas em sua vida. Se perceber que precisa se dedicar a algumas delas de forma especial, faça esse apontamento. Vamos a elas:

1) Autoconhecimento: é a capacidade de compreender nossos valores, pensamentos e emoções e como influenciam a forma como nos comportamos em diferentes situações. É um caminho essencial para conseguirmos reconhecer quais são os nossos pontos fortes, limitações e propósito de vida.

---

15. Para acessar o conceito com mais detalhes, acesse o livro: CAVALCANTI, C. C. **Aprendizagem socioemocional com metodologias ativas**: um guia para educadores. São Paulo: Saraiva Uni, 2022.

16. WHAT is the Casel framework?. Casel (Collaborative for Academic, Social and Emotional Learning), 2021. Disponível em: https://casel.org/fundamentals-of-sel/what-is-the--casel-framework/. Acesso em: 27 set. 2022.

17. Aqui o conceito de competência se refere à capacidade que temos de usar nossos conhecimentos, habilidades e atitudes para criar projetos e realizar atividades ou tarefas.

"Uma coisa também muito importante é o autoconhecimento. No início, eu tinha medo de fazer esses testes para saber quem eu sou. Depois eu relaxei e falei, 'olha, o que é que adianta?'. Aí eu criei um pensamento: 'avaliação é uma maneira de você saber o que todo mundo já sabe, só você que não sabe' [...] Então, o autoconhecimento é muito importante para você descobrir o que está movendo você." — Helder

Os testes de personalidade, forças e talentos, estilos de liderança, temperamento e tantos outros são ferramentas que ajudam a mapear nossas características pessoais, mas existem outras formas de expandirmos o autoconhecimento. O Rodolfo, nosso outro entrevistado, começou a fazer psicoterapia na adolescência e isso foi fundamental para ressignificar algumas relações familiares. Existem ainda cursos, programas de mentoria e coaching cujo enfoque é o autoconhecimento. Como você tem investido no seu autoconhecimento?

2) Autogestão: é a capacidade de manejar as nossas emoções, pensamentos e comportamentos para traçar e alcançar metas pessoais e coletivas nos variados momentos da vida. Abarca a habilidade de gerenciar o estresse, ter iniciativa, planejar e realizar.

"Tem dias que são complicadíssimos na carreira profissional. O meu pior momento foi quando eu trabalhei no supermercado. Nossa Senhora! Eu passei muitos perrengues e foi muito difícil. Mas eu creio que foi o período que mais me preparou, porque foi onde eu tive que ter controle das minhas emoções e dos meus desejos. Foi bom pelo aprendizado... Foi um período complicado, mas me desenvolveu bastante." — Frankle

Nesse período difícil, Frankle avançou em seu aprendizado de autogestão. Foi preciso determinação para trabalhar naquele ambiente complicado enquanto buscava caminhos e planejava seus próximos passos para avançar na carreira profissional. Existem outras formas de desenvolver a autogestão. Pode ser na preparação para correr uma maratona, no estudo sistemático para passar num concurso ou na prática do autocontrole quando um filho faz birra. Você consegue reconhecer quais foram os momentos da vida em que desenvolveu de forma mais intensa a autogestão? E atualmente, como tem aprendido e praticado essa competência?

3) Consciência social: é a capacidade de sentir empatia por outras pessoas, até mesmo aquelas que advêm de contextos, culturas e origens diferentes dos nossos. É ter a capacidade de sentir compaixão pelos outros, reconhecendo de quais redes de apoio e comunidades fazemos parte.

Com cerca de 30 anos, Mórris começou a dar aulas de informática como voluntário em um lar de idosos. Vejam como essa experiência ajudou no desenvolvimento de sua consciência social:

> "Eu adorei conhecer as histórias de vida dessas pessoas. Eu ia lá no fim de semana. Era quando eles deveriam receber visitas, então tinham menos atividades. Mas não recebiam visitas e ficavam sem ter muito o que fazer, então eles adoravam conversar comigo. E eu os ajudava a mexer no computador, internet, essas coisas, mas principalmente a gente conversava." — Mórris

Ao ouvir as histórias de vida desses idosos, Mórris conseguiu enxergar as necessidades que tinham. Eles viviam uma realidade muito distante da sua, um jovem adulto. Mas a experiência de voluntariado naquele ambiente foi importante para que Mórris construísse sua jornada até um projeto de empreendedorismo social que apresentamos de forma completa no Capítulo 5. E você, como você tem ampliado a sua consciência social?

4) Habilidades de relacionamento: compreendem a capacidade que temos de estabelecer e manter relações positivas e saudáveis, lidando com as diferenças individuais e coletivas. Comunicação assertiva, respeitosa, clara e a habilidade de ouvir atentamente, oferecendo ajuda para outras pessoas e trabalhando de forma colaborativa para resolver conflitos de forma construtiva.

Nosso entrevistado Helder atuou por mais de 40 anos como líder em uma organização religiosa. Nesse período, buscou desenvolver suas habilidades de relacionamento e de liderança. Ele explica sua visão:

> "Eu acredito que bom líder é aquele que é reconhecido pelas habilidades de relacionamento, pela produtividade e pelo investimento em pessoas. Então, eu captei alguns modelos para minha vida. Sempre tratei bem as pessoas com o foco no desenvolvimento delas, não apenas usá-las como meio para alcançar objetivos, mas investir no próprio conhecimento delas. E isso foi muito legal, a gente tem amizade até hoje." — Helder

A capacidade que Helder teve de ter relações positivas em ambientes profissionais (e familiares) permitiu que tivesse uma forte rede de apoio que o acompanha até hoje. Como você tem investido em suas habilidades de relacionamento?

5) Tomada de decisão responsável: é a capacidade de sermos curiosos e manter a mente aberta para projetar soluções para problemas complexos, considerando aspectos éticos, de segurança e avaliando os benefícios e consequências de nossas ações para o nosso bem-estar, de outras pessoas e de comunidades.

Na história de Fernanda, que mora nos Estados Unidos, encontramos um ótimo exemplo de alguém que foi capaz de projetar caminhos a partir da ampliação da competência de Tomada de Decisão Responsável:

> "Eu vi muita dificuldade, muita barreira de imigrantes para conseguirem acessar os serviços aqui. Por falta de informação,

por falta da língua, por medo mesmo. Eles chegam aqui (a maioria vem pelo México), então eles chegam com bastante trauma, sabe? Bastante informação errada. Eu estou conseguindo ajudar essas pessoas, que são extremamente vulneráveis, de uma forma que elas não se sentem expostas." — Fernanda

A verdade é que as nossas decisões impactam a nós mesmos e aos outros. Por isso, ampliar a nossa capacidade de pautar nossas escolhas em aspectos éticos, de segurança, bem-estar e ter responsabilidade nesse processo é fundamental. Como você tem expandido sua competência de tomada de decisão responsável?

Neste capítulo, você pôde refletir sobre a aprendizagem ser uma possível fonte de bem-estar. Mergulhamos em cinco competências que facilitam especificamente a aprendizagem socioemocional. Propusemos perguntas de reflexão para cada uma delas. Agora queremos pedir que avalie: quais são as competências que você tem mais bem desenvolvidas? E quais são aquelas que você acredita que pode desenvolver mais? Talvez você perceba que tem um bom nível de autoconhecimento, mas precise avançar muito na aprendizagem de autogestão ou em consciência social. Convidamos você a registrar suas reflexões em seu caderno, pois em breve vamos resgatar esses pontos para discutir como fazer a gestão da vida tendo em vista a felicidade.

Agora vamos avançar para outra área da vida que, segundo nossos entrevistados, é outra importante fonte de alegria e bem-estar: o trabalho.

Fonte 4 – Trabalho

Você já reparou no modo como se apresenta para alguém pela primeira vez? Muitos de nós dizemos o nosso nome e, logo em seguida, complementamos: sou professora universitária, sou médico-cirurgião, sou fundadora de uma Fintech, sou vereadora, sou ator. As respostas podem variar dependendo do lugar e contexto em que estamos, mas, com muita frequência, recorremos à atividade profissional para dizer quem somos. Fazemos isso porque o trabalho é uma parte importante da nossa construção de identidade.[18]

Na vida adulta, grande parte de nosso tempo é dedicado a atividades profissionais que exigem algum tipo de técnica e pela qual somos remunerados. É assim que provemos a nós mesmos e à nossa família.

Hoje, quando pensamos em trabalho, logo vem à mente a imagem de pessoas com crachás pendurados no pescoço. São os colaboradores de uma organização, instituição ou governo. No entanto, não foi sempre assim. Por vários séculos, o trabalhador era visto como alguém que precisava labutar no campo, nas fábricas, na indústria, realizar o trabalho doméstico das elites, só para mencionar alguns exemplos. O trabalho era visto como algo penoso e difícil, conforme a frase célebre de Karl Marx:[19] "se pudessem, os trabalhadores fugiriam do trabalho como se foge de uma peste!". Nessa visão, o trabalho está longe de ser algo que nos proporciona alegria ou bem-estar.

Todavia, descobrimos que, para os nossos entrevistados, o trabalho é uma grande fonte de bem-estar. Praticamente todas as pessoas entrevistadas se mostraram engajadas e comprometidas no trabalho ao relatarem encontrar real sentido no que fazem. O Frankle é um jovem que trabalha como desenvolvedor em um banco. Ele tem um crachá pendurado no pescoço com muito orgulho:

> "Nosso trabalho é fazer essa conexão, essa ponte de deixar tudo mais fácil para o usuário. Então, eu acredito que, ao

---

18. Erick Erickson é um psicólogo e psicanalista alemão que desenvolveu uma teoria a qual explica que desenvolvemos a nossa identidade ao longo da vida. Para ele, identidade é uma estrutura bem delineada da visão que cada pessoa tem sobre quem é. A identidade é formada por valores, crenças e objetivos que vão nortear as escolhas que fazemos. Fonte: ERIKSON, E. H. **Identity and life cycle**. New York: W. W. Norton, 1980.

19. MARX, K. **Manuscritos econômico-filosóficos**. São Paulo: Boitempo Editorial, 2004, p. 168.

> mesmo tempo que a gente está ajudando a empresa através do nosso trabalho, a gente também está ajudando o usuário, porque ele está tendo conhecimento. Está tudo mais simples na palma da sua mão." — Frankle

Para Frankle, que está no começo da carreira como desenvolvedor, estar num ambiente onde pode ajudar as pessoas enquanto também aprende e evolui como profissional é muito importante. Que elementos são importantes para você em seu trabalho?

Existem pesquisas[20] as quais indicam que ambientes de trabalho que favorecem o bem-estar também promovem alguns elementos fundamentais, como reconhecimento do valor inerente do trabalho, saúde e segurança, equilíbrio entre trabalho e vida privada, desenvolvimento de competências e habilidades para a carreira, diversidade, inclusão e não discriminação, igualdade de gênero, relacionamentos positivos (pertencimento) e desempenho global (faço bem o meu trabalho).

Esse é exatamente o tipo de ambiente que nossa entrevistada Adriana, empreendedora, cabeleireira, dona de dois salões e uma escola de beleza negra, tenta criar para ela mesma e para as pessoas que contrata como parte de sua equipe.

> "80% dos profissionais que trabalham comigo foram meus clientes em algum momento. Era a faxineira, secretária [...] mulheres negras, meninos e meninas LGBTs. Eles saem do subemprego, chegam no salão e se encontram, veem que têm possibilidade de crescimento e se transformam em outras pessoas. Também continuam transformando outras vidas, isso para mim é maravilhoso." — Adriana

Adriana nos disse que o trabalho era algo que lhe dava tanto prazer que, por um período, enxergava sua atividade profissional quase como

---

20. ROYUELA, V.; LOPEZ-TAMAYO, J.; SURINACH, J. The institutional vs. the academic definition of the quality of work life. What is the focus of the European Commission? **Social Indicators Research**, v. 86, p. 401-415, 2008.

um hobby. Havia muita demanda pelos serviços dela e pouca gente sabia cuidar de cabelos crespos e cacheados. Na busca por um melhor equilíbrio entre trabalho e vida privada, passou a atuar também como professora. Foi assim que passou a ter outras pessoas qualificadas para a ajudar no salão.

Frankle usou a mesma palavra para se referir ao seu trabalho:

> "Acaba sendo que nem um hobby, sei lá, alguma coisa que eu amo fazer, então me deixa feliz por isso." — Frankle

Essa percepção de o trabalho trazer muito prazer, mencionada pelos dois, pode ter uma explicação.

Estado de *Flow*

Você já esteve imerso em uma atividade tão envolvente que nem viu o tempo passar? Se a resposta for positiva, provavelmente estava experimentando o estado de *flow* ou fluxo. Esse conceito foi disseminado pelo psicólogo Mihaly Csikszentmihalyi[21] para descrever um estado mental profundamente focado, produtivo e prazeroso que vivemos quando realizamos uma tarefa desafiadora, temos a capacidade de realizá-la e, ao mesmo tempo, ela tem significado para nós. Podemos vivenciar o estado de *flow* ao escrever um texto, participar de uma atividade esportiva e até mesmo ao realizarmos nosso trabalho. Pense no foco de um médico durante uma cirurgia em que luta para salvar a vida de um paciente, um arquiteto ao desenhar um projeto para um cliente especial, um publicitário ao apresentar um conceito de novas estratégias de marketing para a diretoria da empresa onde trabalha. O estado de *flow*

---

21. CSIKSZENTMIHALYI, M. **Flow**: a psicologia do alto desempenho e da felicidade. São Paulo, Objetivo, 2020.

tem duração limitada, mas gera muita satisfação. Para reconhecê-lo, fique de olho em algumas características:

a) Concentração intensa: nível de atenção e foco elevados enquanto realizamos a atividade.

b) Equilíbrio entre desafio e habilidade: a tarefa precisa ser desafiadora (se sentimos tédio, não estamos em estado de *flow*), mas não pode gerar ansiedade por ser extremamente difícil.

c) Perda de autoconsciência: a concentração é tão grande na situação que esquecemos sobre nós mesmos e nossas preocupações pessoais.

d) Sensação de controle: quando estamos em estado de *flow*, temos uma forte sensação de controle sobre a atividade que estamos realizando.

e) Feedback imediato: frequentemente recebemos feedbacks rápidos quando estamos em estado de *flow*. Assim podemos melhorar ou adaptar o que estamos fazendo na medida em que progredimos.

Se você percebe que frequentemente experimenta essas características ao realizar uma atividade profissional, provavelmente está entrando em estado de *flow*. Este fluxo está relacionado à alta produtividade, à criatividade e à satisfação e contribuiu para a geração de bem-estar. Para saber mais sobre esse assunto, recomendamos que assista à palestra TED sobre o estado de *flow* ministrada por Mihaly Csikszentmihalyi.[22]

---

22. Disponível em: https://www.youtube.com/watch?v=fXIeFJCqsPs.

Ter um trabalho significativo e dar conta de impor limites para não transformar o trabalho no único foco da vida ou até em um "quase hobby" é um desafio enfrentado não só por Adriana. Nas histórias de Luiz, Rivana, Sofia, Fernanda, Williams e Helder, essa realidade também emergiu. De fato, nós, as autoras, lidamos com esse desafio com frequência, pois o nosso trabalho está conectado com o nosso propósito e nos dá muito prazer.

Quando começamos a escrita deste livro, já havíamos realizado todas as entrevistas com as pessoas selecionadas para participar da nossa pesquisa. Ao refletirmos sobre a estrutura do livro, achamos conexões entre as falas de alguns entrevistados e trechos de nossas próprias histórias de vida. Ficamos com muita vontade de contar um pouco dessas histórias e conectá-las com os temas sobre bem-estar e propósito que emergiram nas entrevistas. Então, a Carol Shinoda entrevistou a Carol Cavalcanti e, posteriormente, escreveu sua história e vice-versa. A seguir apresentamos a história da Carol Cavalcanti.

Carolina Costa Cavalcanti

Escrita por: Carol Shinoda

45 anos, casada com Helder, mãe do Lucas e do Davi, autora, educadora, palestrante

Propósito: ajudar as pessoas a ampliar sua inteligência socioemocional, para que sejam capazes de renovar a esperança e construir uma vida com propósito

Cada pessoa chega a este mundo com um conjunto de dons. Esses dons podem se tornar habilidades e competências colocadas a serviço do mundo ou podem ficar ali adormecidos, esperando o despertar de quem os tem. Carol Cavalcanti recebeu o dom da escrita e, junto dele, uma paleta de aquarela com as três cores primárias: vermelho, azul e amarelo. Esse kit de artes por muito tempo não foi bem compreendido pela Carol, mas aos poucos ela percebeu a potência desse presente.

Carolina nasceu em um lar repleto de amor e união. Conviveu por grande parte da vida com os quatro avós e teve a alegria de comemorar duas vezes as bodas de diamante dessas pessoas que dedicaram sua vida para a família. Seus pais mantêm um casamento feliz e nutrem uma relação harmoniosa e saudável. Os avós maternos moravam em Porto Velho. As idas para o Norte do Brasil eram sempre marcantes e recheadas de casa cheia, muitas histórias, comida boa feita pela avó e muitas risadas. Os avós paternos, que moravam no Recife, mudaram-se para o interior de São Paulo quando a Carol era adolescente. A casa deles foi o cenário de diversos encontros significativos: era onde reunia os amigos na juventude, onde noivou com o futuro marido e onde encontrava tios e primos ao redor de uma mesa de 20 lugares, que ainda era acrescida de banquinhos para dar conta de todas as pessoas queridas. Desde cedo, Carol começou a experimentar a cor vermelha de sua paleta, das conexões, da família, dos amigos e do amor.

No entanto, observava a família em que havia nascido, repleta de talentos artísticos que eram usados com muita potência. O pai era compositor e maestro; a mãe, cantora; a irmã tinha uma voz maravilhosa, era compositora e tinha carreira artística; o irmão, produtor e diretor de filmes e produções musicais que emocionavam as pessoas. Convivendo nesse ambiente que pulsava criatividade, Carol tinha um forte desejo de expressar-se na forma de arte. Logo cedo percebeu que a escrita poderia ser seu caminho. Escreveu seu primeiro romance aos 12 anos e, aos 18, foi cursar jornalismo nos Estados Unidos.

Foram anos de muito aprendizado, descoberta sobre quem era e trabalho duro. Precisava trabalhar para ajudar a pagar os estudos e se manter nos Estados Unidos. Foi babá, garçonete, cozinheira, secretária e colunista do jornal da universidade. Emendou um mestrado em Tecnologias Educacionais no México, em uma época em que o estudo desse tema era muito incipiente. Voltou para morar em São Paulo, pois conseguiu um emprego na área de educação a distância em uma universidade. Publicou um livro de ficção e começou a atuar como professora algumas noites por semana. Ela não se deu conta, mas o azul da sua paleta, relacionado aos estudos e ao trabalho, começou a fazer traços no mundo, mesmo que de forma tímida.

Carol então decidiu que era o momento de dar foco à construção de sua família. Casou-se com o Helder, um pernambucano afetuoso e cheio de vida que conheceu na época da faculdade, e tiveram dois meninos: Lucas e Davi. Reduziu consideravelmente a carga de trabalho quando os meninos eram pequenos. Isso impactou o orçamento familiar, mas o casal concordou que essa era uma escolha que fazia sentido naquele momento. Na família que formou, achou o seu próprio tom de vermelho, que era intenso e acolhedor. Uma mãe leoa, como ela brinca, que não queria terceirizar nada. Cuidava da rotina da família, garantia que os filhos estavam se dedicando aos estudos, se alimentando bem, aprendendo sobre Deus e desfrutando boas relações de amizade. No casamento, muito determinada a perpetuar o exemplo dos pais e avós, sempre encontrava amor, parceria e vontade de viverem a infância dos filhos de forma presente e intensa. Porém, não existe casamento perfeito; precisavam buscar caminhos para terem harmonia e manterem vivo o forte amor que nutriram desde a juventude.

A religião sempre havia sido algo forte em sua família. Na infância, Carol aprendeu a amar a Deus. Ao começar a levar os filhos para os cultos desde pequenos, percebeu que a sua espiritualidade estava amadurecendo e o tom amarelo de sua paleta se revelou. Não era só uma questão de rituais, obrigações e estar presente na igreja, mas de se conectar cada vez mais profundamente com um Deus que era muito real para ela. E pinceladas alaranjadas emergiram em sua vida da mistura do vermelho de sua família com o amarelo da espiritualidade.

E então os meninos começaram a crescer e a ter mais autonomia, agora que os cuidados básicos haviam sido garantidos. Surgiu o desejo forte de voltar a dar mais espaço aos estudos e ao trabalho. O azul da paleta de aquarela estava começando a ressecar e queria se expressar em sua vida. Começou a cursar o doutorado na USP no tema de Design Thinking, uma metodologia para inovar na Educação. Nessa época, seu caçula tinha dois anos de idade. Foi bastante desafiador conciliar tudo, mas a rede de apoio composta pelo esposo, avós e outros membros da família foi fundamental. Carol persistiu e aproveitou cada minuto que tinha. Sabia que voltar a estudar era um encontro com ela mesma e com a grande paixão por aprender. Formou-se no doutorado em 2015, e publicou seu primeiro livro com base na tese em 2017. No ano seguinte, publicou um novo livro sobre Metodologias Inov-ativas na Educação. E, depois de um tempo, sua carreira ganhou muita força. Aulas, palestras, consultorias. Todos querendo inovar na educação.

Nessa fase, Carol acreditou ter encontrado seu caminho de manifestação artística. Afinal, trazia sua sólida bagagem técnica de inovação na educação construída desde o mestrado com toques de criatividade. Descobriu que poderia contribuir com a causa da Educação. Acreditava que, ao compartilhar seus conhecimentos, ajudaria a transformar as experiências de aprendizagem de educadores e estudantes.

Viu muito sentido nisso. Sua expressão criativa era genuína, conectada ao que ela tinha de mais verdadeiro e belo. Assim, pequenas gotas do amarelo da sua espiritualidade foram misturadas ao azul do trabalho, e ela começou a produzir projetos com leves toques de verde. A espiritualidade manifestada no desejo de ajudar e inspirar as pessoas tinha algo a agregar em sua produção profissional, que até então tinha sido mais técnica. Carol criava mais uma cor com os talentos que havia recebido e desenvolvido.

O problema é que, ao tentar combinar todas as cores disponíveis em sua espátula, perdeu a mão nos cuidados com a saúde. Deixou de praticar exercícios físicos, muitas vezes trabalhava de madrugada para aproveitar os momentos em que os filhos estavam dormindo. Essa vontade de dar conta de tudo gerava muito estresse e ansiedade. Teve uma séria crise de hérnia de disco que afetou o movimento de sua perna esquerda. Foram dois meses acamada, pois estava sem mobilidade, e quase um ano de tratamentos dolorosos. Nessa época, Carol decidiu começar a fazer psicoterapia. Percebeu que precisava misturar as cores e aplicá-las na tela da vida a partir de uma nova estética, que também garantiria seu bem-estar físico e emocional.

E aí descobriu o poder de integrar seus tons primários de um jeito autoral e mais equilibrado. Além da coloração de verde recém-descoberta (espiritualidade e trabalho), percebeu que o laranja (família e espiritualidade) também tinha força e trazia alegria para a sua vida. Investiu em viagens curtas em família, integrando o belo, a natureza e a união com marido e os filhos. Viajavam com frequência para fazer caminhadas nas montanhas, trilhas na praia e para acampar no interior de São Paulo. Economizaram para fazer uma viagem de trailer pela Califórnia e, alguns anos depois, a trilha inca em Machu

Picchu. Visitavam museus, exposições e assistiam a concertos musicais com mais frequência. Carol teve um reencontro com os livros de literatura que havia deixado de ler desde a época do mestrado. Também expressava essa mistura tão significativa reunindo amigos da igreja em sua casa para estudarem a Bíblia uma vez por semana e reforçarem sua fé. Mas o azul do trabalho e o vermelho das amizades se mantinham distantes. Trabalho é trabalho, e amigos são à parte. O roxo não era uma cor possível nessa altura da vida da Carol.

Então veio a pandemia. Carol nunca havia trabalhado tanto! Tecnologia e inovação na educação nunca haviam sido tão necessárias! Muita gente a procurou pedindo ajuda. Como promover experiências de aprendizagem engajadoras em ambientes online? Fez centenas de projetos, *lives*, palestras, workshops. No entanto, aos poucos, sua paleta se desgastou e, por mais que se empenhasse, sentia que todas as suas produções estavam saindo em tons pastéis. Não havia mais sentido naquilo para ela. Como perceber os professores exaustos, ansiosos, deprimidos e tentar fazer com que buscassem energia para inovar mais e mais em suas aulas? Aquelas aulas nas quais os alunos, que também sofriam, mantinham as câmeras fechadas e o sofrimento oculto? Sentia-se uma fraude. Não conseguia continuar pintando esse quadro.

Foi se aprofundar em temas que já estudava há alguns anos, ligados a competências socioemocionais, saúde mental e propósito. Aproximou-se de amigos que conheceu na USP antes da pandemia para falar e trocar sobre a percepção da falta de sentido no trabalho e das tantas dores que a atravessavam. E, com o apoio e inspiração recebida dessas novas amizades, produziu um belo livro sobre Aprendizagem Socioemocional com Metodologias Ativas em 2022. Nele, Carol se permitiu largar a armadura da especialista, da técnica, da doutora e compartilhou suas experiências pessoais, exemplos que viveu em sua família e em seus projetos de trabalho. E, generosamente, convidou amigos para compor seu livro com ela, dando espaço para que trouxessem alguns relatos de suas experiências. Carol permitiu que o roxo se expressasse nele ao misturar suas conexões com o trabalho. Nascia um livro todo colorido!

Carol se revelou uma linda artista por meio de sua escrita. E já percebe que tem a capacidade de reunir e liderar outros artistas para que atuem nos projetos de consultoria da Genoa Learn Lab (empresa que fundou). Tem capacitado e dado a oportunidade para que especialistas parceiros levem ao mundo esse tipo de arte de aquarela, repleta de profundidade, tons, texturas e beleza.

Aos poucos, essa mistura de cores em movimento começa a produzir a cor mais pura – o branco – como um disco de Newton. Quem já viu esse disco sabe que ele tem os sete tons do arco-íris e, quando colocado em movimento, sua composição se transforma em branco. O branco é a clareza total, a integração de todas as cores. Assim, Carol se ilumina e compartilha seus conhecimentos e sensibilidade com outras pessoas, que se tornam também pontos luminosos e ajudam a fazer deste mundo um lugar mais verdadeiro, humano e belo.

A história de Carol Cavalcanti apresenta um processo de busca sobre quem ela era e como o trabalho poderia estar conectado com os seus valores para ser, de fato, significativo. A relação entre propósito e trabalho não foi imediata. Nem sempre o trabalho foi fonte de bem-estar em sua jornada. Mesmo quando encontrou muito sentido naquilo que fazia, foi difícil evitar excessos que, posteriormente, geraram desgaste em sua saúde física e emocional.

Sabemos que, por vezes, o exagero de tempo dedicado ao trabalho não é uma escolha. É uma necessidade. O Frankle, por exemplo, disse que trabalhou muitos anos em São Paulo sem tirar férias. Estava no começo da vida profissional e lutava muito para conseguir se sustentar. Nem visitar a família que morava em outro estado ele foi. Até que, na pandemia, viu uma janela de oportunidade:

> "Eu pensei: 'pô, eu trabalho home office (em casa). Eu nunca tirei umas férias na vida, não sei o que é férias. Só trabalho, trabalho, trabalho', e eu falei assim 'vou aproveitar essa oportunidade que a vida tá me trazendo, que eu não sei até quando terei... mas eu vou aproveitar o agora, porque eu tenho que rever o pessoal também'. Fui lá pro Pará, passei três meses com a galera. Trabalhei de lá! Foi incrível, foi muito bom." — Frankle

Num momento inusitado, como foi a pandemia, Frankle conseguiu integrar duas partes importantes do seu bem-estar por um período: o trabalho e o convívio familiar. Entretanto, chama a atenção na sua fala a centralidade que o trabalho ocupa em sua vida na capital paulista. Ele não está sozinho. O aposentado Helder relatou que o trabalho voluntário em uma ONG o empolga tanto que tem sido difícil achar um ponto de equilíbrio.

> "Eu acho que eu tô trabalhando mais intensamente nestes últimos anos [na ONG] do que nos meus anos de trabalho regular [antes de se aposentar] [...] (risos). Porque é muita coisa pra fazer e a gente vai se envolvendo e vai sonhando. Então, eu tô precisando encontrar um ponto de equilíbrio para minha faixa etária, para o meu volume de trabalho nesse momento." — Helder

O trabalho de Helder o estimula a sonhar, projetar e realizar numa fase da vida em que muitos acreditam que seu momento mais produtivo já passou. O grande sentido que encontra no que faz dificulta que encontre o seu "equilíbrio". Precisamos tomar cuidado com essa palavra, pois o que funciona para uma pessoa pode ser bem diferente para outra. O equilíbrio não deve ser imposto por outros, mas personalizado, algo que faça sentido para a nossa realidade.

Por fim, queremos mencionar o Luiz, que se dedica ao trabalho na área de saúde mental por aproximadamente 60 horas semanais. Ele também gosta muito do que faz e, para dar conta desse ritmo intenso, lança mão de vários recursos e estratégias para driblar os efeitos negativos do excesso de trabalho. Essa é uma prática comum entre vários de nossos entrevistados que amam o que fazem profissionalmente.

É importante ressaltar que, mundialmente, mais de 1,4 bilhão de pessoas trabalham mais de 48 horas semanais. Esse dado foi divulgado pela *International Labor Organization* (ILO).[23] A organização indica que o brasileiro trabalha em média 39,5 horas semanais. A média mundial é menor, 37,5 horas semanais, segundo dado apresentado pela Organização para a Cooperação e Desenvolvimento Econômico (OCDE). E você? Quanto tempo dedica ao trabalho semanalmente? Você acredita que trabalha muito ou que o tempo de dedicação é o ideal para você?

Há algum tempo, profissionais da área da saúde têm advertido sobre os males do excesso de trabalho: estresse, aumento da ansiedade, problemas de saúde mental e burnout. Jornadas de trabalho consideradas muito longas (mais de 11 horas diárias) aumentam o risco de doenças cardíacas e podem encurtar a vida de uma pessoa.[24] Por isso, precisamos ficar atentos a essas consequências, sobretudo quando o trabalho é uma fonte de alegria em nossa vida. Afinal, como diz o ditado popular, a dose diferencia o remédio do veneno.

---

23. SEMANAS de 4 dias úteis: empresas começam a adotar novo modelo de trabalho. **Jornal Tribuna**. 23 abr. 2023. Disponível em https://jornaltribuna.com.br/2023/04/281184-
-semana-de-4-dias-uteis-empresas-comecam-a-adotar-novos-modelos-de-trabalho/.
Acesso em: 05 out. 2023.

24. JACKSON, G. Pressure of work and overtime shortens life. **International Journal of Clinical Practice**, v. 65, n.10, p. 1019, 2011. DOI: 10.1111/j.1742-1241.2011.02777.

> ### Burnout
>
> A síndrome de *burnout* é uma condição de saúde vinculada ao estresse crônico, esforço e esgotamento ligados ao trabalho. Essa enfermidade, que passou a fazer parte da Classificação Internacional de Doenças da Organização Mundial da Saúde (OMS) em 2020, tem impacto relevante na saúde e bem-estar da pessoa acometida. No Brasil, 72% da população alega sofrer de estresse leve, moderado, intenso e muito intenso. Dentre estes, 32% são diagnosticados com *burnout*.[25]

Estamos aqui discutindo o trabalho como uma possível fonte de bem-estar e apontando que, mesmo quando vemos muito sentido no que fazemos, devemos cuidar para que isso não traga impactos negativos como o *burnout*. No entanto, é importante esclarecermos que esse tema do trabalho é bastante complexo, em especial quando se leva em conta nosso modelo econômico atual, baseado no capitalismo. As diferenças sociais tendem a se alargar e, para muitas pessoas, o trabalho acaba tendo um papel de meio de sobrevivência. É possível, sim, ter o trabalho como fonte de bem-estar mesmo que ele seja também um meio de vida. No entanto, não podemos ignorar que, para muitas pessoas, isso não é uma realidade. Acreditamos que possa acontecer, sim, um movimento individual para conseguirmos buscar formas de o trabalho trazer aspectos positivos para nossa vida, mas tendo a consciência também de que há grandes desafios trazidos pelo sistema em que vivemos hoje. Mas esse será um tema para um próximo livro. Por ora, vamos focar no papel do trabalho como uma das nossas possíveis fontes de bem-estar.

---

25. FAUSTO, P. Excesso de trabalho: síndrome do burnout: uma ameaça à qualidade de vida dos trabalhadores. In: Seminário Nacional: Serviço Social, Trabalho e Política Social, 4., 2022, Florianópolis. Disponível em: https://repositorio.ufsc.br/bitstream/handle/123456789/242806/105%201120.pdf Acesso em: 13 jun. 2024.

Agora queremos convidar você a refletir: o que o trabalho representa para você? O que ele lhe traz de positivo? Como você tem equilibrado sua vida profissional e pessoal?

Essas reflexões são fundamentais, pois, numa sociedade que valoriza a alta performance e produtividade, pagamos um preço muito alto quando não cuidamos de um lugar único onde habitamos: o nosso corpo.

Fonte 5 – Cuidados com o corpo

Outro dia, uma amiga me confessou [Carol Cavalcanti]: "Estou cansada de me sentir cansada o tempo todo." Ao perguntar sobre como era o seu dia a dia, ela começou a contar que dedicava grande parte do tempo ao trabalho, cuidados com a família e que sua vida era muito estressante. Revelou que praticamente não sobrava tempo para realizar atividades físicas e que dormia muito pouco. Ao ouvi-la falar desse extremo cansaço, logo imaginei um celular cuja bateria está sempre entre 1% e 10% e que funciona no limite de suas energias. Parecia que sua vida estava sempre precisando de uma recarga que não recebia.

Agora reflita: você já se sentiu assim em alguma fase da vida? Quais eram as circunstâncias e como organizava a sua rotina? Consegue perceber conexões entre rotina, bem-estar e saúde?

Muitas pesquisas indicam que essa conexão existe, sim. Há algum tempo, pesquisadores do campo da Medicina do Estilo de Vida[26] investigam, a partir de evidências científicas, os impactos positivos de hábitos saudáveis e cuidados com o corpo no bem-estar e saúde das pessoas. Hoje, a Medicina do Estilo de Vida é uma disciplina que faz parte da grade curricular de um grande número dos cursos de

---

26. VIANA SANTOS-LOBATO, E. A.; SANTOS-LOBATO, B. L.; CALDATO, M. C. F. Medicina do Estilo de Vida na educação médica: uma revisão narrativa. **Revista Eletrônica Acervo Saúde**, v. 12, n. 1, p. e2786, 6 jan. 2020.

Medicina no mundo. Basicamente, esse campo apresenta aconselhamentos médicos sobre comportamentos desejáveis em seis áreas:

Mudanças nos padrões de comportamento nessas áreas podem prevenir doenças e melhorar quadros daquelas que já apresentamos. Vamos dar alguns exemplos: você sabia que pesquisas indicam que a atividade física pode ser tão eficaz quanto os antidepressivos e a psicoterapia na melhora dos sintomas depressivos?[27] Além disso, sabia que

---

27. STUBBS, B. et al. EPA guidance on physical activity as a treatment for severe mental illness: a meta-review of the evidence and Position Statement from the European Psychiatric Association (EPA), supported by the International Organization of Physical Therapists in Mental Health (IOPTMH). **European Psychiatry**, v. 54, p. 124-144, 2018. DOI: 10.1016/j.eurpsy.2018.07.004

as doenças cardiovasculares podem ser prevenidas ou retardadas em até 70% com mudanças na alimentação e estilo de vida?[28]

Mas, afinal de contas, o que é estilo de vida? É a forma como experimentamos a vida e envolve padrões comportamentais, hábitos, escolhas e rotinas. O que comemos, o quanto dormimos e nos movimentamos, se fumamos e/ou consumimos bebidas alcoólicas e a forma como lidamos com os momentos estressantes podem impactar, e muito, a nossa saúde, bem-estar e, inclusive, a longevidade. A pesquisa das *Blue Zones*, que apresentamos no início deste livro, indica como alguns cuidados com o corpo fazem parte das rotinas das pessoas mais longevas do planeta. O fato é que, quando incorporamos hábitos saudáveis em nossa vida, também podemos diminuir nossas chances de ter doenças crônicas não transmissíveis (como doenças cardiovasculares, diabetes, câncer). Um estudo mostra que um estilo de vida saudável diminui em 93% os casos de diabetes; 81% dos casos de infarto do miocárdio; 50% dos casos de AVC; 36% de todos os casos de câncer.[29] Os dados são impressionantes.

Por isso, os médicos alertam que precisamos cuidar de nosso corpo observando as seis grandes áreas estudadas pela Medicina do Estilo de Vida. Essa é a forma de nos nutrimos para trabalhar por uma causa que nos mobiliza, enfrentar as situações estressantes da vida, o adoecimento, os momentos alegres e tristes que inevitavelmente vamos enfrentar em nossa jornada.

Ao perguntar aos nossos entrevistados "o que traz alegria na sua vida?", muitos deles falaram sobre como cuidam do corpo:

---

28. FORMAN, D.; BULWER, B. Cardiovascular disease: Optimal approaches to risk factor modification of diet and lifestyle. **Current treatment options in cardiovascular medicine**. v. 8. p. 47-57, 2006. DOI: 10.1007/s11936-006-0025-7.

29. FORD, E. S. et al. Healthy Living Is the Best Revenge: Findings From the European Prospective Investigation Into Cancer and Nutrition–Potsdam Study. **Archives of Internal Medicine**. v. 169, n.15, p.1355–1362, 2009. DOI: 10.1001/archinternmed.2009.237

> "Você pode ter a cabeça que você tiver. Se você não tiver saúde, você vai viver uma vida de sofrimento." — Williams

Vimos que a prática de exercícios físicos faz parte da rotina de vários deles e é fundamental para o seu bem-estar. Eles apresentaram diferentes visões sobre os benefícios primordiais dessa prática. A Eliza, por exemplo, disse que se sente feliz quando está fazendo exercícios. Ela considera que essa prática é algo bom que pode fazer por si mesma, enquanto os filhos estão na escola.

A Rivana tem uma rotina mais flexível depois que se aposentou. Por isso, decidiu fazer aulas de pilates três vezes por semana em horários fixos. Ela gosta de ter algumas atividades estruturadas que a fazem sair de casa e encontrar outras pessoas. Carol Silva chega do trabalho, troca de roupa e vai para a academia ou caminhar. Também reconhece que a atividade física acaba sendo um momento de socializar com os amigos. É algo que lhe dá muito prazer.

O Williams gosta de fazer longas caminhadas na natureza diariamente. Ele geralmente anda 9 km por dia. Associa a atividade física a momentos de apreciação do belo (natureza), luz solar, ar puro. A Fernanda também gosta de fazer trilhas na natureza, especialmente no verão, quando vai acampar com a família. Mórris gosta de andar de bicicleta no parque.

Para Frankle, o exercício físico é uma parte estruturante da vida:

> "Eu gosto bastante de jogar futebol, que é minha paixão. Eu sempre estou indo com os meninos jogar futebol. Faço musculação, academia todos os dias. Meus amigos mais próximos dizem que sou rato de academia." — Frankle

O gosto de Frankle pelo futebol nasceu na infância. Na adolescência, ele sofreu uma séria lesão no joelho e precisou ficar sem jogar por um longo período. Foi um momento difícil. A impossibilidade de jogar futebol foi um dos aspectos que gerou sofrimento para ele, pois ficou impossibilitado de praticar algo que lhe trazia grande alegria.

Já o Dr. Luiz considera que os exercícios têm um poder reenergizante em sua vida:

> "Eu vou cair um pouco no clichê, mas música e exercício físico são coisas que realmente me recuperam, me restabelecem." — Luiz

Ele pratica *crossfit* e musculação em dias intercalados cinco vezes por semana. Tem uma rotina intensa de atividade física. Incluir a prática de exercícios em sua vida não é simples ou até mesmo agradável em vários momentos. Ele nos disse que gosta de treinar no período da noite, mas percebeu que essa preferência não funcionava no dia a dia, pois geralmente chega do trabalho por volta das 21 horas e já está cansado demais para se exercitar. Assim, acabava faltando nas aulas da academia. Então, precisou fazer uma escolha diferente: acordar às 5h30 para treinar das 6 às 7 horas.

Para colher os benefícios restauradores do exercício físico, Luiz precisou incluir essa prática no começo do dia, num horário mais cedo do que gostaria. Seguir com essa rotina pode ser "sofrido" por um lado, mas lhe permite ter mais energia para enfrentar o dia intenso de trabalho.

Combate ao sedentarismo

Quanto tempo você dedica semanalmente para fazer atividades físicas? Segundo o Instituto Brasileiro de Geografia e Estatística (IBGE), no Brasil, cerca de 47% das pessoas são sedentárias (entre adolescentes e jovens, esse número chega a 84%). Uma pessoa sedentária é aquela que passa grande parte do dia sentada e não faz atividades físicas suficientes para se manter saudável. Quanto tempo seria considerado o mínimo? A Organização Mundial da Saúde passa alguns parâmetros: 150 a 300 minutos (de 2,5 a 5 horas) por semana de atividade física moderada, além de

> fortalecimento muscular e alongamento pelo menos duas vezes por semana.[30] A falta de atividade física está associada a problemas de saúde como obesidade, problemas musculares, articulares e cardiovasculares, transtornos psicológicos, menor longevidade e qualidade de vida.

E aí, como você tem se movimentado? Que tal incluir a atividade física na rotina e colher os múltiplos benefícios que ela pode trazer?

Além de os nossos entrevistados se movimentarem, notamos que faz parte de seu estilo de vida comer de forma saudável. Eliza, por exemplo, tem essa preocupação não só para si mesma, mas também para seus filhos:

> "Compro as comidas saudáveis, tento fazer a alimentação mais saudável possível para eles, para que eles possam desenvolver esse hábito de comer coisas saudáveis. Faço com todo amor, bem-feito." — Eliza

O amor que coloca na preparação dos alimentos faz com que sua família seja nutrida com alimentos saudáveis e com todo o afeto que coloca nas refeições.

Williams está na terceira idade e tem uma saúde muito boa. Ainda mantém um ritmo intenso de trabalho. Para conseguir fazer isso, conta que cuida bastante da alimentação:

> "Procuro comer de uma forma saudável. Eu não como carne vermelha, de jeito nenhum. Frango é muito raro. De vez em quando eu como um peixinho. O meu café da manhã é a

---

30. DIA nacional de combate ao sedentarismo: autoridades alertam para a necessidade de fazer atividades físicas. **Assembleia Legislativa de Goiás**. 30 mar. 2023. Disponível em: https://portal.al.go.leg.br/noticias/130391/no-dia-nacional-de-combate-ao-sedentarismo-autoridades-alertam-para-necessidade-da-atividade-fisica#:~:text=Conforme%20dados%20do%20Instituto%20Brasileiro,Nacional%20de%20Combate%20ao%20Sedentarismo. Acesso em: 10 out. 2023.

refeição mais forte, de noite é só um lanche. No almoço eu começo com salada, não bebo durante as refeições. Então, no regime alimentar, eu me cuido." — Williams

Para vários de nossos entrevistados, poder nutrir o corpo com alimentos naturais é um ato de autocuidado e impacta no humor e bem-estar. E o que seria essa tal "alimentação saudável" mencionada por eles? É uma alimentação baseada em alimentos integrais, vegetais, frutas e proteínas (como peixe, ovos, grão de bico) e que inclui muita água. É aquela alimentação na qual a gente descasca mais e abre menos pacotes de comida industrializada.

Esse tipo de alimentação é poderoso para prevenir e curar doenças. Um estudo mostrou que 32% dos pacientes com transtorno de depressão (moderada a grave) tiveram a doença amenizada apenas com intervenções nutricionais.[31] A ingestão limitada de açúcar, frituras, alimentos muito gordurosos, muito salgados e industrializados pode ajudar, inclusive, em nossa saúde mental. Agora queremos convidar você a refletir sobre como tem se alimentado. Seus hábitos nutricionais têm sido uma fonte de saúde e bem-estar para você?

Existe mais um aspecto estruturante no estilo de vida de nossos entrevistados e que contribui para o bem-estar e a felicidade: o sono e o descanso. Pesquisas mostram que, de fato, a má qualidade do sono[32] pode influenciar a presença de comorbidades e impactar negativamente a saúde mental. Para pessoas que realizam tanto na vida como os nossos entrevistados, esse ponto parece ser primordial e uma real fonte de alegria:

---

31. JACKA, F. N. et al. A randomised controlled trial of dietary improvement for adults with major depression (the 'SMILES' trial). **BMC Medicine**, v. 15, n. 23, 2017. Disponível em: https://doi.org/10.1186/s12916-017-0791-y. Acesso em: 13 jun. 2024.

32. BARROS, M. B. A. et al . Quality of sleep, health and well-being in a population-based study. **Revista de Saúde Pública**, v. 53, n. 82, 2019. Disponível em: https://doi.org/10.11606/s1518-8787.2019053001067. Acesso em: 13 jun. 2024.

> "Acho que é fundamental dormir bem. Acordar sabendo que eu tive uma boa noite de sono. Isso já é 80% do meu humor vindo de um bom sono. E eu acordo feliz quando vejo que eu dormi bastante e bem." — Mórris

Eles entendem que um sono restaurador é o que os prepara para entregar tanto em seu trabalho e contribuir com as pessoas. A Isa disse que gosta de dormir até tarde nos fins de semana e ter momentos para descansar, brincando com seu cachorro ou sem fazer nada ("só existir"). A Ana Júlia valoriza cada minutinho de sono e faz de tudo para ficar mais cinco minutos na cama de manhã.

O Williams usa de uma estratégia única para descansar, mesmo quando está em viagens de trabalho:

> "Procuro descansar bem. Mesmo quando eu viajo de avião, e eu viajo bastante, eu sempre levo uma tapadeira de olho para ficar escurinho. Sento na cadeira, às vezes vou para o Japão, para a Coreia. Das 16 horas de viagem, eu durmo de 8 a 9 horas, e chego bem recuperado para trabalhar no local com fuso horário de, às vezes, de 12 ou 14 horas de diferença." — Williams

Nossa, que disposição! Convenhamos que poucos de nós conseguem ter uma boa qualidade de sono no avião. Mas, para Williams, essa estratégia funciona. E para você? O que faz para ter uma noite restauradora de sono? Possui alguma rotina específica para relaxar (como não usar o celular no quarto, tomar uma xícara de chá, ler um pouco)?

Como anda meu estilo de vida?

Vimos que cuidar do corpo é investir em nossa felicidade e longevidade. Antes de avançarmos, faça um pequeno teste sobre o seu estilo de vida, proposto pela Profa. Dra. Sley Guimarães, Médica de Estilo de Vida:

1) Como diariamente 5 porções de frutas, vegetais e/ou legumes?

2) Eu me exercito entre 2,5 a 5 horas por semana?

3) Durmo pelo menos 7 horas por noite?

4) Não fumo ou consumo bebidas alcoólicas (mais de 7 doses por semana para mulheres e 14 para os homens)?

5) Pratico alguma técnica de controle do estresse (como meditar, desenhar, ouvir música)?

6) Tenho alguém importante em minha vida para dividir as alegrias e tristezas?

7) Sou esse alguém importante na vida de alguém?

Reflita: Quanto mais "sim" você deu para essas sete perguntas, melhor é o seu estilo de vida.

Agora que terminou de analisar como anda seu estilo de vida, reflita e anote em seu caderno: que hábitos saudáveis já tem e quais gostaria de incorporar em sua rotina?

Quando o assunto é bem-estar e felicidade, existem também formas mais subjetivas de se nutrir do que os cuidados com o corpo. Estamos nos referindo a algo que alimenta a alma, as emoções a partir de linguagens que associam a estética, a sensibilidade e a beleza. Estamos falando de *arte*.

Fonte 6 – Arte

Vindo de uma família de artistas [Carol Cavalcanti], aprendi a apreciar as artes desde pequena. Lembro-me de visitar museus, assistir a concertos de orquestra no Teatro Municipal e ter aulas de piano desde cedo. Além disso, na infância e adolescência, toda vez que meu pai produzia ou gravava um disco novo, ele reunia a família na sala para ouvirmos as músicas e discutir como deveriam ser organizadas nas faixas do LP, fita K7 ou CD. Ele acreditava que organizar intencionalmente a ordem das músicas em um disco era uma forma de ampliar a experiência do ouvinte (algo que perdemos ao consumir música nas plataformas digitais). Para deixar a experiência mais rica, ele buscava intercalar as músicas empolgantes com as reflexivas, as alegres, as imponentes. Eu amava os dias em que nos reuníamos para ouvir os novos álbuns. Sabia exatamente o que se esperava de mim. Precisaria respeitar o momento, ficar atenta às músicas que seriam tocadas de forma aleatória, sem falar nada até o fim da exposição. Se alguém ousasse falar no meio da apresentação fonográfica recebia um grande "shhhhh" dos outros membros da família. No final, cada pessoa contava e justificava quais eram as suas músicas favoritas e a gente discutia a ordem em que deveriam aparecer no disco.

Esse jeito improvável de ouvir música em nossa família também era adotado na hora de assistir a filmes, um concerto musical e até mesmo ao visitar uma exposição de artes no museu. Ninguém falava durante o encontro com a obra de arte. Sabíamos que primeiro era preciso apreciar, sentir, conectar-se com aquela linguagem subjetiva e bela. O momento da discussão ocorreria no final. Obviamente, essa prática não era conhecida por quem visitava a nossa casa pela primeira vez. Meu esposo (que na época era meu namorado) achou esse costume da nossa família no mínimo estranho na primeira vez que recebeu um "shhhhh" porque não parava de falar no meio de um filme. Cada artista com sua mania.

Você também deve ter seu jeito de experimentar, sentir e apreciar a arte. Já viu uma foto impactante que mexeu com as suas emoções? Já dançou ao som de uma música que faz lembrar a juventude? Já chorou ao ler uma história escrita de forma sensível e poética? Já decorou as falas e cenas de um filme que apresenta as dores e desafios humanos de forma esperançosa e bela?

Benefícios da arte

A arte é uma forma de expressão estética inerente ao ser humano. Comunica visões de mundo, mensagens, emoções, ideias, opiniões do artista a partir de uma ampla gama de formatos como música, dança, pintura, escultura, literatura, teatro, cinema, fotografia, arquitetura e muito mais. A arte tem um papel essencial na cultura, por sua capacidade de nos desafiar, inspirar, motivar. A arte e sua estética têm o poder de promover bem-estar, mudar as nossas experiências diárias e até curar nosso corpo e mente.[33] Por meio da arte, podemos explorar o mundo, compreender experiências compartilhadas e expressar perspectivas únicas.

Em nossas entrevistas, a arte emergiu como fonte de bem-estar e felicidade que tem o poder de transformar realidades. Luiz conta que a chegada em São Paulo não foi fácil. Em determinado momento, percebeu que estava muito triste e chorava por qualquer motivo:

"Quando eu estou num *mood* mais para baixo, quando eu estou mais triste, eu gosto muito de ouvir músicas alegres, músicas que também me divirtam. Eu tive uma época que eu tive quase que um quadro depressivo, logo que eu mudei para São Paulo. Mudar para São Paulo para mim não foi fácil, zero agradável. No começo, no primeiro ano que eu estava aqui, foi um ano bem difícil para mim. Era uma coisa boba, mas eu ia a pé [para o trabalho] e colocava no fone de ouvido uma música do Jammil, 'Uma noite chamada celebrar'. Uma música completamente alto astral e a letra também. Então foi uma prática que eu acabei adquirindo." — Luiz

Num momento difícil, Luiz acabou recorrendo à música como fonte de encorajamento e força para prosseguir. A constatação de que, de fato, a música tinha o poder de deixá-lo mais alegre fez com que adquirisse um novo hábito: todas as manhãs, quando está se preparando

---

33. MEGSAMEN, S.; ROSS, I. **Your brain on art**: how the arts transform us. New York: Random House, 2023.

para o dia, ouve músicas que o empolgam e encorajam a começar o dia com mais energia.

Os diferentes ritmos e linguagens musicais têm mesmo esse poder de mexer com as nossas emoções, atividades mentais e reações físicas. De fato, pesquisadores da Universidade de Stanford realizaram o exame de eletroencefalograma para mapear os impulsos elétricos cerebrais de um grupo de pessoas que escutavam músicas com 60 batidas por minuto (BPM). Eles perceberam que o ritmo constante da música reduziu a frequência cardíaca e as ondas alfa do cérebro, associadas a um estado de relaxamento, se sincronizam com o ritmo da música. Ouvir aquela música deixava as pessoas mais relaxadas.[34]

A Adriana conecta a música, muito presente em sua vida, com outro tipo de expressão artística: a dança.

> "Eu amo dançar, eu amo samba, meu marido é músico, meu filho é músico, então a música permeia a nossa casa. Tem uma parede cheia de instrumentos, e é cavaco, e é banjo, e é violão, e é pandeiro, e é tantã, e é tudo. Meu filho tem um estúdio musical em casa, então a música é um negócio que tá sempre comigo. Eu gosto muito de dançar, gosto muito de ouvir música, gostaria muito de saber... de ter voz pra cantar, mas esse dom eu não tenho." — Adriana

Para Adriana, casa cheia de música e dança é uma casa cheia de vida e de conexões. Essas expressões artísticas são usadas como forma de celebrar e unir pessoas especiais.

Mórris, por sua vez, inclui variadas linguagens artísticas em sua rotina.

> "Eu gosto muito de ir ao cinema, teatro, ver exposições. Então eu achei um lugar pra morar que é perto desse tipo

---

34. MEGSAMEN, S.; ROSS, I. **Your brain on art**: how the arts transform us. New York: Random House, 2023.

de coisa [a região da Avenida Paulista]; como eu não tenho carro, eu faço coisas a pé [...] A arte, cultura é uma coisa que eu busco bastante, além de brincar com os meus sobrinhos, pedalar, caminhar, ir para a academia." — Mórris

Na lista de atividades promotoras de bem-estar, Mórris coloca a arte como um elemento fundamental e que merece ocupar seus fins de semana.

As mães de filhos pequenos que entrevistamos falaram que tinham um tempo limitado para se nutrir da arte. Muito de seu tempo livre acaba sendo dedicado à família e às atividades das crianças. De qualquer forma, Eliza disse que, quando consegue, gosta de desenhar para relaxar e Ana Júlia faz crochê e artesanato.

Confesso [Carol Cavalcanti] que a literatura e a música são expressões artísticas que me alimentaram muito nas últimas duas décadas. Talvez isso tenha acontecido porque eram mais acessíveis para uma jovem mãe e profissional. Quando meus filhos eram pequenos, a literatura levava a minha imaginação para outros lugares e a música mobilizava as minhas emoções (me acalmavam, motivavam). Sentia falta de visitar museus, exposições, assistir a concertos, mas entendia que o acesso era difícil por ficarem disponíveis em regiões mais distantes da cidade e nos horários que estava envolvida no cuidado das crianças. Por isso, entendi que a arte precisava entrar na minha vida de uma maneira que também fosse significativa para eles: por meio das cantigas de ninar, da leitura de livros infantis na hora de dormir, da pintura, do desenho e das histórias que inventava.

Quando os meninos cresceram um pouco, começaram a estudar piano. No começo, foi um processo difícil. Eles não tinham muita vontade ou consistência para avançar da forma que desejavam em sua aprendizagem. Mas persistimos. Tinha muita clareza dos benefícios cognitivos e emocionais que apreciar e dominar essa linguagem traria para eles. Hoje os dois tocam instrumentos diferentes: piano e contrabaixo. E como é bom ter a casa preenchida pelas canções que produzem e interpretam.

Além disso, durante toda a infância deles também adotei uma estratégia de, nas férias, sempre fazer uma programação cultural especial com a família. Eram viagens a lugares históricos, visitas a museus, concertos musicais. Acho que fazia mais por mim do que por eles, mas percebi que nesse processo eles desenvolveram uma sensibilidade para apreciar as diferentes linguagens artísticas. É bem verdade que, em alguns momentos, os meninos preferiam jogar bola a apreciar esculturas. Mas sabia que, como mãe, estava plantando uma semente que poderia frutificar depois e ser útil para usufruírem dos benefícios da arte como fonte de expressão e alegria.

A literatura é, de fato, uma expressão artística acessível, apreciada e mencionada como relevante por vários de nossos entrevistados.

> "Eu lia bastante quando era criança. Gostava de livros de aventuras, de viagem, de descoberta, de outras culturas, e coisas assim. Eu gostava muito de ler livros sobre aventuras no campo do voluntariado. Por algum motivo aquilo chamava mais a minha atenção. Então talvez isso também tenha influência, acho que mais do que uma pessoa em si. As perspectivas que eu fui alimentando na minha cabeça, ao longo dos anos por esse tipo de leitura que consumia [...] Parando para pensar, isso foi me moldando, e me dando esse desejo de fazer a mesma coisa." — Carol Silva

Vimos que nossos entrevistados recorrem às variadas expressões artísticas que fazem sentido para sua realidade a fim de colher diferentes sensações e benefícios. Talvez você não tenha tido a chance de aprender sobre as artes ou incluir isso em sua vida. Às vezes, essa iniciação pode acontecer de formas muito simples: usando lápis de cor e papel.

> **A arte que acalma**
> Em 2015, um livro de colorir para adultos voltado para a redução do estresse e ansiedade virou um best-seller do New York Times. Mais de 15 milhões de cópias foram vendidas em um ano. Colorir o livro por 20 minutos deixava as pessoas mais calmas. Estudos[35] realizados por vários anos mostram por que o simples fato de colorir ajuda a combater o estresse e a ansiedade. Vejam alguns motivos: a) colorir é uma atividade estruturada – algo que podemos controlar, mesmo quando a vida está caótica; b) é uma atividade artística fácil de realizar e de levar para onde formos; c) é acessível para muitas pessoas.

Diferentes expressões artísticas têm sido fonte de alegria, prazer, ampliação de consciência, promoção de bem-estar e cura para nossos entrevistados. Agora convidamos você a separar alguns minutos para refletir e anotar em seu caderno: como diferentes expressões artísticas falam com você? Como poderia incluir mais arte em sua vida?

Fonte 7 – Espiritualidade

Recentemente, eu [Carol Cavalcanti] estava fazendo uma viagem curta em um avião bimotor e entramos em uma área de turbulência. Perceber-me a vários quilômetros do chão, enfrentando fortes tremores, subidas e descidas abruptas da aeronave sempre é tenso para mim. Como viajo muito, geralmente consigo acionar a minha fé mais pura e acreditar que tudo ficará bem enquanto faço uma oração fervorosa em silêncio. Nessa última viagem, porém, sentei-me ao lado de uma moça jovem e faladeira. Ela contava várias histórias de viagens que havia realizado para lugares exóticos. Quando a turbulência começou, ela

---

35. MEGSAMEN, S.; ROSS, I. **Your brain on art**: how the arts transform us. New York: Random House, 2023.

se desesperou. Começou a fazer o sinal da cruz e a falar baixinho: "ai meu Deus, ai meu Deus, ai meu Deus". Eu coloquei a mão no braço dela e disse: "vai ficar tudo bem, acredite!" Ela olhou desesperada para mim e disse: "você acredita Nele?" E apontou para cima enquanto sussurrava: "Então reza aí."

Em alguns minutos a turbulência tinha passado e ela suspirou bem forte. Olhou para mim e disse: "Engraçado né? Nem acredito que Deus existe. Nunca falo com Ele, mas nessas horas a gente acaba pedindo ajuda". Ela riu aliviada e eu fiquei pensando que aquela moça nem tinha percebido que acreditava, sim, em algo ou alguém mais poderoso que ela. Só não o chamava de Deus.

Você sabia que grande parte da população mundial acredita em um Deus que está diretamente envolvido com as coisas que acontecem em sua vida e no mundo? Essa crença chega a 90% entre pessoas que vivem na África e em nações islâmicas, 78% entre moradores da Europa Oriental e 61% entre brasileiros.[36] Muitas são afiliadas a grupos religiosos tradicionais (cristãos, muçulmanos, budistas etc.), mas existe uma parcela que não é adepta a nenhuma religião específica. Essas pessoas nutrem sua espiritualidade. Você sabe qual é a diferença entre espiritualidade e religiosidade?

> **Diferença entre espiritualidade e religiosidade**
> Muita gente confunde os termos espiritualidade e religiosidade (ou religião). Harold Koenig[37] é um dos principais pesquisadores sobre espiritualidade e saúde. Ele conceitua espiritualidade como a busca de cada pessoa por compreender a vida, seu significado, seu propósito e a nossa conexão com o sagrado, o divino, o transcendente.

---

36. STARK, R. **The triumph of faith**: why the world is more religious than ever. Wilmington: Intercollegiate Studies Institute, 2015.

37. KOENIG, H. G.; KING, D. E.; CARSON, V. B. **Handbook of religion and health**. 2. ed. Oxford: Oxford University Press, 2012.

A espiritualidade pode, ou não, ser expressa a partir da religiosidade que é a organização institucional de comunidades que professam os mesmos credos, adotam rituais religiosos e símbolos que ajudam as pessoas a estarem mais próximas do sagrado.

As pesquisas de Koenig sustentam que a espiritualidade exerce uma influência considerável na saúde e no bem-estar das pessoas, pois fortalece o senso de propósito, a esperança, a fé, a resiliência e a capacidade de lidar com as dores e os desafios da vida. Um estudo recente (revisão integrada de literatura) feito por pesquisadores brasileiros do campo da enfermagem revelou que o envolvimento religioso tem sido associado a maior longevidade e saúde física, menores taxas de suicídio, diminuição no uso de nicotina, álcool e outras drogas, além de influenciar em menor delinquência e divórcios.[38] Outra pesquisa realizada nos Estados Unidos[39] revela que mães envolvidas em práticas espirituais/religiosas após a morte de um filho tiveram menos sintomas de estresse pós-traumático, luto e depressão. Encontramos ainda resultados de um estudo feito na Inglaterra apontando que o envolvimento com atividades religiosas exerceu aumento de bem-estar e menos sintomas de ansiedade e depressão entre adolescentes.[40] Esses são apenas alguns dos diversos estudos

---

38. MARTINS, D. A. et al. Religiosity and mental health as aspects of comprehensiveness in care. **Revista Brasileira de Enfermagem**, v. 75, n. 1, e20201011, 2022 Disponível em: https://doi.org/10.1590/0034-7167-2020-1011. Acesso em: 13 jun. 2024.

39. HAWTHORN, D.M.; YOUNGBLUT, J. A. M.; BROOTEN, D. Parent spirituality, grief, and mental health at 1 and 3 months after their infant's/child's death in an intensive care unit. **Journal of Pediatric Nursing**, v. 31, n. 1, p. 73-80, 2016. Disponível em: https://doi.org/10.1016/j.pedn.2015.07.008. Acesso em: 13 jun. 2024.

40. SALIMENA A. M. O. et al. Understanding spirituality from the perspective of patients with mental disorders: contributions to nursing care. **Revista Gaúcha de Enfermagem**. v. 37, n. 3, p. 1-7, 2016. Disponível em: https://doi.org/10.1590/1983-1447.2016.03.51934. Acesso em: 13 jun. 2024.

> do campo da saúde e que apresentam os benefícios da fé para lidar com os desafios da vida.

Como é a questão da espiritualidade e religiosidade para você?

Pesquisas do Pew Research Center indicam que 84% das pessoas no mundo afirmam pertencer a uma denominação religiosa. Hoje, 31,4% da população mundial é cristã, mais de 25% muçulmana, 16% sem religião, 15% hindus, 7% budistas.[41] A tendência anunciada no século XX de que o mundo ficaria mais secularizado[42] não tem se concretizado. As pessoas continuam praticando sua fé de diferentes formas.

Ao conversar com os nossos entrevistados, descobrimos que vários deles têm a espiritualidade bastante aguçada (no sentido apresentado por Harold Koenig), e vários deles também praticam a religiosidade por serem membros ativos de denominações religiosas. Vimos que cada pessoa achou caminhos significativos para fortalecer a sua fé.

No dicionário Dicio,[43] encontramos a seguinte definição de fé: "crença intensa na existência de algo". Segundo as palavras do Apóstolo Paulo, a fé na perspectiva cristã "é a certeza de que vamos receber coisas que esperamos e a prova de que existem coisas que não podemos ver"(Hebreus 1:1).[44] Na concepção budista, a fé é vista como sinônimo de confiança. Não algo que sigo de forma cega, mas a confiança que

---

41. BALLOCIER. A. R. Mundo com 8 bilhões será mais religioso e os muçulmanos colarão nos cristãos. **Folha de São Paulo**. Disponível em: https://www1.folha.uol.com.br/mundo/2022/11/mundo-com-8-bilhoes-sera-mais-religioso-e-muculmanos-colarao-nos--cristaos.shtml. Acesso em: 12 out. 2023.

42. Processo social, histórico e cultural em que as instituições religiosas perdem, progressivamente, a capacidade de influenciar e ter poder sobre pessoas que antes tinham a vida ditada por regras religiosas. Ou seja, a perda da relevância das religiões sob variados aspectos da vida moderna, muito impactada pela ciência e tecnologia.

43. Disponível em: https://www.dicio.com.br/fe/

44. Disponível em: https://biblia.com.br/perguntas-biblicas/o-que-e-fe/

posso acionar para encontrar caminhos e forças enquanto enfrento diferentes situações da vida.[45]

Talvez você não se veja como uma pessoa de fé – pelo menos, não do ponto de vista da espiritualidade e/ou religiosidade. Mas não podemos negar que praticamos a fé diariamente, nas pequenas e grandes decisões da vida. Ao comer em um restaurante, temos fé que a cozinha é limpa e que a comida foi preparada de forma adequada. Ao pegar um ônibus, temos fé que o motorista vai nos levar em segurança até o nosso destino. Ao decidirmos nos casar com alguém, temos fé que seremos felizes juntos. Quando começamos a trabalhar em um novo emprego, temos a expectativa de que vamos ter um bom desempenho e o suporte de chefia e colegas. Temos a falsa impressão de que, nessas ocasiões, temos tudo sob controle quando, na verdade, percebemos que existe muito na vida que não podemos controlar. Sim, nos casos que mencionei, buscamos evidências que embasam a nossa fé. Sabemos, no entanto, que não existem garantias absolutas. Precisamos mesmo dar passos de fé para prosseguir em nossa caminhada.

Para mim [Carol Shinoda], a fé sempre foi algo desafiador. Eu achava que tinha de fazer tudo acontecer com minhas próprias mãos e buscava controlar tudo por meio de planejamento e organização. Em diversos momentos, esbarrei no limite do meu controle, mas me agarrava à crença de que, se gerenciasse as minhas emoções e ordenasse minhas ações, conseguiria sair das situações difíceis sozinha. Na infância, tive uma formação católica, mas pouco praticante. Cheguei a fazer a primeira comunhão, pois era uma atividade da escola e queria acompanhar meus amigos, mas eu discutia frequentemente com a professora catequista. Como assim, eu tinha que amar a Deus sobre todas as coisas? Eu disse a ela que amava mais meus pais. Ela não conseguiu

---

45. Disponível em: https://olharbudista.com/2020/09/07/os-4-niveis-de-fe-ou-confianca/

me explicar o que amar a Deus significava na época e segui, assim, indo à igreja apenas em cerimônias de família e amigos.

Até que, lá pelos 35 anos, comecei a tentar engravidar... e passei por momentos muito difíceis. Questionei a justiça de Deus na época: como assim? Eu sou uma boa pessoa! Não deveria ser castigada dessa forma. Aí comecei a pensar que deviam existir mesmo outras vidas e eu devia ter sido alguém terrível antes dessa existência. Então passei a me dar conta de que a fé não é uma negociação com Deus. Não é uma linha de "eu sou boazinha, ganho minhas moedinhas de merecimento e posso adquirir coisas que quero na minha vida". Até acredito que coisas boas atraem coisas boas, mas não me parece que seja nessa lógica mercantilista.

Nessa época, um amigo me convidou para ir às palestras da Seicho-No-Ie. Era a religião da minha *batchian* (avó japonesa) e ela era um ser humano muito especial. Achei que valia a pena experimentar. Logo na primeira oração, relembrei os tempos de catequese: dizia que as minhas obras não eram realizadas por mim, mas por Deus. Ah! Mas eu me dedico tanto aos meus projetos! Como assim? Onde fica o meu protagonismo? E aí tive a humildade de ouvir mais do que na época da catequese e entendi que, na visão da Seicho-No-Ie, nós somos parte de Deus. Então, é como dizer "tamo junto" e sentir essa conexão mais profunda com o divino quando estamos fazendo nosso trabalho e nossas atividades.

Isso me trouxe uma paz profunda. E hoje em dia, aprendo muito com a Carol [Cavalcanti] sobre os ensinamentos da Bíblia e como posso me inspirar para lidar com os desafios e as belezas da vida. Faço a minha oração diária da Seicho-No-Ie, juntamente com uma oração espírita em que basicamente peço para estar conectada a algo superior. Não frequento igrejas atualmente, mas quando vou a um batizado, missa de sétimo dia, casamento, costumo me emocionar com as mensagens que ouço. Estou ampliando minha espiritualidade, mas não sei se tenho uma religião. Vejo a beleza de diversas religiões, mas costumo me sentir incomodada pelas regras e orientações quando começo a me aproximar mais de alguma instituição religiosa. Minha escolha neste momento é por reforçar minha fé todos os dias, mas com mais liberdade.

Ao conversarmos com nossos entrevistados, foi interessante perceber o lugar da espiritualidade como base forte de suas crenças, que funciona como uma mola propulsora que os sustenta e os ajuda a avançar em momentos de dor. Sofia segue o catolicismo e espiritismo e teve um parto muito difícil do seu filho Vitor. Ela encontrou na espiritualidade forças para passar por esse período:

> "Eu tenho uma fé inabalável. [...] O Vitor nasceu com cinco meses de gestação, eu quase morri. Eu fiquei três meses com ele na UTI, entre a vida e a morte. E eu dizia, 'Deus, só me dê força'. E fazia o que eu podia para estar lá do lado dele." — Sofia

Sofia contou que, no primeiro mês e meio, não podia pegar o bebê no colo, então ficava na UTI cantando para ele. Era tudo que podia fazer. A sensação de impotência desse momento de tanta vulnerabilidade fez com que sua fé fosse expandida. Hoje ela reconhece o papel da espiritualidade em sua vida:

> "Então, a minha fé move muito a minha vida. Move muito a minha vida." — Sofia

O começo da vida de Williams também foi desafiador. A fé era praticamente o único recurso que seus pais tinham para "lutar" por sua vida. A seguir, veremos como esse início se desdobrou em uma história de muitas lutas e realizações.

Williams Costa Jr.

71 anos, compositor, maestro, comunicador, casado com Sonete,
pai de três filhos e avô de seis netos

Propósito: trazer esperança e paz para as pessoas

A vida é uma peça musical que contém melodia, harmonia e ritmo. Em algumas fases, a melodia é alegre e empolgante; em outras, é suave e melancólica; às vezes, transmite esperança e paz, mas existem momentos em que a música é sombria e assustadora. Se a vida de Williams pudesse ser transcrita para uma partitura, o início dessa música seria tenebroso.

Williams é filho de um casal de pernambucanos e nasceu em um dos bairros mais pobres da periferia do Recife. Com três meses de vida adoeceu e os médicos disseram que ele iria morrer. Desesperados, os pais recorreram à fé e fizeram uma promessa a Deus: "se nosso filho for poupado, ele vai dedicar a vida dele para servi-Lo". Essa oração foi atendida, o bebê sobreviveu. Williams cresceu ouvindo da mãe Áurea que, quando crescesse, seria um pastor. Sua mãe era uma mulher determinada e começou a prepará-lo para cumprir a promessa usando seus dons e talentos. Durante toda a infância, aprendeu sobre música nas aulas de piano que, inicialmente, eram tortuosas. Por vezes, Williams pensava que a partitura de sua vida futura já estava repleta de notas. Ele só precisava seguir o que estava prescrito. Todavia, com 14 anos, percebeu que precisava ser o compositor das inúmeras canções que brotavam em sua mente e coração. Na música religiosa encontrou um caminho livre para extravasar sua grande criatividade e talento musical. Ao se tornar, muito novo, compositor de canções de louvor a Deus, percebeu que era a partir da música que levaria uma mensagem de esperança e paz para

Fontes de Felicidade e Bem-Estar 145

as pessoas. Foi aí que começou a construir o seu propósito de vida.

Aos 18 anos, mudou-se para São Paulo para cursar a Faculdade de Música no Instituto Musical de São Paulo. Alguns anos depois, concluiu uma graduação em Piano, bacharelou-se em Composição e Regência e conseguiu uma licenciatura plena em Educação Musical. Nessa época, a TV Record produzia os grandes festivais de Música Popular Brasileira que revelaram talentos como Chico Buarque de Hollanda, Caetano Veloso, Gilberto Gil, Edu Lobo, Roberto Carlos, Elis Regina e Wilson Simonal. A emissora também criou e produziu programas como O Fino da Bossa, Jovem Guarda e vários outros.

Os produtores dos programas ficavam de olho em jovens talentos e um deles chegou a convidar Williams a ser arranjador e músico da TV Record. O pagamento oferecido era 10 vezes maior que o salário de um pastor na época. Williams ficou tentado, pois sabia que esse era um caminho rápido para a fama nacional, mas, ao mesmo tempo, algo que o desviaria de seu propósito. Decidiu ser professor de música em uma escola confessional cristã. Williams reconhece que foi a escolha correta. Nessa escola conheceu a futura esposa, Sonete, com quem já mantém um casamento de muito amor e parceria há quase 50 anos. Ali também descobriu que poderia formar uma geração de novos músicos que levariam canções espirituais às bocas, ouvidos e corações das pessoas. Descobriu que sua música solo poderia ser tocada por uma orquestra. Queria ser o maestro que conduz essa orquestra. Viu que seus alunos poderiam amplificar o impacto positivo de seu propósito.

Depois de concluir as faculdades de Música, cursou um mestrado em Artes pela Universidade Andrews, nos Estados

Unidos, onde aperfeiçoou o inglês, algo que seria muito útil no futuro. Por 20 anos atuou como professor, maestro, compositor e produtor musical de diversos solistas, corais, bandas, orquestras e conjuntos musicais. Williams se dedicava a esse trabalho com afinco e dedicação, produzindo discos de alta qualidade e sendo mentor de seus ex-alunos, que haviam se tornado músicos consagrados. Muitas vezes era incompreendido como artista e sacrificava a saúde tentando ampliar os resultados de tanto esforço. Aos 36 anos, em uma das fases mais penosas de sua vida, teve cinco ameaças de infarto. Quase deixou sua amada jovem esposa e filhos pequenos desamparados. Percebeu que, ao viver pelo seu propósito, estava debilitando sua saúde.

Decidiu mudar seu estilo de vida. Passou a dedicar mais tempo à família. Começou a dormir cedo e pelo menos 8 horas por noite. Acordava de madrugada para ler a Bíblia, fazer orações e dedicar um tempo para refletir sobre questões familiares e de trabalho. Essa prática o acompanha até hoje e dá bastante equilíbrio emocional para a sua vida. Também adquiriu o hábito de caminhar 9 km diariamente e de ter uma dieta baseada em plantas com pouco consumo de peixe.

Alguns anos mais tarde, Williams descobriu uma forma de potencializar o alcance das canções que ele e os alunos haviam criado. Aceitou o convite para ser produtor de um programa de televisão da igreja que apresentava uma mensagem espiritual por 20 minutos e que, ao final, trazia uma música. Ele decidiu que a música cristã no final do programa seria preferencialmente de compositores e intérpretes brasileiros. O desafio foi grande. Como o programa era gravado na Califórnia, nos Estados Unidos, teve que aprender sobre uma nova área de forma rápida e sem ter credibilidade na equipe norte-americana. Esse programa, entretanto, foi uma semente para a criação do canal de TV da igreja que existe para transmitir programas de saúde, família e mensagens espirituais cheias de esperança. Foi um dos primeiros diretores da TV que, na época, tinha cinco funcionários. Hoje, o canal conta com mais de 650 funcionários.

Williams está prestes a se aposentar. Nos últimos 16 anos viveu em Washington, nos Estados Unidos, onde atua como diretor mundial de comunicação da igreja protestante à qual serviu por toda a vida. Seu trabalho é inspirar e capacitar equipes de comunicação da igreja nos cinco continentes. Isso inclui pessoas que estão produzindo vídeos, que escrevem, que fazem design, que tiram fotografias, que fazem filmes e documentários. Ele sabe que seu propósito de trazer esperança e paz para as pessoas começou com notas desafinadas na periferia do Recife e ganhou o mundo a partir de suas composições e da arte dos músicos e comunicadores que capacitou, motivou e inspirou. Sua fé em Deus e o amor pela família continuam sendo sua base, a partitura em que registra as mais belas canções. Seu legado é relembrado toda vez que alguém se emociona, renova a fé ou tem a vida transformada pelas mensagens espirituais contidas nas músicas e produções. Ele justifica abrindo um grande sorriso, que é sua marca registrada: "só quem vive para servir a Deus, experimentando a transformação de projetos em realidade, é que desfruta essa alegria, essa paz, essa realização".

Bonito ver como uma pessoa que já viveu tanto foi fazendo escolhas, ao longo da vida, que estavam alinhadas com suas crenças religiosas e, ao mesmo tempo, eram compatíveis com seu propósito de vida. Williams não acertou sempre. Na ânsia de ajudar os outros a também expandir a fé, descuidou de sua saúde. Essa escolha quase teve consequências irremediáveis. De todo modo, ele aprendeu muito nesse período e achou outras formas de compartilhar suas crenças sem descuidar da saúde e daqueles que dependiam dele.

Para quem não vive em um contexto religioso, talvez não faça muito sentido o papel da música cristã (os louvores a Deus) no fortalecimento da espiritualidade. Mas, na visão de Frankle, são ferramentas muito potentes:

> "Eu digo que o louvor é algo que mexe muito conosco indiretamente. A gente põe o louvor ali, vai trabalhar e do nada você vai ver que um pedaço, um trecho da letra ali tá falando com você. Você vai parar, você vai refletir e ali é Deus falando com você, entendeu? Ele te dando um entendimento do que está se retratando na música. E aí depende de você se vai querer buscar mais conhecimento sobre aquilo ou se vai deixar passar. A comunicação com Deus a gente sempre tem, nos mínimos detalhes. É só a gente observar direitinho."
> — Frankle

Para Frankle, as músicas cristãs são um caminho de conexão direta com Deus. Uma forma de ouvirmos a sua voz nos momentos que mais precisamos. Por isso, dá para entender por que para Williams fez sentido escolher usar o talento musical para esse fim: ajudar as pessoas a se comunicarem e a louvarem a Deus. Em nossa conversa, ele destacou como fazer isso e como é grato por ter preparado outras pessoas para usarem a música, vídeos, textos, design, fotografia a fim de ampliarem sua espiritualidade.

A Eliza vai à igreja com a família aos domingos. Vê essa atividade de forma positiva, pois fomenta a união da família. A religiosidade também fez parte da vida de Rivana, que explica: "Eu sou católica, estudei em escola católica". Na faculdade onde trabalhou praticamente a vida toda, ia às missas todas as terças-feiras e isso fazia bem para ela. Depois que se aposentou (durante a pandemia), gosta de estar mais disponível aos fins de semana para realizar atividades em família. Vai às missas com menos frequência.

Mórris é judeu, mas pouco praticante da religião. Seus pais também não eram muito religiosos. Na infância, ia esporadicamente à sinagoga. Chegou a estudar numa escola judaica por um período em que aprendeu bastante sobre a história e os preceitos do judaísmo. Ele acredita que o contato com a religião o moldou:

> "Gosto da religião, mas hoje em dia eu pratico o mínimo. Mas, é uma coisa que faz parte de mim, porque desde cedo, quando eu era pequeno, praticava um pouco mais... estou desde o começo desse ano estudando a Cabala, que tem uma certa ligação com judaísmo... que foi uma coisa que eu me conectei bastante, que está fazendo muito sentido pra mim, que tem uma questão espiritual forte." — Mórris

Apesar de não ser um membro praticante da religião e comunidade judaica, Mórris entende que sua vontade de criar um negócio social e ter um trabalho conectado com seu propósito de vida pode ter raízes nos preceitos que encontrou na religião. Hoje seu enfoque maior está no desenvolvimento da espiritualidade.

A Isa vem de uma família evangélica e, na pandemia, deixou de frequentar os cultos, pois não concordava com o discurso político que inundou várias igrejas. Contudo, sua relação com Deus é muito central em sua vida:

> "Eu converso muito com Deus, eu realmente acredito muito. Eu também... sou muito certinha nas coisas que eu faço." — Isa

Para Isa, a espiritualidade perpassa a religiosidade.

Para Helder, a religiosidade é tão importante quanto a espiritualidade. Foi na família e em uma escola adventista que aprendeu sobre valores que moldaram sua vida:

"A gente tá lendo sempre na Bíblia, pra servir, pra amar (o próximo). A gente vê isso o tempo todo, então se você leva a sério, isso fatalmente vai mexer com a sua vida... Eu participei de clubes da igreja desde a infância, participando dessas coisas que se preocupavam em fazer trabalho social, sempre fui envolvido com essas coisas também." — Helder

Foi ainda na juventude que desenvolveu o amor e a vontade de dedicar a vida em prol de outras pessoas:

"A gente trabalha pra comunidade mesmo... O nosso trabalho é ajudar as pessoas a se desenvolverem em todos os aspectos. A nossa visão de religião é uma visão holística, não apenas do ponto de vista espiritual, mas físico, mental e espiritual. Então ajudar as pessoas a melhorar a sua condição de vida em todos os aspectos. Os ideais que vivi foram muito elevados, isso foi muito bom pra mim." — Helder

Estar em um ambiente onde conectava religiosidade com o serviço ao próximo foi um aspecto que norteou os projetos e sonhos de Helder.

Até aqui vimos relatos do impacto positivo da espiritualidade expressa na religiosidade de nossos entrevistados. Para eles, essa é uma real fonte de bem-estar e felicidade. Entretanto, a Fernanda contou que cresceu num contexto religioso muito opressor e isso lhe gerou sofrimento (longe de ser uma fonte de bem-estar):

"Eu cresci numa casa muito religiosa. Porém a família era bem fechada em termos de religião. Não podia usar calça, não podia ir ao cinema, a gente não tinha nem televisão dentro de casa, então era bem fechado mesmo. E isso eu falo que deixou um marco enorme na minha vida. Crescendo, me tornando mulher, e tudo de ruim que aconteceu na minha vida, eu culpo a religião." — Fernanda

Na igreja aprendeu que não deveria se relacionar com pessoas que tinham outra fé, pois eram guiadas pelas forças do mal. Você vai ler a história emocionante de Fernanda na seção "Caminho Misto (transformação dentro e fora)" do Capítulo 7, mas, aqui, queremos mencionar que, mesmo tendo abandonado a religião da infância, Fernanda nunca deixou de ser uma pessoa altamente conectada com Deus:

> "Quando eu saí da igreja, uma coisa que eu ficava tão irritada era quando as pessoas da igreja me viam na rua e falavam: 'aí, Fernanda, Deus te ama'. E eu falava com toda educação e sorrindo: 'eu sei que Deus me ama, por que não me amaria? Gente, eu sou filha Dele, você já viu o pai não gostar da sua filha? Não existe'. Quando eu saí, eu nunca me revoltei contra Deus. Eu sempre eu me ajoelhava, fazia minhas orações, tinha aquela conexão, sempre tenho aquela conexão que me nutre todo dia." — Fernanda

Fernanda foi capaz de manter sua espiritualidade viva por várias décadas sem pertencer a uma igreja. Muitos anos depois, realizou uma atividade no trabalho que a ajudou a entender a diferença entre espiritualidade e religiosidade. Sua missão, todas as manhãs, era conduzir momentos de meditação para um grupo de mulheres que estavam lutando contra o vício em drogas. Fernanda convidava o grupo a se conectar e ampliar a espiritualidade. Por estar no ambiente de trabalho, não podia falar de religião alguma, mas precisava falar de espiritualidade. Essa experiência foi incrível para ela. Agora, Fernanda enfrenta outro desafio:

> "Não consigo passar isso (espiritualidade) para os meus filhos. A gente sempre conversa de Deus, de ter fé, de ser uma pessoa positiva, grata. A gratidão pra mim é tudo na vida porque abre tantas portas, e eu consigo passar só isso pra eles." — Fernanda

Ultimamente, Fernanda está mais próxima do irmão, que começou a ajudar no desenvolvimento da espiritualidade dos filhos dela:

> "Ele conversa com os meus filhos, e isso é muito importante porque, quando você não está conectado também com a sua espiritualidade, você fica muito perdido." — Fernanda

Essa última fala de Fernanda mostra que a conexão com o divino, com o transcendente, dá direção para a sua vida. Quer que seus filhos também consigam usufruir de algo que foi importante em sua história.

Para nós, foi surpreendente encontrar nas entrevistas o relevante papel da espiritualidade e o impacto das crenças vinculadas à espiritualidade e religiosidade como lente pela qual as pessoas com que conversamos enxergam e enfrentam os altos e baixos da vida. Ao analisar os dados das entrevistas, pareceu-nos que, talvez, essa seja uma das explicações para manter essas pessoas com a sensação de felicidade durante a caminhada da vida. A capacidade que desenvolveram de ter fé, mesmo sem ter certezas, parece ser um diferencial que resulta em resiliência, bem-estar e amplia o senso de propósito.

E você, reconhece formas de praticar a espiritualidade em sua vida? Caso tenha alguma religião, que papel ela desempenha para você?

Se existem pesquisas bastante robustas sobre os benefícios da fé, talvez você esteja se perguntando: como ter fé ou ampliar a minha?

Confesso que, para mim [Carol Cavalcanti], o processo de aprendizagem sobre como ter fé se mistura com as minhas primeiras memórias. Cresci num contexto familiar em que a fé era algo muito central. Lembro-me que, ainda bem pequena, minha mãe separava tempo, todos os dias, para contar histórias bíblicas, cantar hinos, orar e me ensinar sobre o Jesus que ela também aprendeu a amar na infância. Ir à igreja aos sábados era chegar em minha segunda casa. Ali me sentia acolhida, amada e respeitada. Confesso que, em diferentes épocas da vida adulta, tive minhas "batalhas interiores" com a rigidez de alguns aspectos da religiosidade. Nesse processo, via a minha relação com

"A capacidade que desenvolveram de ter fé, mesmo sem ter certezas, parece ser um diferencial que resulta em resiliência, bem-estar e amplia o senso de propósito."

Carol Shinoda
Carolina Cavalcanti

Deus como algo muito mais amplo e profundo que eventuais falhas que enxergava na instituição, em alguns líderes religiosos ou de pessoas que frequentavam a minha comunidade religiosa. O fato é que as pessoas são imperfeitas; por isso, não existe igreja perfeita. Mas posso afirmar que, para mim, estar envolvida num contexto religioso foi muito positivo. Hoje vejo o grande legado que recebi dos meus avós e pais: o legado da fé, que é uma importante fonte da minha felicidade e bem-estar. Aqui em casa, meu esposo e eu temos investido para que nossos filhos também tenham a possibilidade de trilhar uma jornada de construção da fé e da ampliação da espiritualidade. Considero que a igreja tem sido uma forte aliada nesse processo.

Agora queria retomar a pergunta: como ter ou ampliar a fé? Já ouvi essa pergunta diversas vezes. Não sou teóloga e não quero entrar em questões doutrinárias aqui. O caminho que posso apontar é embasado na minha experiência e crenças. A minha intenção é compartilhar o que fez sentido para mim. Se não fizer sentido para você, tenho certeza de que encontrará (se é que já não encontrou) o seu caminho para ter essa confiança na vida em momentos difíceis, que não conseguimos controlar, e também nos momentos bons e de calmaria. Seguem alguns passos muito conectados com o meu processo de ampliação da fé:

1) **Querer:** em primeiro lugar, é preciso ter o desejo de ampliar a fé. Se não tiver o desejo, mas reconhecer que precisa, pois pode lhe ajudar a dar alguns passos importantes na vida, é só pedir a Deus. Nas palavras de Jesus: "peçam e vocês receberão; procurem e vocês acharão; batam e a porta será aberta para vocês" (Lucas, 11:9).

2) **Aprender para conhecer**: para ter fé em Deus, é preciso aprender sobre Ele a fim de saber quais são os seus atributos, como agiu no passado e o que prometeu para o futuro. É claro que as diferentes religiões possuem livros sagrados e recursos distintos para que as pessoas possam aprender sobre Deus.

Eu aprendi sobre a Bíblia ao longo de toda a vida. Hoje ainda dedico um tempo pela manhã fazendo uma meditação na qual leio um trecho das escrituras e busco refletir sobre como aquela mensagem se aplica aos dilemas e desafios que estou vivendo no momento. Também dedico alguns minutos para a oração, quando converso com Deus como se fosse um amigo – abro o coração mesmo. Hoje existem muitos guias de estudo da Bíblia e de oração. Eu gosto do aplicativo da Bíblia (Youversion) que salvei em meu celular. Ali encontro todos os livros da Bíblia em vários idiomas, com traduções diferentes (mais clássicas, mais contemporâneas), textos devocionais, guias de estudos por tema (como paz, esperança, temor etc.), verso do dia, convite para oração e atividades. A Bíblia diz: "Logo a fé é pelo ouvir, e o ouvir pela palavra de Cristo" (Romanos, 10:17). É ouvindo e aprendendo sobre Deus que O conheceremos e fortalecermos a nossa fé.

3) **Colocar em prática**: a fé começa a nascer em nossa vida como uma pequena semente; depois, vai brotando, crescendo. Aprendi que a nossa fé não precisa ser muito grande. Ela pode ser pequena, mas precisa ser colocada em prática. Para mim, colocar minha fé na prática é ajudar os outros, participar de ações de voluntariado, estar disponível para ouvir e encorajar uma pessoa que esteja precisando de suporte. Jesus ensinou que todas as vezes que alimentamos o faminto, vestimos o nu, ajudamos quem precisa, é como se estivéssemos fazendo isso para Ele: "Eu afirmo que todas as vezes que vocês deixarem de ajudar uma dessas pessoas mais humildes, foi a mim que deixaram de ajudar" (Mateus, 23:45). Por isso, ao ajudar os outros, sinto que estou colocando minha fé na prática. "Veja como a sua fé e as suas ações agiram juntas. Por meio das suas ações sua fé se tornou mais completa" (Tiago, 2:22).

4) Nutrir-se: fortalecer a fé deve ser visto como algo fundamental, pois ela pode enfraquecer com o tempo e as dificuldades da vida. Para mim, a nutrição acontece ao receber um grupo de estudos da Bíblia em casa às terças a noite, ao fazer minha meditação matinal, ao ouvir músicas com mensagens espirituais, ao orar por meus filhos, familiares, amigos, por causas mais globais e ao ir à igreja aos sábados.

5) Compartilhar: Quando uma coisa é boa na nossa vida, queremos compartilhar com outras pessoas. Poder falar de Deus e o que Ele representa na minha vida é algo que amplia minha fé e me traz muito sentido e alegria. Ao longo dos anos, também tenho visto a vida de várias pessoas sendo transformadas à medida que desenvolvem a fé e começam a ter outras perspectivas para encarar os desafios. Ter fé amplia a esperança; por isso, quando tenho oportunidade, gosto de compartilhar a razão da minha fé.

É bonito ver como a espiritualidade ocupa um lugar fundamental para tantas pessoas, por ser fonte real de felicidade e bem-estar. Agora, existem ambientes neste mundo que são especiais para nós, pois são energizantes. Eles nos ajudam a estar nutridos de beleza, acolhimento e força para enfrentar os desafios da vida.

5

Ambientes para recarga energética

Existem ambientes que nos fazem bem. São lugares onde nos sentimos confortáveis, relaxados, acolhidos e até mais descansados. Há, ainda, ambientes que estimulam a nossa curiosidade, imaginação e criatividade e, nesses espaços, nos sentimos animados. É ali que recarregamos as nossas energias e nos nutrimos para as próximas batalhas a serem vencidas. Você consegue listar alguns ambientes que têm este papel em sua vida?

Em nossas entrevistas, notamos que os entrevistados mencionaram diferentes tipos de ambientes onde gostam de estar e que lhes fazem bem. Vários mencionaram que o contato com a natureza é fundamental para que recarreguem as energias. Alguns citaram **ambientes físicos**, como o lar (sua casa); outros falaram de um lugar interior onde encontram paz (muito conectado com a espiritualidade, como vimos na seção anterior); alguns disseram que se energizam ao estar perto de pessoas amadas.

Vamos conhecer o impacto desses espaços em nosso bem-estar começando com a perspectiva de Carol Silva:

"Quando eu tô mais pra baixo, eu gosto muito de estar em meio à natureza. Se estou com uma energia um pouco mais apagada, eu gosto de ir à praia, isso me renova bastante. Eu não sei explicar muito bem o porquê, mas é reenergizante."
— Carol Silva

A Carol Silva conta que o contato com a natureza impacta as suas emoções. Será que essa percepção de que existem espaços que nos fazem bem tem embasamento científico? O campo da neurociência indica que sim. A explicação está na neuroplasticidade de nosso cérebro. Neuroplasticidade é uma função do sistema nervoso e cerebral de formar conexões neurais, conectá-las e a capacidade dessas conexões se reorganizarem ao longo da vida. É a capacidade que temos de aprender, mudar, nos adaptar em resposta aos estímulos externos, como os ambientes que buscamos para nos energizar.

Neurociência e ambientes enriquecidos

No começo dos anos 1960, a neurocientista Marian Diamond[1] fez um estudo para testar a hipótese de que a nossa mente muda ao longo do tempo de acordo com os ambientes onde vivemos. Para provar a teoria, ela colocou casais de ratos em três tipos de gaiolas. Nas três gaiolas, os ratos tinham acesso à mesma quantidade de comida, água e luminosidade. A diferença é que um grupo ficou em um ambiente enriquecido. A primeira gaiola tinha diferentes brinquedos, texturas, objetos para os ratos explorarem. A pesquisadora mudava os objetos com frequência para que existisse novidade no ambiente. O segundo grupo ficou em uma gaiola com um único brinquedo que nunca

---

1. DIAMOND, M. Response of the brain to enrichment. **Anais da Academia Brasileira de Ciências**, v. 73, n. 2, p. 211-220, 2001. Disponível em: https://www.scielo.br/j/aabc/a/5pqRqBPfwbqbMWdVdNJsGLn/?format=pdf&lang=en . Acesso em: 29 out. 2023.

era trocado. O terceiro ficou em um ambiente onde não existiam objetivos para serem explorados.

Depois de algumas semanas, Diamond verificou a massa cerebral dos ratos e descobriu que aqueles que estavam em ambientes enriquecidos tiveram aumento de 6% do córtex cerebral. Esse experimento foi o primeiro a comprovar a existência da neuroplasticidade e provou que um ambiente tem o potencial de alterar o nosso cérebro. Diamond avançou em seus estudos e hoje é considerada uma das fundadoras da neurociência. Sua pesquisa inspirou outros pesquisadores a investigar os efeitos de vivermos em ambientes que geram bem-estar individual (como o nosso lar) e coletivos (como o nosso bairro, ambiente de trabalho ou lugares com uma natureza exuberante). O fato é que ambientes enriquecidos nos fazem bem e ambientes empobrecidos de estímulos têm, no longo prazo, um efeito corrosivo em nossa saúde e bem-estar.

A neurocientista Magsamen[2] explica por que estar em contato com a natureza é tão revigorante. A natureza é um lugar altamente enriquecido e composto por variados elementos estéticos que são reenergizantes. Estar em contato com a natureza nos faz bem pois, ao caminhar na praia, andar por um bosque ou escalar uma montanha, nossos sentidos captam uma imensa variedade de cores, sons, cheiros, formas, e isso estimula os hormônios endorfina (analgésicos naturais que fomentam a sensação de alegria e euforia), serotonina (ajuda na regulação do humor, sono, apetite e está relacionada ao contentamento), oxitocina (promove sentimentos de conexão e empatia), entre outros. De fato, resultados de pesquisas apresentadas no livro de Magsamen demonstram que 20 minutos em contato com a natureza

---

2. MEGSAMEN, S.; ROSS, I. **Your brain on art**: how the arts transform us. New York: Random House, 2023.

(as pílulas de natureza) diminuem a ansiedade e o estresse. Não é à toa que muitas pessoas trazem elementos da natureza para dentro de suas casas. Ter plantas, tecidos naturais, objetos que remetem a elementos da natureza é energizante.

A experiência de estar em meio à natureza é vista de forma positiva por Fernanda e Mórris:

> "Pra mim, eu acho que é muito contato com a natureza [o que me alegra]. A gente gosta de acampar muito, e assim, estar no ar livre, porque aqui o verão é curto, então cada segundo de um tempo bom, gostoso, eu tô do lado de fora, com fogueira e ir pra piscina, praia, e isso é uma coisa que, nossa, eu amo de paixão. E durante o inverno isso faz muita falta, né. A gente tenta fazer o máximo passear em trilhas, essas coisas, mas é mais limitado." — Fernanda

> "Viajar, conhecer lugares novos, estar perto da natureza, também é algo que me faz muito bem." — Mórris

> "Eu sempre gostei muito de ambientes de praia, não só da praia em si, mas de ter turma de férias, sabe? Eu tinha quando era criança, adolescente, achei que seria uma coisa legal para os meus filhos." — Rivana

Rivana toca num ponto importante aqui. Estar na natureza é revigorante, mas ter pessoas com quem se relacionar nesses ambientes também faz muito bem. Williams revela que, além das caminhadas na natureza que geralmente faz sozinho, também encontra nutrição na relação com as pessoas que ama:

> "Eu me renovo, a cada dia: no relacionamento com as pessoas." — Williams

Assim, **outro espaço de recarga energética pode estar nas relações**. Para mim [Carol Shinoda], a minha família de origem e meu marido representam esse lugar de nutrição. Onde quer que estejamos, em casa, em uma viagem ou mesmo a distância, ter esse espaço de acolhimento, em que sei que sou amada e posso ser quem sou, é muito energizante. Quando fiz intercâmbio, usei metade do tempo de almoço para bater papo com meus pais todos os dias. Quando fico doente, recebo o oishii gohan ("arroz gostoso", uma mistura de arroz japonês, tomate, ervilhas e frango desfiado) que meu pai prepara e isso me coloca em pé rapidamente. Se faço aniversário, meu marido escolhe sempre o presente mais útil e lindo, minha mãe organiza a casa para receber a nossa família, compra bolo e meu pai prepara frutos do mar. Em todos os momentos que preciso de apoio, sei que posso contar com eles. Meu marido pode estar esgotado do trabalho, mas vai parar e me ouvir. Meus pais e minha irmã estão sempre abertos para me receber. Lembro quando vivi um momento muito difícil e minha irmã deixou cinco queijos diferentes na minha casa (algo muito diferente de flores ou de chocolates). Quem me conhece bem sabe que esse é o melhor presente que eu poderia receber na vida. E ela me conhece. Assim, o meu lugar de nutrição é ao lado do meu marido e família, onde estivermos.

Para alguns, estar perto de pessoas amadas é como chegar em casa, não importa se estão a milhares de quilômetros de seu lar. No entanto, sabemos que nosso lar também pode ter um papel energizante em nossa vida.

> "Eu adoro estar em casa, adoro cuidar das coisas de casa, manter ali tudo organizadinho [...] quando eu comprei a minha casa, eu acho que também foi uma conquista. Acho que isso trouxe muito aquela sensação de realização, mas também de dar a cara para o espaço que eu gostaria. Acho que ali me trouxe de fato uma identificação com São Paulo." — Luiz

O lar descrito por Luiz também é um ambiente "enriquecido" por conter objetos e elementos que estão organizados de uma forma que o agrada tanto do aspecto estético quanto emocional. O fato de Luiz mencionar que gosta de deixar a casa organizada e de dar a "sua cara" para cada ambiente revela que suas preferências estão estampadas em cada escolha que fez: nas cores das paredes, nos materiais e texturas dos móveis, nos objetos de decoração e assim por diante. Estar ali é confortável e energizante, pois o lar de Luiz é uma extensão de quem ele é.

> "Nesse processo de criar uma identificação com São Paulo e com a minha casa aqui, eu fui fazendo as pazes também com Aguaí, com o sítio (do pai). Então, muitas vezes eu me pego pensando que em algum momento da vida eu quero voltar pra lá, me estabelecer lá." — Luiz

Essa fala bonita do Luiz revela que, apesar de ter construído um lar que lhe representa e acolhe em São Paulo, ainda mantém em seu coração o sítio onde cresceu. Esse lugar abriga seus pais, além de ser o cenário de muitas memórias especiais que construiu em cada cantinho daquele pedaço de terra em diferentes fases da vida. Esses dois lugares são ambientes de recarga física e emocional para Luiz.

O nosso lar influencia no nosso bem-estar. Por que será que isso acontece? Um experimento realizado por designers de ambientes explica.

Espaço para ser

Na Semana de Design de Milão de 2019, a Johns Hopkins University, o Google e o escritório de arquitetura Reddymade colaboraram para criar a exposição *Space for being* (Espaço para ser). A intenção era usar princípios da neuroestética para conferir como os ambientes impactam nossas reações biológicas e bem-estar. Foram criadas três salas com elementos de design, estilo de móveis, uso de cores, texturas e iluminação distintas. No começo da exposição, cada visitante colocava uma pulseira que coletava suas reações biológicas (como batimentos cardíacos, calor e outras) ao entrar em cada um dos três espaços. Ao final da visita, o participante recebia um cartão postal com um breve relatório indicando qual espaço promovia maior bem-estar e conforto. A intenção era mostrar para as pessoas como somos sensíveis aos elementos que compõem os ambientes onde vivemos.

Amo o meu lar [Carol Cavalcanti]. Apesar de ter mudado de casa várias vezes nos últimos 20 anos, aprecio organizar cada casa onde morei com objetos cheios de memórias afetivas. Na minha sala tenho uma prateleira em que exponho num quadro uma bandeja de crochê confeccionada pelas mãos habilidosas da minha avó Ivete, uma coleção de livros de capa de couro que eram do meu avô Gésson e um vaso lindo que minha avó Áurea me deu ainda em vida. Há alguns anos, minha grande amiga Dani mudou para a Áustria com a família e deixou comigo uma coleção de quadros em aquarela pintados pelo sogro, quando imigrou para o Brasil na década de 1940. Os quadros são lindos e, toda vez que olho para eles, lembro-me com carinho da minha amiga. Também tenho fotos dos meus filhos e da nossa família espalhadas por diferentes ambientes da casa e objetos que ganhei ou comprei em viagens ao longo dos anos. Cada cantinho tem uma história, uma memória afetiva, um significado e muitas plantas. Atualmente moro em um apartamento alugado, mas transformamos o espaço em nosso lar. É um ambiente onde construímos memórias e estamos rodeados da nossa história. Transformar uma casa em um lar é incluir no espaço elementos que nos trazem memórias boas e que são acolhedores.

Agora queremos convidar você a conhecer a história do Mórris que organizou a vida para estar em ambientes onde se energiza e nutre. Vamos conhecê-lo?

Mórris Litvak

40 anos, empreendedor, fundador e CEO da Maturi que conecta empregadores e profissionais maduros (50+)

Propósito: ajudar as pessoas 50+ a terem mais dignidade e qualidade de vida e ajudar a mudar a cultura do preconceito etário no Brasil

Algumas pessoas jovens parecem ter o que costumamos chamar de "alma velha". São mais experientes, sensíveis às necessidades do mundo e preocupadas com as próximas gerações. Com a sabedoria de quem já viveu muito mais, Mórris Litvak demonstra estar determinado a deixar o mundo um lugar melhor do que encontrou.

É curioso conversar com o Mórris e perceber que ele é uma pessoa jovem, que gosta de nadar e pedalar na terra, beber uma cerveja com os amigos, namorar e investir tempo de qualidade com os sobrinhos e a família. Isso o energiza para lutar contra o preconceito etário no Brasil. Não tem carro por opção, mora num bairro onde faz quase tudo a pé, preocupa-se com a reciclagem e com o mundo que estamos construindo.

Filho de um pai empreendedor resiliente e de uma mãe amorosa, e neto de uma avó paterna que sempre se dedicou ao voluntariado, o empreendedorismo social se encaixou perfeitamente com os valores de Mórris. Contudo, esse caminho de carreira não foi o primeiro passo na sua trajetória profissional.

Aos 16 anos, começou com o pai uma empresa de reserva online de hotéis e logo decidiu cursar a faculdade de Engenharia de Software. Em 2012, treze anos depois do início da empresa, ela foi vendida, mas ele continuou trabalhando lá. Aos poucos, foi percebendo que ter um salário garantido ao final do mês não era suficiente para motivá-lo. Queria fazer a diferença no mundo.

Um ano antes, tinha procurado uma organização que o ajudasse a encontrar uma oportunidade para atuar como voluntário. Pensou inicialmente em trabalhar com crianças, mas havia uma instituição de idosos próxima à casa dele que precisava de alguém que os ajudasse a mexer no computador. Mórris começou a atuar aos finais de semana nesse local e se encantou com as histórias daqueles senhores cheios de vida.

Em 2013, sua avó paterna, dona Keila, veio a falecer aos 91 anos. Ela havia trabalhado até os 82. Foi uma queda caminhando para o trabalho que fez dona Keila parar. A saúde dela começou a piorar a partir do momento que deixou de atuar profissionalmente. Mórris registrou esse fato.

Logo depois, conheceu um programa de uma escola de inglês que ganhou prêmios por conectar alguns de seus jovens estudantes com idosos em asilos nos Estados Unidos. Mórris foi conectando os pontos... os idosos têm muito a oferecer, os jovens muito a aprender... criou então o projeto Conectando Gerações, em que jovens conversavam via Skype com pessoas que estavam em casas de repouso. Uma psicóloga que acompanhava os idosos notou que eles passaram a conversar sobre assuntos que não faziam antes. Estavam se abrindo.

No entanto, o projeto não era financeiramente sustentável e Mórris precisou repensar seu modelo. Já estava muito sensibilizado com a questão do envelhecimento e começou a ir a eventos para entender mais a fundo as dores desse público mais maduro. Percebeu que a questão do trabalho os impactava muito, pois eles sentiam cada vez mais dificuldade de serem aceitos no mercado de trabalho, e isso deixava neles uma profunda tristeza por se sentirem inúteis.

Foi conversar com pessoas de recursos humanos nas organizações e elas diziam que eram superabertas para contratar pessoas mais velhas. "Ah, legal... e quantas pessoas 50+ vocês contratam no último ano?", perguntava. E aquele silêncio indicava que havia um preconceito velado por ali. Para Mórris, isso não fazia o menor sentido. O mundo está envelhecendo e essa cultura de preconceito etário precisava mudar.

Sem ainda ter clareza de como construir um negócio para apoiar nessa causa, abriu uma página na internet e escreveu: "Vamos ajudar pessoas com mais de 50 anos a encontrar trabalho. Se você está interessado, cadastre-se aqui para validar essa ideia". A página bombou! E assim nasceu a Maturi.

Passou então a organizar eventos para as pessoas desse público se conectarem. Disso, começou a oferecer treinamentos para aumentar as chances deles de conseguir uma colocação no mercado.

Com a pandemia, os treinamentos passaram a ser online. Com a influência do movimento em prol do ESG (*environmental, social and governance*, ou seja, meio ambiente, social e governança), que atribui mais valor a empresas que se preocupam com causas sociais, a Maturi começou a ser chamada pelas organizações para apoiá-las a integrar os profissionais mais maduros ao trabalho.

A Maturi transformou então seu modelo de negócios, focando mais em empresas como fonte de renda. E, para os "maturis" (as pessoas 50+), os treinamentos foram mantidos abertos, gratuitos, de forma online na Maturi Academy. Hoje há mais de 200 mil pessoas conectadas e com alto engajamento. E Mórris não está mais sozinho, pois investidores que acreditam no potencial da causa ajudaram a ampliar o negócio.

Mórris segue carregando a bandeira contra o preconceito etário no Brasil. Usa a energia e a convicção de que pode

> mudar o mundo de sua mente jovem e seus valores de cuidado com a próxima geração de sua velha alma, para deixar como legado um país que dá mais condições para as pessoas idosas viverem e trabalharem com dignidade.

Que história especial! Incrível ver uma pessoa ainda jovem, mas preocupada com questões tão relevantes para os 50+ e toda a sociedade. Na jornada intensa para levantar essa bandeira, mobilizando pessoas e recursos, Mórris descobriu que precisava criar rotinas e espaços na agenda para fazer uma gestão da sua vida que incluísse em seu dia a dia elementos de recarga energética, como contato com a natureza e com pessoas próximas (sobrinhos, namorada, amigos) que lhe fazem tão bem.

Muitos de nossos entrevistados fazem a mesma coisa. Por isso, queremos apresentar a seguir algumas estratégias usadas por essas pessoas que conseguiram ter mais bem-estar e felicidade na vida.

"A natureza é um lugar altamente enriquecido e composto por variados elementos estéticos que são reenergizantes. Estar em contato com a natureza nos faz bem."

**Carol Shinoda
Carolina Cavalcanti**

6

Gestão da vida para a Felicidade e Bem-Estar

O que traz alegria à sua vida? Foi com essa pergunta que começamos nossas entrevistas e que provocamos você a avaliar no começo deste livro. Fizemos essa escolha pois imaginamos que as respostas iriam nos dar boas pistas de elementos essenciais para termos uma vida mais feliz e com bem-estar. Algo que poderia gerar orientações e ser uma bússola para nos mostrar diferentes rumos que podem ser seguidos de acordo com cada realidade.

Sabemos que o conceito de felicidade é subjetivo. A felicidade não é algo que podemos comprar no mercado ou que vai nos proteger dos desapontamentos e rasteiras da vida. Em algumas fases entramos mesmo num buraco, as coisas não fazem sentido: a saúde vai embora, as pessoas que amamos nos desapontam, aquilo que projetamos não se concretiza. Existem momentos em que vamos precisar conversar com um psicólogo e, em outros, tomar as medicações prescritas por um psiquiatra (como alguns de nossos entrevistados fizeram para se curar de problemas de saúde mental). E tudo bem! Não existe nada de errado em reconhecermos que precisamos de ajuda e de buscá-la nos lugares certos.

Já diziam os poetas Tom Jobim e Vinicius de Moraes: "Tristeza não tem fim, felicidade sim". Na visão deles, a vida é dura, difícil, por vezes injusta e incompreensível. A expectativa deles é de que a felicidade seja leve, porém frágil e passageira.

Talvez você ache que os poetas são pessimistas. Afinal, pode ser que avalie que, apesar dos desafios que já viveu até aqui, se pudesse colocar a sua vida numa balança diria que, no geral, foi feliz. Ou pode ser que você concorde com eles. Sua vida foi mesmo em grande parte triste e os momentos de alegria foram muito passageiros. Usando a metáfora do poema, será que as fontes de felicidade e bem-estar apresentadas por nossos entrevistados são como esse vento que sustenta a pluma da felicidade? Será que todas essas coisas que fazem tão bem para as pessoas que ouvimos são tão instáveis e passageiras como o vento, que não sabemos de onde vem e para onde vai?

Nós também tínhamos essas dúvidas no começo da pesquisa e escrita deste livro. Entretanto, a partir de tudo que ouvimos e estudamos sobre o tema (e como existem pesquisas sobre isso!), acreditamos que é possível, sim, incluir em nossa vida elementos que podem ser facilitadores de felicidade e bem-estar. Não estamos dizendo que ter uma rede de apoio, desenvolver a espiritualidade ou dormir cedo será a pílula mágica que vai liquidar todas as adversidades que enfrentamos. Entretanto, com base naquilo que estudamos e aprendemos para escrever este livro, acreditamos que é possível fazer escolhas (concretizadas em ações) as quais podem nos direcionar para uma vida mais feliz e com bem-estar.

Muitas das nossas escolhas e ações são feitas de forma inconsciente. Simplesmente não conseguimos desligar o "piloto automático". Quer ver? Pense em como foi a sua rotina nos últimos 15 dias. Quanto tempo dedicou ao trabalho? Você conseguiu usufruir de momentos de qualidade com a família ou amigos? Fez exercícios físicos, comeu alimentos

"É possível fazer escolhas (concretizadas em ações) as quais podem nos direcionar para uma vida mais feliz e com bem-estar."

**Carol Shinoda
Carolina Cavalcanti**

nutritivos, ouviu músicas que gosta ou fez caminhadas ao ar livre sentindo o toque quente do sol na pele? Em resumo, você fez escolhas que lhe proporcionaram momentos de alegria?

Nesse sentido, ousamos sugerir uma nova metáfora para descrever os elementos que norteiam e sustentam uma vida feliz: um mapa em que cada fonte de felicidade é uma pequena vila onde podemos habitar. Agora que conhecemos um pouco da vida de nossos entrevistados e como construíram uma vida feliz, podemos mirar esse mapa e fazer escolhas sobre qual rumo seguir. A ideia é propor que você siga uma trilha que faça sentido para você. Não podemos indicar um trilho, ou seja, um único caminho que deva ser seguido por todos. Até porque diferentes momentos da vida podem nos conduzir a trilhas que nem imaginávamos percorrer.

Ao analisar como os entrevistados fazem a gestão de uma vida feliz, encontramos três padrões: aqueles que têm uma "rotina estruturada", aqueles que usam a estratégia "2 em 1" e aqueles que adotam a estratégia "tudo junto e misturado". Vamos entender cada um desses padrões com exemplos.

Estratégia "rotina estruturada"

Primeiro queremos apresentar aqueles que possuem uma "rotina estruturada". São pessoas que organizam a agenda para incluir fontes de felicidade e bem-estar na vida. A Isa, por exemplo, tem uma vida muito corrida, mas abre espaços na agenda para praticar o autocuidado e usufruir de atividades lhe fazem bem:

> "Na semana, a minha vida é muito corrida, porque eu trabalho, faço faculdade, eu sou voluntária também, que eu me dedico bastante nisso. Então, na semana, eu tento fazer de tudo para não fugir do foco, sabe? Não deixar nada para o final de semana, para o final de semana ser o meu momento

"[...]. Hoje eu uso muito o calendário do Google. Então eu já vejo as coisas que tem lá, as reuniões que eu tenho para me organizar. Também na semana eu gosto de reservar espaços para cuidar de mim, por exemplo, para fazer uma hidratação no cabelo [...]. Então eu acho que eu me organizo muito, também eu não gosto muito de marcar as coisas em cima da hora." — Isa

O Mórris também busca uma rotina estruturada. Acreditamos que parte de sua vitalidade e energia venha de algumas práticas que ele chama de rituais:

"Eu moro sozinho, então eu tento ter disciplina. Tem hora para dormir, hora para acordar. Fazer meu café da manhã, tomar o café da manhã com calma. Depois, me trocar, começar a trabalhar com roupa [não de pijama]. Então, mesmo que eu não vá sair de casa, tento manter esses rituais. E se eu estou fora de casa, tento também não fugir muito desses rituais que me deixam mais tranquilo e me ajudam até a respeitar o meu corpo." — Mórris

Saber como se respeitar e organizar a vida considerando certos limites faz muita diferença para o Mórris. Essas pequenas práticas o energizam. Eliza, Williams e Frankle também têm rotinas bem estruturadas que incluem momentos em que se nutrem de elementos que fazem bem para a saúde física, mental e emocional.

Eu [Carol Shinoda] utilizo um método bem sistemático de gestão do tempo. Desenho uma EAP (Estrutura Analítica do Projeto), que é basicamente um mapa de todas as áreas importantes da minha vida. As áreas atualmente são: eu (começo por mim para dar conta das outras coisas! Incluo aqui saúde física, mental, financeira e aprendizados), família (incluo meu marido, minha família de origem, a família do marido e algumas pessoas que considero família), top amigos, MBA, consultoria, voluntariado. Depois faço uma lista semanal de tudo que

Gestão da vida para a Felicidade e Bem-Estar   175

eu gostaria de realizar para cada área (é uma lista de desejos). E aí distribuo as atividades no tempo, das mais importantes para as menos importantes, colocando dia e horário, mesmo que algumas delas não tenham horário fixo, pois eu reservo tempo para que elas possam de fato acontecer. Algumas atividades não cabem, então deixo uma listinha à parte na linha do "se der, eu faço" (e sempre dou um jeito de ir fazendo algumas).

Coloco cores diferentes para cada área para ver se estou equilibrando, semana a semana, os aspectos importantes da minha vida. Rosa é para aspectos afetivos (eu, família e amigos), verde claro para atividades físicas, amarelo para trabalhos diretamente relacionados ao meu propósito, azul para trabalhos necessários (mas nem tão ligados ao que é meu propósito). Assim, consigo cuidar para que todas as áreas importantes sejam vivenciadas no meu dia a dia. Antes disso, minha agenda era toda azul, ou seja, atividades de trabalho que dominavam meu tempo e que não contribuíam para o meu propósito. Esse foi o jeito que eu me estruturei para viver uma vida com sentido e significado.

Esse é um dos modelos de gestão da vida. No entanto, para algumas pessoas, ter dia e horário definidos para as atividades profissionais e pessoais pode parecer aprisionante. Há outras formas de fazer essa gestão.

Estratégia "2 em 1"

Percebemos que alguns de nossos entrevistados adotam uma estratégia "2 em 1". E o que seria isso? São pessoas que articulam uma atividade necessária com outra que lhes dá muito prazer em sua rotina. A Ana Júlia traz um ótimo exemplo:

> "É uma gestão que não dá para pôr no papel. E eu não sou organizada o suficiente para fazer isso. Tem gente que faz isso, que tem uma rotina de: 'olha, eu acordo 5 horas, e aí

> "eu tomo o meu chá, tranquila, leio minhas páginas do livro e vou...', não consigo, até porque eu adoro dormir, então eu faço de tudo pra poder ficar mais cinco minutos na cama. E aí o que eu tô fazendo? Por exemplo, eu queria muito ler um livro em inglês, o *"Atlas of the Heart"*, da Brené Brown [...] Aí juntei o útil ao agradável. Na minha aula de inglês, eu falei, 'paramos de fazer aula de inglês, vamos fazer um clube do livro e a gente vai ler o livro durante a aula', sabe? Para começar... Então assim, tentar encaixar desse jeito." — Ana Júlia

O Luiz já tem uma rotina mais estruturada que começa com atividades físicas às 6 horas da manhã, mas ele reúne o treino e o café com o seu companheiro:

> "Eu faço com meu marido exercícios físicos, tanto o *crossfit* quanto o *personal*, então também já é um meio da gente estar interagindo estando juntos no dia. Nos dias que eu faço *home office*, eu geralmente deixo meia horinha ali para também tomar café da manhã com ele, então eu tento de fato integrar a minha rotina de trabalho à minha casa. Também tenho a alegria e a felicidade de trabalhar com gestão, e como coordenador, eu tenho flexibilidade de horários, então eu consigo de fato ir encaixando algumas coisas que trazem satisfação. Acho que isso é muito importante, ter essa autonomia, essa flexibilidade é uma coisa que me ajuda muito." — Luiz

Luiz tem consciência de que a estratégia 2 em 1 é o que faz esses momentos que lhe trazem satisfação se tornarem viáveis em sua rotina corrida.

Estratégia "tudo junto e misturado"

Por fim, encontramos alguns entrevistados que usam a estratégia "tudo junto e misturado" para viver momentos promotores de alegria e bem-estar. O Rodolfo, por exemplo, se sente confortável em viver as coisas boas da vida de forma mais fluida:

> "Eu entendi que, primeiro, eu não vou dar conta de tudo assim. Então tem meses que eu vou falar mais com os amigos e vou estar mais próximo deles, tem meses que eu vou estar muito apaixonado e vou estar com a minha esposa ali meio grudinho assim, vou estar vivendo tudo com ela, café da manhã, almoço, jantar e fazendo planos em todas as horas que a gente estiver juntos e tal, e tem meses que isso vai ser desajuste. Tem dia que é um pêndulo assim, você vai tentando equilibrar." — Rodolfo

Além de abraçar esse modelo mais flexível, Rodolfo mistura várias partes importantes da vida.

> "Eu não consigo ter essa separação limítrofe, tipo o Rodolfo do trabalho, o Rodolfo dos amigos e o Rodolfo da família. Eu sou uma coisa só. Eu não consigo trabalhar em lugares que eu não possa desenvolver relações. Então, esses também vão ser meus amigos. A minha família toda já foi no meu trabalho. Então, às vezes, quando eu quero estar próximo de um familiar, eu falo assim, 'ó, vem fazer uma ação hoje comigo na rua e de lá a gente vai jantar'. Aí até alguém fala assim, 'meu, você está me chamando para trabalhar?', 'não estou te chamando pra você estar junto comigo, entendeu?' [...] Então, sei lá, uma vez a cada 15 dias um amigo vai almoçar comigo no meu trabalho; a minha esposa vai lá no meu trabalho, ela conhece todo mundo; alguém da minha família vai lá. Eu levo um pouco do meu trabalho para minha família etc. Então eu acho que aí eu consigo, de alguma forma, estar presente em todas essas circunstâncias de forma efetiva." — Rodolfo

Interessante esse jeito que o Rodolfo encontrou de incluir momentos alegres na rotina. A Adriana também usa a mesma estratégia:

trabalha com membros da família e acaba acolhendo os funcionários de forma muito próxima. A Carol Silva divide muitos dos momentos de lazer com os amigos do trabalho.

Agora queremos convidar você a refletir: como você faz a gestão da sua vida para a felicidade e bem-estar? Você adota alguma dessas três estratégias que apresentamos?

Além dos modelos de gestão, há algumas estratégias gerais que podem ajudar a encaixar coisas importantes para nós em nossa rotina. A priorização e os micro-hábitos são algumas delas.

Por exemplo, a Ana Júlia disse que percebeu que não dá para fazer tudo que ela gostaria. Então começou a fazer escolhas que fazem mais sentido para ela.

> "Acho que parte também é otimizar [o tempo] [...] Então sabe assim, são substituições de coisas que ao invés de gastar o tempo fazendo X, eu prefiro... e aí acho que isso vai dando prazer em fazer." — Ana Júlia

Priorizar é sempre desafiador, pois demanda abrir mão de algo. Isso fica ainda mais difícil quando a gratificação virá depois. Sabemos que os resultados de uma rotina de exercícios físicos não vão aparecer imediatamente, mas que comer um chocolate vai nos dar muito prazer agora. Então, às vezes, é o caminho escolhido para usufruirmos dessa recompensa imediata, e não há nada de errado com isso. Fazemos essas escolhas o tempo todo. Às vezes, precisamos mesmo de recompensas instantâneas. Só não podemos passar a vida em busca desses pequenos prazeres. A partir do conhecimento dos pilares de uma vida feliz, podemos fazer escolhas conscientes de incluir elementos na rotina que vão nos trazer benefícios no futuro.

Sendo assim, o que estamos propondo aqui é que use o "mapa" das fontes de felicidade e bem-estar, que apresentamos nesta Parte 2 do livro, para que desenhe uma trilha pessoal que vai ajudar você a incorporar em sua rotina hábitos que trazem alegria e saúde para os seus dias.

"A partir do conhecimento dos pilares de uma vida feliz, podemos fazer escolhas conscientes de incluir elementos na rotina que vão nos trazer benefícios no futuro."

Carol Shinoda
Carolina Cavalcanti

Um hábito é uma ação, um comportamento que repetimos com muita frequência, geralmente de forma automática. Lavar as mãos antes das refeições e escovar os dentes depois que comemos são hábitos de higiene que aprendemos na infância. Formamos hábitos a partir da repetição de uma prática que acaba sendo incorporada em nossa rotina de forma muito natural.

Quantos de nós já tentamos incorporar hábitos mais saudáveis e não tivemos sucesso inicialmente? Dormir mais cedo, ingerir açúcar somente nos fins de semana, ter tempo para encontrar amigos queridos. Começamos com grandes promessas e boas intenções. Logo descobrimos que não conseguimos cumprir o que havíamos planejado, e a frustração e a vergonha tomam conta de nós. Pensamos: "não tenho jeito mesmo, não consigo mudar".

Em primeiro lugar, precisamos entender que força de vontade não é solução para tudo. Sei que já ouvimos muito a frase "quem quer consegue", mas, na prática, não é bem assim. Existe uma forma mais eficaz de lidar com esse desafio? Quando se trata de ter novos hábitos positivos em nossa vida, um caminho que tem se mostrado eficaz é adotar a estratégia de micro-hábitos.

> ### Micro-hábitos
> O Dr. B. J. Fogg, que atua na área de Psicologia na Universidade de Stanford, investigou por 20 anos estratégias para incorporar novos e melhores hábitos em nossa vida. O resultado de seus estudos, realizados com mais de 40 mil pessoas, foram publicados no livro *Micro-hábitos: pequenas mudanças que mudam tudo*.[1] Na obra, ele defende que a base para a mudança de comportamento não é a força de vontade (e o sentimento de culpa que temos quando quebramos promessas que fazemos para nós

---

1. FOGG, B. J. **Micro-hábitos**: pequenas mudanças que mudam tudo. Rio de Janeiro: HarperCollins, 2020.

mesmos). O que dá resultado é começar a incorporar algo fácil e pequeno em sua rotina, isto é, conectar um novo micro-hábito com um comportamento âncora (algo que já faz parte do seu dia a dia).

Por exemplo, quero adquirir o hábito de alongar o corpo por alguns minutos todos os dias (novo hábito), então, antes de me trocar no começo do dia, faço dois exercícios de alongamento no meu quarto. Repito essa prática à noite, depois de colocar o pijama para dormir. Ter clareza sobre o motivo pelo qual queremos incluir o novo hábito em nossa vida e conectá-lo com algo que já fazemos com regularidade deve gerar um sentimento positivo. Esse sentimento bom é um forte elemento que pode nos levar a repetir a ação até que se torne em um hábito. Por isso, é fundamental celebrar as pequenas conquistas. Separe um tempo para assistir à esclarecedora e divertida TED Talk do Dr. B. J. Fogg.[2]

Interessante essa proposta de incorporar micro-hábitos a partir daquilo que regularmente já fazemos em nossa rotina. Parece ser mais factível que buscar mudanças drásticas e, por vezes, irreais. Pode ser uma estratégia eficaz para incluir novas fontes de felicidade e bem-estar na vida.

Nos últimos capítulos, conhecemos fontes de bem-estar, ambientes de recarga energética e modelos adotados por nossos entrevistados para fazer a gestão da vida para a felicidade. Agora você tem base para entender que pode nutrir a sua vida de coisas boas e, quando estiver pronto, avançar para a instigante jornada de construção de seu propósito de vida.

---

2. Disponível em: https://www.youtube.com/watch?v=AdKUJxjn-R8.

PARTE 3

SOBRE O PROPÓSITO DE VIDA

Já conversamos sobre o conceito de Propósito de Vida na Parte 1 do livro. Discutimos que o propósito nos convida a trazer o que temos de melhor a serviço de outras pessoas (não fica restrito a beneficiar somente a nossa vida). E, na Parte 2, foi importante aprender e refletir sobre o que nos nutre e nos traz felicidade. No entanto, viver só em busca dessas fontes de felicidade não nos preenche completamente, pois também temos a necessidade de contribuição. Agora é o momento de começarmos nossa discussão sobre o processo de desenvolvimento do nosso propósito. De onde ele nasce? Quais formas pode assumir? Quais benefícios ele traz? E como construímos o nosso legado?

São perguntas profundas para as quais não há respostas definitivas. Vamos explorar possibilidades que emergiram das entrevistas e dialogam com as pesquisas sobre o tema de desenvolvimento de propósito.

Para começar, vamos refletir a respeito de onde nascem os propósitos...

7

De onde nascem os Propósitos?

Esta é uma pergunta instigante. Será que há um lugar mágico em que posso simplesmente ir e achar o meu propósito de vida embalado para viagem?

As pesquisas acadêmicas sobre o tema e os nossos entrevistados não parecem indicar que exista tal lugar. No entanto, identificamos três caminhos principais por onde as pessoas que reconheceram seus propósitos passaram:

Quadro 7.1 – Caminhos por onde nascem os Propósitos

Caminhos para o propósito	Detalhamento
Caminho interno (de dentro para fora): O berço do propósito é principalmente dentro de nós, de quem sempre fomos e pode ser reforçado por pessoas do nosso círculo mais próximo.	• O propósito emerge a partir da nossa essência (quem somos desde crianças). • Pode ser incentivado por pessoas do nosso círculo mais próximo (nossa família, amigos, comunidade, religião). • Não há uma grande ruptura ou mudança. Continuamos a ser o que sempre fomos e trazemos para o mundo o nosso melhor.

Caminho externo (de fora para dentro): O estímulo para a construção do nosso propósito vem inicialmente de fora.	• Uma vivência que a vida proporciona (trabalho, viagem, voluntariado, leituras) que nos faz perceber que há algo ali que nos mobiliza. • Um conselho que uma pessoa nos oferece e abre nossa mente para uma oportunidade.
Caminho misto (transformação dentro e fora): A essência desse caminho é uma proporção muito equivalente entre dentro e fora; parte de uma transformação interna motivada por algo externo.	• Passamos por alguma dor ou desafio grande vindo de fora, nos transformamos a partir disso e direcionamos nossa vida/carreira para ajudar pessoas com esse mesmo ponto de dificuldade. • É como se já tivéssemos caído em um buraco, conseguido construir uma escada para sair dele e quiséssemos ajudar todas as pessoas que caírem nesse mesmo buraco a construir suas escadas para sair dele também.

Veremos os diversos exemplos das pessoas com quem conversamos para ilustrar essas diferentes possibilidades. No entanto, é importante termos claro que esses aspectos se misturam muito na prática. É muito difícil encontrar alguém cujo caminho até o seu propósito tenha sido 100% interno, sem nenhuma influência externa. A pessoa teria que ter nascido iluminada e não ser tocada por nada e ninguém com quem conviveu. Da mesma forma, é difícil uma pessoa encontrar seu propósito verdadeiro apenas a partir de algo fora dela, pois é necessário que a pessoa conecte o que viveu com quem ela é e com seus valores... Mas então vocês estão dizendo que todos os caminhos são mistos? Como ficam os caminhos interno e externo?

Fazemos essa separação didaticamente, pois percebemos que há pessoas cuja escolha de propósitos veio essencialmente de dentro, a partir de quem são e do seu pequeno círculo de convivência (Caminho Interno), bem como pessoas para quem que o grande *insight* para identificarem seus propósitos foi instigado por uma oportunidade ou pessoa fora do círculo mais íntimo (Caminho Externo). E há aquelas em que essa proporção é equivalente, pois uma dor ou dificuldade pessoal as transformou e fez com que quisessem se dedicar a ajudar pessoas a fazerem essa mesma superação.

Vamos ver alguns exemplos dos nossos entrevistados para ilustrar esses diferentes caminhos de descoberta?

Caminho Interno (de dentro para fora)

Quando perguntamos à Eliza como ela descobriu que o propósito dela era "espalhar amor, paz, tranquilidade e alegria", percebemos que pareceu muito difícil para ela responder. Não havia acontecido nada muito marcante na vida dela que tivesse deflagrado essa intenção. Ela só disse:

> "Acho que bem naturalmente... eu sempre fui uma criança feliz." — Eliza

Aos poucos, Eliza foi resgatando a conexão com as duas mães, a *batchian* (que significa "avó" em japonês) e sua mãe. A *batchian* era uma senhora muito alegre, que cantava enquanto fazia as tarefas do lar. Já a mãe era bastante discreta, preparando comidas gostosas para a família sem nunca pedir agradecimentos ou recompensas.

Então percebemos que a Eliza reforçou alguns pontos que já eram muito naturais nela desde pequena com os exemplos que teve na família. E ela deu continuidade a essa forma de ser, levando essas características (alegria, amor, tranquilidade e paz) para a família e os amigos.

No caso dela, não houve algo externo que a mobilizou a mudar e seguir um rumo muito diferente do que já vinha trilhando. Assim, ela ajuda a exemplificar o caminho interno.

Outra entrevistada que seguiu esse caminho foi a Ana Júlia. A Ana sempre gostou de cuidar de pessoas e, por isso, escolheu o curso de enfermagem. Teve o exemplo da mãe, que se dedicava integralmente à família, assim como de outras mulheres de sua família, que trabalhavam fora e serviam de apoio também financeiro quando algum familiar precisava. Ela comentou conosco que, às vezes, é até difícil escolher fazer coisas só para ela (fazer uma massagem, sair com as amigas), pois para ela é muito natural estar sempre cuidando dos outros. Nas palavras dela:

"Às vezes o cuidar é tão enraizado..." — Ana Júlia

Esse cuidado da Ana é oferecido em forma de propósito: "Cuidar das pessoas, deixando a sua vida mais simples". Ela faz isso como mãe, esposa, amiga e profissional. Vemos que Ana Júlia também viu seu propósito emergir de dentro, pela característica essencial do cuidado com as pessoas e pelos exemplos que teve na família.

Williams nos revelou ter descoberto seu propósito por essa via mais interna. Você já leu a história dele na seção "Fonte 7" do Capítulo 4. Quando nasceu, os médicos disseram que não havia esperança de que ele sobrevivesse. Os pais, muito religiosos, fizeram uma promessa a Deus de que o filho seria pastor se ele se curasse. E assim aconteceu. No entanto, Williams deixa claro que houve um momento em que ele tomou as rédeas da promessa feita pelos pais, para torná-la também dele:

"Isso foi construído em mim, mas teve um momento na minha adolescência que eu tomei a decisão. Porque às vezes pai e mãe faz plano para filho, mas quando o filho cresce, às vezes ele não quer saber disso" — Williams

Mesmo quando recebeu um convite de trabalho que lhe renderia dez vezes o salário de um pastor e projeção nacional instantânea, Williams seguiu no caminho da igreja com convicção. Decidiu ser professor de música (a música sempre foi um grande talento seu) em uma escola confessional cristã. Ao longo da vida, ajudou a formar centenas de músicos que levam mensagens espirituais a milhares de pessoas por todo o Brasil, amplificando o propósito de "trazer esperança e paz para as pessoas".

Helder também demonstra que foi pelo caminho interno que chegou ao propósito de "dar oportunidade para que as pessoas possam maximizar seus talentos e se desenvolverem em todos os aspectos: físico, mental e espiritual". Ele teve uma infância difícil, vivenciou o alcoolismo do pai, e a mãe decidiu criá-lo sozinha na casa do avô no Nordeste. No entanto, fez questão que ele estudasse em uma escola cristã de alta qualidade. Nessa escola, ele cursou desde o ginásio até a faculdade de teologia.

> "Eu acho que é o princípio cristão que eu aprendi, que a gente vive para servir, isso chegou para mim, para o meu coração, para a minha mente. [...] Eu não sei por que eu sou assim. Mas agradeço a Deus que me deu essa linha, essa natureza, só agradeço a Ele por isso." — Helder

Helder trabalhou por 42 anos como líder de uma organização religiosa. Ele demonstra que o que aprendeu na formação religiosa fez muito sentido dentro do que acreditava e isso o motivou a seguir por esse caminho.

Podemos perceber nessas quatro histórias que algumas pessoas descobrem seu propósito por uma via interna, combinando talentos, valores e aptidões com os reforços do contexto familiar, escolar, religioso. É como se fosse uma via "natural", no sentido de não haver um desvio de rota ou um momento muito intenso que faz tudo mudar de rumo.

E você? Quando olha para sua história, percebe uma identificação com esse caminho interno? Reflita sobre suas características mais naturais. O quanto o que você entrega para as pessoas à sua volta está diretamente relacionado com sua essência?

A seguir, vamos ver outra possibilidade de caminho para o desenvolvimento do propósito.

Caminho Externo (de fora para dentro)

Para exemplificar este caminho de descoberta do Propósito motivado por fontes externas, vamos conhecer a história da Carol Silva.

Ana Carolina Freitas da Silva

27 anos, solteira, carioca que mora no Líbano, onde é voluntária em uma ONG para crianças refugiadas

Propósito: ampliar horizontes, aliviar o sofrimento, dar uma vida mais digna para as pessoas.

Estabilidade. Essa era a expectativa que os pais de Carol tinham para a vida dela. Estudar em uma boa escola, fazer faculdade, prestar um concurso público e garantir o salário na conta bancária no fim do mês para o resto da vida. Depois devia se casar, ter filhos, netos... Essa rota definida no mapa da vida que eles decidiram seguir era clara e garantia algumas certezas neste mundo tão incerto. No entanto, a vida geralmente não segue caminhos prontos. Carol percebeu desde cedo, ao ler livros de aventura, histórias de missionários e biografias, que o globo é grande, o mundo tem inúmeras necessidades e que neste mapa existem variados rumos a serem conhecidos e explorados. Quais seriam os seus?

Carol é a filha mais velha de quatro irmãos. Ainda pequena, descobriu que era a "diplomata" da família, pois conseguia trazer harmonia para o ambiente nos momentos em que havia conflito de visões, interesses, desejos. Na infância, comovia-se quando via pobreza nas ruas do Rio de Janeiro.

Queria fazer algo para ajudar. Mas foi na adolescência que, ao ler as notícias no jornal, surgiu o interesse pela guerra da Síria. A difícil situação dos refugiados a incomodava profundamente. Para alguém que sabia que podia escolher a direção a ser seguida, era triste pensar que aqueles refugiados não tinham essa opção. O mapa da vida deles não levava a lugar algum. A opção que tinham era deixar a vida que conheciam para trás. Do dia para noite, perderam não só os bens materiais, contato com amigos, familiares, pertencimento a um país, cidade e lar, mas também a esperança de um dia reconstruir sua dignidade. Ela sentia impotência ao ver tantas necessidades, mas pensava: "O que eu posso fazer? Eu posso estudar e eu posso me preparar para um dia estar ali fazendo a diferença de fato".

Foi aí que Carol decidiu que trabalharia com causas humanitárias e cursou Relações Internacionais na Universidade Federal Fluminense. Foi sobre os refugiados que pesquisou em seu Trabalho de Conclusão de Curso (TCC) da faculdade. Durante o curso, ganhou uma bolsa de estudos e foi para Portugal por seis meses em um intercâmbio. Essa experiência permitiu que ampliasse seus horizontes. Percebeu que existem estradas pouco exploradas em diferentes continentes e decidiu que era por esses trajetos que queria trilhar.

Ao acabar a faculdade, por falta de melhores opções, voltou a morar com os pais, conseguiu um emprego em uma empresa privada com carteira assinada e começou a vida adulta. Não estava muito feliz com o rumo tomado. Fez, depois, duas viagens para servir como voluntária em comunidades de vulnerabilidade socioeconômica no Piauí. Nessa época também era voluntária digital do Unicef. Amou a experiência e teve certeza de que precisava ir em busca de uma chance para começar a seguir os percursos que traçou para si mesma.

O plano era claro: trabalhar em algumas ONGs fora do Brasil por alguns anos para ganhar experiência, conseguir uma bolsa de estudos para fazer um mestrado e, quem sabe, um dia trabalhar numa agência humanitária global como a ONU ou ADRA.

Quando surgiu a oportunidade de mudar para o Líbano e trabalhar com refugiados na fronteira com a Síria, Carol não teve dúvidas de que Deus estava dando uma oportunidade para que começasse a andar pelas trilhas que sonhou. A ONG Winners atende crianças, adolescentes e mulheres refugiadas sírias e libanesas oferecendo programas de esporte, inglês, programação, música e costura. Carol trabalha atualmente na área administrativa: "eu me vejo como se fosse uma engrenagem de uma máquina que está funcionando para mudar a vida das pessoas". Ela sabe que está contribuindo para uma coisa que vai além dela mesma e isso enche o seu coração de gratidão.

O dia a dia de um voluntário não é fácil. Ela tem acesso a moradia, recebe um pequeno salário para se manter no Líbano e trabalha longas horas. Ela se nutre ao fazer sua meditação matinal, na leitura de bons livros e ao se conectar com outros jovens voluntários com quem divide as refeições, faz passeios, vai à academia diariamente, faz pequenas viagens nos fins de semana. Também ama ouvir as histórias de vida das pessoas locais e aprender com suas experiências. Quando está com pouca energia, busca entrar em contato com a natureza e, como toda boa carioca, ama a praia.

Carol não se prende a rodovias cravejadas em mapas que cruzam a sua jornada. Ela sabe que tem muitas possibilidades à sua frente: "eu costumo falar que eu não tenho planos fixos para os próximos cinco anos, eu sei onde eu quero chegar, aí as portas que vão se abrindo no meio do caminho".

Ela é uma jovem de fé. Sua certeza é que o mundo é grande, as necessidades são muitas, e que pode fazer a diferença. Por isso, tem dedicado a vida a aprender, conectar-se com as pessoas, aliviar o sofrimento e ajudar quem mais precisa para que tenham dignidade e esperança. Esse propósito é a bússola que dirige os seus sonhos e que firma os seus passos na direção certa.

Bonito ver a coragem da Carol Silva em desenhar seu próprio mapa e ajudar outras pessoas a terem condição de fazer o mesmo, não é?

E, pela história dela, podemos perceber que o mundo externo foi mobilizando valores nela e trazendo novas perspectivas: as diferenças sociais no Rio de Janeiro, a guerra na Síria, a vivência em Portugal e o voluntariado no Piauí. Carol, que já era a diplomata da família, foi instigada por essas experiências, que foram dando pistas do que faria sentido para ela seguir como caminho próprio. Apesar de ela ter em casa a referência dos pais, que são funcionários públicos e têm uma vida profissional muito estável, ela não quis seguir o mesmo caminho deles. Percebemos aqui uma clara distinção em relação às histórias das pessoas que percorreram o caminho interno.

A história do Rodolfo também ilustra como, às vezes, um convite da vida pode ajudar a identificar nosso propósito. Ele estava desempregado depois de anos trabalhando na área financeira de uma instituição na área de educação e uma pessoa o indicou para trabalhar em uma ONG que resgatava pessoas em situação de rua. Muitas dessas pessoas enfrentavam o vício em drogas. Ele, que tinha o mesmo desafio com uma pessoa da família, teve de encarar de frente algo que sempre havia sido difícil para ele. Ele conta como foi o processo de aceitar a vaga nessa ONG:

> "E eu disse um 'sim', mas eu não sei de onde veio esse 'sim', porque eu queria fugir disso. E aí eu me dei conta: 'puxa, eu tenho um problema como esse que permeia a minha vida inteira. E agora eu tô tendo que lidar com isso'. Então não foi por acaso." — Rodolfo

Ele se conciliou com sua história e define hoje seu Propósito como "fazer os desacreditados voltarem a sonhar".

Com tantas empresas e setores para se trabalhar, surge justamente para Rodolfo uma ONG que lida com o resgate de pessoas que enfrentam o vício? Impressionante como esse caminho externo, que impulsiona por meio de oportunidades vindas de fora, aparece forte para algumas pessoas.

Sofia também recebeu um presente da vida. Já conhecemos a história completa dela nas na seção "Fonte 1" do Capítulo 4. Muito cedo prometeu a Deus que teria um orfanato, mas uma lei proibiu a criação de orfanatos no Brasil. E foi uma pessoa inesperada que deu a pista para a transformação de sua proposta inicial para o que viria a ser o lindo Instituto Ser+. A diretora da Infância e Juventude soprou a dica:

> "Os bebês hoje no Brasil têm fila de espera para serem acolhidos, mas o que está faltando e você tem tudo para conseguir oferecer é um orfanato para jovens abandonados pelo mercado de trabalho." — Sofia

E lá foi Sofia, com toda a sua determinação e conexões, fundar a ONG que capacita jovens em situação de vulnerabilidade para terem oportunidades no mercado de trabalho. E segue em seu propósito na ONG e na vida de "contribuir para que as pessoas sejam felizes e inteiras".

Você deve se lembrar do Mórris, que conheceu no Capítulo 5. Ele se identificava muito com negócios sociais, mas não sabia exatamente qual seria a causa para a qual construiria seu negócio. Em uma época em que buscava uma oportunidade de fazer voluntariado, o que imaginava no início (trabalhar com crianças) era muito longe de casa. E qual era a vaga mais próxima dele? Um lar de idosos que precisavam aprender a usar o computador, algo em que ele tinha grande facilidade. No final, mais do que trocas sobre programas e internet, Mórris recebeu o presente de ouvir as histórias desses senhores. E a vida foi trazendo situações que permitiram que ele conhecesse a dor de pessoas que, já na faixa dos 50 anos, não conseguiam trabalho.

> "E aí eu fui pesquisar, descobri que não existia nada a esse respeito, ali eu vi a oportunidade de negócio, porque ninguém estava olhando para isso, e de impacto social, porque já tinha muita gente sofrendo com isso e até cada vez mais com a população envelhecendo." — Mórris

Este virou o propósito dele: "ajudar as pessoas 50+ a terem mais dignidade e qualidade de vida e ajudar a mudar a cultura do preconceito etário no Brasil". Fundou, assim, a Maturi, que trabalha nessa direção.

Rivana gostava de estudar e é da área de exatas. Seguiu o rumo acadêmico, cursou Engenharia Química e emendou no mestrado. O próximo passo natural foi se tornar professora, função que exerceu por 18 anos na mesma instituição em que se formou na graduação e pós. Ao entrar pela primeira vez em uma sala de calouros, o coração de Rivana se iluminou:

> "Eu era professora de química geral e era aula para calouro. Aquela coisa dos jovens lá meio perdidos num ambiente novo, e eu gostava de conversar, de trabalhar isso, aquela coisa de trabalhar a ciência com curiosidade." — Rivana

Enxergou ali pleno potencial! E percebeu que poderia fazer diferença com sua experiência de vida e seu olhar que identificava o melhor que cada um poderia ser. Muitas coisas aconteceram em sua história a partir disso (você vai conhecê-la na seção "Lição 6" do Capítulo 11)

De onde nascem os Propósitos? 195

e hoje percebe seu propósito como: "ampliar o olhar de jovens para que acreditem em todo o seu potencial". A vida deu uma forcinha ao colocar em sua grade de aulas uma sala de calouros, não é verdade? Foi onde deu aquele "clique" interior!

Esse empurrãozinho da vida foi recebido também pela Isa, cuja história você conheceu na seção "Fonte 3" do Capítulo 4. No caso dela, foi a amiga Duda que desvendou o código secreto das oportunidades de aprendizagem e crescimento.

> "Eu virei amiga da Duda quando ela postou uma foto que ela tinha ido visitar a USP. Eu falei: 'Duda, como você consegue essas coisas? Eu não sei onde encontrar isso'."

Ao apresentar as mentorias, *Hackathons* e grupos de WhatsApp, Isa descobriu sua paixão por programação e conseguiu trabalhar no banco dos seus sonhos. Hoje ela é também voluntária em um projeto que ajuda meninas a conhecerem sobre programação e tem como propósito "crescer e levar pessoas com ela, unindo educação e tecnologia".

Vemos que, para Carol Silva, Rodolfo, Sofia, Mórris, Rivana e Isa, a vida trouxe oportunidades de vivenciarem ambientes, trabalhos e públicos com quem se identificaram muito e isso os motivou a descobrirem seus propósitos. Especificamente para Sofia e Isa, a vida trouxe pessoas que lhes deram uma "dica" para construírem seus propósitos.

É claro que esse caminho não se faz por si só. A vida tem uma lógica que muitas vezes não compreendemos e traz oportunidades o tempo todo, mas nem sempre as enxergamos. Houve, então, uma decisão dessas pessoas de "montar no cavalo" que estava ali passando na frente delas (você conhecerá a história do Frankle, que mostra bem essa anedota, na seção "Lição 2" do Capítulo 11). No entanto, veio inicialmente de fora o impulso para que essas pessoas dessem sentido aos seus propósitos. Esse é o caminho externo de descoberta.

Muito bem! Vale refletir sobre vivências, experiências, trabalhos com que você se identificou muito. Resgate também pessoas que lhe mostraram caminhos interessantes a explorar. O que aprendeu com elas?

E vamos conhecer mais um caminho para o desenvolvimento do propósito!

Caminho Misto (transformação dentro e fora)

Temos que confessar que esse era o único caminho que conhecíamos quando começamos a pesquisa. Os estudos sobre Propósito indicavam que os desafios enfrentados pelas pessoas poderiam impulsioná-las a quererem ajudar outros que estivessem na mesma situação e terem isso como propósito de vida. No livro de Heather Malin, pesquisadora de Stanford, a autora afirma que:

"Circunstâncias adversas podem prover a faísca que acende o propósito".[1]

Ela traz pesquisas e histórias, assim como podemos encontrar no livro de William Damon,[2] mostrando como jovens que viveram *bullying* decidiram ajudar em projetos anti-*bullying* ou que sofreram com doenças na família querendo se dedicar a descobrir suas curas.

Viktor Frankl também indicava que seria possível extrair sentido do sofrimento, até mesmo por sua vivência pessoal nos campos de concentração nazistas.[3]

A própria experiência de uma das autoras [Carol Shinoda] tinha sido nesse caminho: sem conseguir reconhecer e se apropriar de suas qualidades, sentia-se vazia e sem valor. Ao dedicar-se ao processo de autoconhecimento, em especial por meio da terapia e

---

1. MALIN, H. **Teaching for purpose**: preparing students for lives of meaning. Cambridge: Harvard Education Press, 2018.
2. DAMON, W. **O que o jovem quer da vida?** Como pais e professores podem orientar e motivar os adolescentes. São Paulo: Summus, 2009.
3. FRANKL, V. **Em busca do sentido**: um psicólogo no campo de concentração. 46. ed. Petrópolis: Editora Vozes, 2019.

de cursos de desenvolvimento, Carol sentiu-se motivada a querer ajudar outras pessoas a se conhecerem e saberem seu valor para o mundo.

No entanto, a primeira pessoa que entrevistamos, a Eliza, já nos mostrou com clareza que não foi uma dor que a motivou a ser quem era e a sustentar seu propósito. A partir daí, novos caminhos se mostraram presentes na nossa pesquisa (caminhos interno e externo).

Porém, o caminho misto segue sendo uma possibilidade. Alguns dos nossos entrevistados evidenciaram esse rumo com muita força. É o caso da Fernanda, de quem vamos conhecer a história a seguir.

Fernanda Silveira

36 anos, casada, mãe de quatro filhos, dirige a ONG Source Hub, que capacita imigrantes nos Estados Unidos

Propósito: dar acesso à informação para que imigrantes possam ter autonomia e independência

Pertencimento é uma necessidade humana. Saber que fazemos parte de uma família, grupo de amigos, nação é parte estruturante da construção da nossa identidade enquanto pessoas. E quando pertencemos a um ambiente abusivo? E quando não temos uma nação?

Fernanda passou dois terços da vida como imigrante ilegal nos Estados Unidos. Saiu de Goiânia com a mãe com apenas 12 anos de idade e foram morar na casa de um tio dela. Ser imigrante ilegal em um país é estar constantemente em estado de alerta. Isso é exaustivo e limitador. É viver uma vida que não lhe pertence e que pode lhe ser tirada a qualquer momento, sem aviso prévio. Foi assim que Fernanda viveu grande parte da vida. Em 2013, foi aprovada uma lei pelo então presidente Barack Obama que permitia que pessoas que foram para os Estados Unidos ainda crianças conseguissem autorização para trabalhar legalmente. Foi aí que pode começar a estruturar melhor sua vida. Somente em 2022, recebeu documentos para moradia permanente no país: o tão desejado Green Card.

O período em que viveu antes da aprovação dessa lei foi marcado por muitas restrições. Na adolescência, cresceu em um contexto familiar muito religioso: não podia usar calça, não podia ir ao cinema, não tinha televisão em casa.

Fernanda entregou-se então aos estudos. Era uma aluna exemplar na escola pública onde estudava. Chegou a ganhar uma bolsa para a renomada Universidade de Boston, mas quando faltava apenas a entrega de documentos... deparou-se novamente com o limite da cidadania, o não pertencimento. E foi trabalhar como empregada doméstica e cuidadora de idosos.

Casou-se aos 18 anos, no último ano do Ensino Médio. Um marido abusivo. Engravidou logo em seguida. Via que o casamento não fazia sentido, mas havia aprendido que se divorciar era pecado. Então tentou segurar a situação engravidando novamente. Teve o segundo filho, um parto de cesárea, e quatro dias depois já voltou ao trabalho de 80 horas semanais cuidando de idosos para conseguir ter recursos para sair do casamento. Os pontos do parto abriram, mas com eles também veio a liberdade. Decidiu deixar o marido. Sabia que ali não era o seu lugar.

A vida a recompensou por sua coragem: trouxe a oportunidade de um novo relacionamento, agora repleto de amor e parceria. E foi logo em seguida que recebeu a autorização para trabalhar no país. Um novo universo se abriu para Fernanda, que agora tinha um lar amoroso, um país e a possibilidade de reconstruir sua vida. Sentia-se como uma flor-de-lótus desabrochando em meio ao lodo em que antes vivia.

Ela nem sabia por onde começar a nova vida! A primeira ideia que teve foi procurar vagas de trabalho no jornal. E lá havia algo que ela poderia tentar: guarda de cadeia. Apesar de a vaga ter sido congelada na época, isso a levou à ideia de estudar justiça criminal.

Surgiu então a oportunidade de Fernanda trabalhar com vítimas de violência e abuso sexual. Essa realidade lhe era familiar. Ela mergulhou fundo na tarefa. Queria compensar o tempo perdido e contribuir o máximo possível com aquelas mulheres. Teve que superar muitos obstáculos internos. A religião e contexto em que havia sido criada ainda habitavam sua mente e muitas vezes a limitavam no começo. Era difícil lidar com a autoridade e se relacionar com diferentes pessoas. Nem queria sair para almoçar, levando um lanche para comer na própria mesa todos os dias. Ainda sentia que não pertencia. Foi se transformando, se abrindo ao novo, realizando um trabalho relevante e foi promovida a coordenadora. Aprendeu então a fazer pedidos de verba e a gerir um departamento.

Nesse período, uma ideia começou a ganhar força em sua mente: ajudar os imigrantes ilegais a terem mais acesso à informação para poderem usar os serviços no país. Decidiu que iria abrir uma ONG e ajudar quem vivencia o que ela precisou enfrentar por grande parte da sua vida: a angústia por não pertencer.

Até quiseram que ela criasse a ONG dentro do trabalho que ela já fazia, mas havia diversas limitações, inclusive no canal de comunicação (não se pode usar WhatsApp). Fernanda, que sentia o sabor da liberdade, queria estar apta para fazer as coisas como acreditava ser melhor para dar apoio às pessoas. Então tomou novamente coragem e deixou o emprego fixo para trás.

Assim, teve que lidar com a realidade de trabalhar com pouquíssima verba. A casa própria havia sido adquirida e foi reformada por ela, pelo marido e pelos filhos. Conseguiram, depois, comprar uma segunda casa e fizeram o mesmo processo juntos. Durante as férias de verão, eles vão acampar para liberarem suas duas casas para serem alugadas. São os custos de bancar o sonho e fazer as coisas conforme ela acredita.

Sua ONG conta com uma rede de parceiros que apoia os imigrantes de diferentes formas. "É uma teia", diz. "E como não ficar presa na própria teia?" Aqui novamente entram os aprendizados que teve na época em que trabalhou com vítimas de violência: "você precisa saber se separar do sofrimento do outro para conseguir ajudar".

Fernanda acredita que cada pessoa precisa criar autonomia e independência. Ela traz a informação e a pessoa precisa conseguir caminhar por conta própria. A ajuda, muitas vezes, é dada a partir de uma troca, pois ela não acredita em assistencialismo. Aprendeu com as mulheres que sofriam abusos que elas precisam, antes de tudo, recuperar sua autonomia. E usa isso como base do seu trabalho.

A ONG que Fernanda fundou tem uma excelente reputação na região onde atua. E manteve sua fé, agora manifestada com liberdade. Isso a mantém confiante no futuro, com a certeza de que, continuando a fazer seu trabalho com dedicação e persistência, tudo dará certo não só para ela, mas para tantos outros para quem ela apresenta caminhos.

Fernanda oferece uma rede de suporte para pessoas muito vulneráveis, que vivem um contexto de violência, drogas, falta de acesso a tudo. É a "rapinha do fundo do poço, o lodo", como ela diz. E, assim como ela nutriu uma flor-de-lótus a partir do lodo em que viveu, traz insumos para que outras pessoas floresçam por si próprias ao seu redor.

A possibilidade de construir uma vida cheia de propósito e o suporte que recebe do esposo e filhos lhe ajudaram a ressignificar toda a dor e a transformar o que viveu em dedicação, resiliência e amor. Assim, ajuda imigrantes ilegais a saberem que existe um lugar onde não são invisíveis e, a partir desse senso de pertencimento, conquistarem sua liberdade. Apresenta para essas pessoas a jornada que fez para construir seu lugar no mundo, assim aponta caminhos para que façam o mesmo.

Uma flor-de-lótus, que nasce em meio ao lodo. Esse é um símbolo que representa a vida da Fernanda e a sua capacidade de transformar dor em amor.

Ao vivenciar o que é não pertencer, situações de limitações, abusos e opressões, decidiu montar uma ONG que ajuda imigrantes ilegais, como ela já havia sido por muitos anos, a terem acesso à informação para conseguirem sua autonomia e independência.

Esse é o caminho misto.

É claro que podemos reconhecer aspectos internos na história da Fernanda na linha do Caminho Interno, como sua humanidade, inteligência e espiritualidade, que contribuíram para construir o seu propósito. Podemos também perceber, no sentido do Caminho Externo, que alguns lugares onde trabalhou trouxeram experiência e capacitação para que ela pudesse gerir, posteriormente, uma ONG. No entanto, a essência do nascimento do propósito da Fernanda foi um processo de transformação em que as fortes dificuldades que viveu, aliadas às experiências que a vida lhe trouxe, foram usadas a serviço de outras pessoas que têm uma situação parecida com o que ela experimentou.

O Dr. Luiz, que você já conheceu na seção "Fonte 2" do Capítulo 4, fez uma caminhada nesse mesmo sentido. Sentiu na pele o que era sofrer com um transtorno ligado à saúde mental e recebeu o apoio de amigos na época da faculdade de medicina. Decidiu seguir sua formação em psiquiatria para poder ajudar pessoas que estivessem sofrendo de transtornos mentais. E não parou por aí; como gestor na área de saúde mental de uma instituição de saúde, Luiz procura formas de levar ferramentas acionáveis e atendimento humanizado para as pessoas. Como professor e palestrante, busca ampliar a consciência da importância de cada pessoa cuidar de si e daqueles ao seu redor, para que nossa sociedade ofereça redes de apoio para quem vivencia problemas no âmbito da saúde mental. Nas palavras dele:

> "Provavelmente movido por essa experiência que eu tive do transtorno de pânico, pela formação em psiquiatria, eu acho que grande parte do meu propósito é tentar levar um pouco de algo acionável para as pessoas se cuidarem. Então, acho que talvez por um desejo de que as pessoas não passem pelo que eu passei." — Luiz

Essa questão de ajudar outras pessoas a não terem de vivenciar o que foi tão difícil para ele superar é a essência do Caminho Misto.

Vemos que ele intenciona ajudar a construir aquilo que foi tão importante para ele quando viveu as crises de pânico: atendimento humanizado e apoio de uma rede.

A Adriana também mostrou que seguiu o caminho misto, da transformação. Ela é especialista em beleza negra e sentiu um chamado, de usar os cabelos crespos naturais como um ato de resistência:

> "Quando a gente passa uma vida inteira vivendo o que o outro quer que a gente seja, é muito puxado. Então é importante a gente ser livre em algum momento da vida. Eu tento trazer a liberdade através do cabelo e da beleza." — Adriana

Assim, Adriana definiu seu propósito de vida como: "lutar contra o racismo ajudando mulheres negras a se libertarem dos padrões sociais por meio dos cabelos". Percebemos que os preconceitos que ela sofreu ao longo da vida e percebeu que as mulheres negras também vivenciavam, além de todo o esforço de mudar sua aparência para tentarem pertencer ao padrão de beleza de mulheres brancas, fizeram com que ela quisesse transformar isso. Vamos conferir mais um exemplo desse caminho de transformação de dor em amor.

E, finalmente, a história de Frankle mostra um jovem maranhense que veio tentar a vida em São Paulo com apenas 16 anos sem passagem de volta. Ele tem muita história para contar e você vai conhecer a sua trajetória na Lição 2 do Capítulo 11, mas foi atrás do que queria e tem conseguido sustentar uma vida de realização:

> "Tem uma frase que gosto muito: 'se um cavalo selado passar perto de você, suba porque pode ser que ele passe apenas uma vez'. Então, quando a oportunidade não chega, você pode fazer com que venha até você." — Frankle

O mais bonito é que ele não quer vencer sozinho. Tem como propósito "incentivar e dar apoio emocional para que jovens possam se inspirar, sonhar alto e construir uma vida melhor", assim como ele fez. É voluntário em um instituto que ajuda jovens em situação de vulnerabilidade social a conquistar o primeiro emprego.

Vemos que essas pessoas fizeram o processo de transformar as adversidades da vida em oportunidades para fazer o bem para outros, apoiando aqueles que vivenciam as mesmas dificuldades que elas superaram.

Queremos, então, propor uma reflexão: quais foram as principais dificuldades que você superou em sua vida? Como poderia apoiar pessoas que estão passando pelas mesmas dificuldades?

Esse pode ser um caminho para o seu propósito. Não precisa necessariamente virar o seu trabalho central, mas ser algo que direcione o seu olhar e foco no dia a dia, em qualquer ambiente em que estiver.

Vimos até agora os possíveis caminhos em direção à descoberta e construção do nosso propósito de vida. Em seguida, veremos algumas formas de materializarmos nosso propósito.

8

Formas de contribuir além de si

Quando pensamos em concretizar a definição do nosso propósito, muitas vezes nos sentimos sem referência de como fazer isso. No capítulo anterior, vimos as proposições das pessoas que entrevistamos. Vamos agora dar mais um passo: compreender as diversas formas de contribuirmos com a vida de outras pessoas.

Um ponto importante é sermos muito verdadeiros quanto ao nosso alcance. De nada adianta nos propormos a ajudar o mundo inteiro se a nossa forma de fazer a contribuição é individualizada, pessoal. Talvez você seja alguém que vai ajudar muito a vida de algumas poucas pessoas. Isso já não é suficientemente grandioso?

Há pessoas que terão negócios ou modelos de ajudar mais alavancados, apoiando um grande número de pessoas. Isso não é melhor nem pior do que oferecer um apoio mais individual. O importante é ter clareza do que você dá conta e da forma que faz sentido oferecer sua contribuição.

Além disso, é legal lembrar que as pessoas que entrevistamos, além de ajudarem os outros, também se nutrem por meio das fontes de bem-estar que vimos na Parte 2. Elas não esquecem de focar em si mesmas! Fazem isso por meio de atividade física, alimentação saudável, um bom sono, estando com a família e amigos, ouvindo música, dançando, viajando, participando de cursos para se desenvolverem, fazendo terapia, indo à igreja, fazendo meditações, orações e reflexões.

Isso é importante para terem energia e poderem fazer sua doação aos outros. Servir também nos nutre, mas se focarmos apenas nos outros e esquecermos de nós mesmos, podemos acabar esgotados. Devemos encontrar nosso ponto de equilíbrio a cada momento da vida.

Gostaríamos de compartilhar nesse momento a história da Adriana.

Adriana da Silva Ribeiro

45 anos, casada, mãe de dois filhos, dona de salões e escola especializada em beleza negra

Propósito: lutar contra o racismo ajudando mulheres negras a se libertarem dos padrões sociais por meio dos cabelos

Os desejos nascem num lugar inexplicável em nosso coração. Eles nos dão asas para voar a lugares improváveis. O grande anseio de Adriana era ser aeromoça. Aos 11 anos, ela fazia aulas de francês na Aliança Francesa, pois sabia que, para que seu sonho se tornasse realidade, precisava ser bilíngue. A menina imaginava como seria incrível poder viajar para várias partes do mundo, conhecer novas pessoas e culturas. Estava expandindo suas asas, ficando pronta para voar. Um dia, porém, a força devastadora do racismo atingiu suas asas como uma pedra afiada. E como doeu. Adriana contou para um professor sobre seu anseio de ser aeromoça. A resposta dada com desdém foi: "Você nunca vai ser aeromoça porque você é preta e seu cabelo é ruim". Aquelas palavras violentas cortaram seu coração, destruíram suas aspirações e a sua autoestima. Cabisbaixa, Adriana recolheu suas asas feridas e voltou para casa sem rumo.

O pai de Adriana era pedreiro e a mãe, doméstica. A mãe estimulava as três filhas a traçar objetivos, a se cuidarem e a valorizarem quem são. Era uma mulher negra determinada, vaidosa, que cuidava dos cabelos, unhas, fazia maquiagem e andava bem-vestida. Ela dizia: "Filha, nós somos mulheres negras. A mulher preta já sofre preconceitos, então a gente precisa se amar, se cuidar". A própria mãe havia transformado seu interesse pelo mundo da beleza em profissão. A jornada não foi fácil. O pai achava que tudo isso era besteira, mas a mãe estava resoluta. Quando ele saía para trabalhar, ela levava as três filhas pequenas como acompanhantes nos cursos de cabeleireira, manicure e esteticista que fazia. As meninas viravam modelos e ajudantes da mãe nos cursos e aprendiam como deixar as pessoas mais belas. Mais que isso, vendo a tenacidade da mãe, aprenderam sobre o poder da autoestima como impulsionadora que nos leva a alçar novos voos.

Aos 12 anos, Adriana já fazia unhas profissionalmente em um salão e, durante toda a adolescência, foi aprendendo mais sobre diferentes áreas da beleza. Aos 15 anos, o pai de Adriana morreu e ela lembra que todo mundo falava: "Agora vai ser, no máximo, uma empregada doméstica ou então vai encher a barriga de filho". Ela continuou batendo suas asas e se superando. Casou-se, teve filhos e formou uma família unida, cheia de talentos e generosa. Trabalhou como consultora de imagem em loja de produtos de beleza, como maquiadora na TV Record de Brasília e, nesse processo, apaixonou-se e especializou-se em beleza negra. Com 18 anos, já fazia alisamentos, relaxamento e permanente afro em cabelos crespos. Foi aí que começou a ficar incomodada: "Ué, por que a gente não pode gostar do nosso cabelo? Por que a gente não pode usá-lo como ele é?". Quando a filha de dois anos disse que queria alisar os cabelos, Adriana decidiu assumir seu cabelo natural. Cortou todo o cabelo alisado e deixou os crespos emergirem. Também decidiu que criaria a filha sem alisamentos para que ela tivesse o prazer de se ver e se amar sendo crespa como é, sem a pressão de ter cabelos alisados para se sentir bela.

Adriana defende que ter cabelo natural é um ato de resistência. Um ato antirracista. Tem encontrado sentido na vida ao ajudar outras mulheres a conhecerem uma versão completa delas mesmas. "Esta liberdade me encanta muito. É como se eu tivesse soltando as correntes de muitas mulheres aprisionadas em um padrão de beleza que a sociedade nos impõe." Assim, Adriana acredita que inspira essas pessoas a abrirem suas asas a também ousarem voar. Ela já viu muitas transformações que começaram em assumir o cabelo crespo: mulheres que abandonaram relacionamentos abusivos, mulheres que investiram em sua educação, pessoas que empreenderam.

Adriana voou alto. Seu negócio deu certo. O salão que abriu na garagem da mãe há quase 20 anos hoje tem uma sede espaçosa em lugar nobre em Brasília e uma filial em um importante shopping da cidade. Mas ela quis ampliar seu voo. Abriu uma Escola de Beleza Preta, o Instituto Afro Chic. Hoje emprega 27 pessoas e já formou mais de 500 profissionais. Grande parte deles são mulheres pretas, meninos e meninas LGBT que tinham subempregos e, a partir da formação recebida, foram capazes de empreender e ter espaços de beleza renomados em Brasília, Rio de Janeiro e São Paulo. Adriana diz que não tem medo de seus alunos virarem concorrência para o seu negócio. Muito pelo contrário, são mais pessoas que têm a oportunidade de transformar vidas.

O amor pelo trabalho é tão grande que, em algumas fases da vida, Adriana deixou de lado outras coisas que a preenchem de alegria: a praia, as viagens, a música, a dança, o samba, os encontros de família e com amigos para comer e fazer música o dia todo. A sorte é que tem um marido que sempre relembra a importância de dar espaço para as coisas que a nutrem a fim de que possa continuar ajudando pessoas a acreditar que podem alçar novos voos.

O sonho de Adriana é que não exista mais racismo no mundo. O racismo é algo que quebra asas e mata desígnios. Buscando prevenir que as novas gerações sofram desse mal dentro de casa, começou um projeto no YouTube chamado "Mães que Curam". Nos vídeos, ensina mães, pais e cuidadores a lidarem com cabelos crespos, cacheados, de forma positiva para que as crianças cresçam se amando, gostando dos seus cabelos, da cor da pele, da textura, e acreditem que podem projetar, realizar, bater asas e voar. Adriana está segura de que nem as correntes do racismo podem prender pessoas que recebem apoio, acreditam e lutam por seus ideais. Ela é a prova viva disso!

Que bela trajetória! A história da Adriana prova que até mesmo um corte de cabelo ou o apoio para manter o cabelo em sua forma mais natural pode ser um ato de resistência às imposições sociais, uma ação na direção de seu Propósito.

Percebemos que houve momentos em que Adriana sentiu dificuldade em manter o foco em si, que é importante para termos energia para os nossos projetos de vida. É bonito ver que ela tem um parceiro que a convida sempre a equilibrar esses focos: em si e além de si.

Adriana cuida do ciclo mais próximo (família e amigos), da comunidade conhecida (pessoas que ela decide investir e treinar), da

"Servir também nos nutre, mas se focarmos apenas nos outros e esquecermos de nós mesmos, podemos acabar esgotados."

Carol Shinoda
Carolina Cavalcanti

comunidade desconhecida (clientes que aparecem em seu salão e buscam seus serviços ou alunos que vão se formar em sua academia) e das próximas gerações (fomentando uma cultura de resistência ao padrão social e de liberdade de ser quem se é).

Vamos detalhar a seguir esses diferentes focos de contribuição e dar exemplos de cada um deles.

Tabela 8.1 – Focos de contribuição além de si

Foco de contribuição	Exemplos de contribuição
1. Círculo mais próximo (família e amigos)	• Cuidar dos filhos: saúde, educação, apoio emocional. • Apoiar os parceiros: escuta, dar conselhos, suporte emocional. • Cuidar dos pais idosos: saúde, escuta, contato, apoio emocional e financeiro. • Ser um bom amigo: escuta, questionamentos, incentivos, ajuda emocional. • Ajudar familiares em geral (avós, tios, primos, irmãos, sobrinhos etc.).
2. Comunidade conhecida	• Capacitar e desenvolver pessoas que você conhece e que pertencem às comunidades de que você faz parte (vizinhos, alunos, mentorados, pessoas da sua igreja, da sua empresa, de clubes ou associações que frequenta). • Escolher quem ajudar dentro das comunidades que você integra.
3. Comunidade desconhecida	• Estruturar negócios que impactam pessoas que você não conhece diretamente. • Trabalhar em empresas que têm um impacto social positivo para seus clientes e comunidade. • Compartilhar conhecimento por meio de palestras, cursos, livros e redes sociais. • Fazer doações para uma instituição em cuja causa você acredita ou captar recursos para uma ONG. • Atuar como voluntário, professor, mentor.

4. Próximas gerações	• Fazer projetos focados nas próximas gerações: pesquisas, invenções, ideias, conteúdos, modelos de negócios que só terão impacto muitos anos após seu tempo de vida.

Ao analisar essa tabela, procure refletir sobre qual ou quais focos você tem ou quer ter em suas contribuições. Digo qual ou quais, pois podemos atuar em mais de um foco em paralelo.

Pode ser que, neste momento da sua vida, você não esteja dando conta de ajudar ninguém além de si mesmo. E está tudo bem. Se estamos esgotados, vivenciando um problema de saúde mental, passando por algum luto ou enfrentando uma situação difícil na vida, talvez não tenhamos energia para dar conta de ninguém além de nós.

Mas pode ser que você consiga ajudar pessoas do seu círculo mais próximo, que inclui a família e os amigos. Você pode ser alguém sem filhos que é um apoio para amigos e familiares (cuida dos pais, dos avós), ou talvez tenha filhos e contribua com o crescimento e desenvolvimento deles. Pode ter um parceiro ou parceira e ser um ponto de apoio para essa pessoa. Há várias formas de contribuir para o círculo mais próximo.

A nossa entrevistada Eliza (você conhecerá a história dela na Lição 1 do Capítulo 11), por exemplo, fez uma escolha consciente por esse foco de atuação ao decidir ser mãe em tempo integral nesse período da vida. Ela poderia ajudar também investidores e herdeiros se seguisse trabalhando em uma empresa de investimentos, mas não quis dividir o foco de atenção agora que os filhos são pequenos. Para algumas pessoas, decidir atuar exclusivamente com foco no círculo mais próximo pode parecer pequeno ou limitado, como Eliza menciona:

> "É uma coisa grande? Não é. Mas eu tento sempre ajudar as pessoas que estão próximas, amigos, família." — Eliza

E aí nos perguntamos: quão magnífico é o papel de uma pessoa que se dedica por inteiro a apoiar sua família e o desenvolvimento dos filhos?

Um ponto interessante de nos questionarmos é o quanto nossas escolhas são conscientes, pois às vezes sentimos necessidade de atuar em outros focos também, mas não fazemos isso por termos medo de não dar certo ou não conseguirmos. No caso da Eliza, essa escolha foi muito bem pensada. Avalie no seu caso o quanto o seu foco, seja ele qual for, foi uma escolha consciente ou se apenas se acomodou a algo que sempre fez. Vamos ocupar nosso espaço no mundo!

O caso da Ana Júlia (a história dela está na Lição 9 do Capítulo 11) mostra um exemplo de uma mulher que é também mãe de filhos pequenos, mas considera importante ter uma atuação profissional em paralelo à maternidade. Durante a entrevista, questionamos bastante o motivo de ela fazer questão de continuar trabalhando em uma época em que estava muito insatisfeita com a carreira profissional. O relato dela foi interessante, resgatando o exemplo de pessoas da família que, por sempre trabalharem, foram capazes de oferecer apoio à família por meio também da provisão financeira. Para ela, conseguir exercer ambos os papéis – de mãe e profissional – era muito importante. Assim, ela tem dois focos de contribuição: o círculo mais próximo (família) e a comunidade desconhecida (pessoas que atende por meio do seu trabalho).

No período em que exerceu a enfermagem, Ana Júlia cuidou de milhares de pacientes em seu dia a dia de trabalho. Hoje na área de Recursos Humanos, ajuda a resolver os problemas ligados a pessoas, cria pontes e simplifica processos. Classificamos essa contribuição como "comunidade desconhecida", pois ela não pode escolher as pessoas que quer ajudar e ignorar quem não sente vontade (bem que deve dar vontade, às vezes, de fazer isso, né, Ana? Rsrs!). Então ela se coloca disponível para ajudar quem procurá-la. Vale esclarecer que a comunidade desconhecida não necessariamente quer dizer que ela não conhece ninguém a quem ajuda, mas o ponto é que não é por conhecer – e gostar – das pessoas que ela faz sua contribuição.

É diferente de pessoas que ajudam a "comunidade conhecida", ou seja, aqueles que escolhemos ajudar. Tivemos muitos relatos de entrevistados que, em seus papéis de liderança, elegeram alguns mentorados e investiram no desenvolvimento deles. É o caso da Rivana, que você conhecerá na Lição 6 do Capítulo 11. O principal poder dela como professora foi ser capaz de identificar as potencialidades nos seus alunos de Engenharia e ajudá-los a perceber onde eles poderiam chegar. Esse poder se manifestava em outros lugares, com os amigos dos filhos, por exemplo. Uma passagem que ela nos contou exemplifica isso:

> "E teve um amigo do meu filho [...] eu encontrei com ele num evento. [...] Ele se formou por causa de uma conversa nossa na varanda. Eu só falei para ele, assim, 'cara, você é muito criativo, falta criatividade para engenharia. Se você conseguir acabar [a faculdade], eu acho que você vai ser um grande engenheiro'. E ele disse que essa fala fez toda a diferença." — Rivana

Sofia e Mórris, fundadores de suas empresas, também exercem essa contribuição com pessoas de suas organizações. Na fala da Sofia:

> "Eu sempre vou trazer uma pimenta na vida da pessoa. Se ela está muito mal, eu vou trazer coisa para ela ver que está reclamando de barriga cheia. Se ela está muito 'assim', eu vou dizer: 'escuta'..." — Sofia

Esse trecho exemplifica um pouco como ela busca contribuir com sua experiência de vida nas relações. Muitas vezes, um conselho na hora de um intervalo para o café ou um feedback dado com amorosidade pode mudar a perspectiva e o futuro de uma pessoa.

E, finalmente, temos o foco nas "próximas gerações". Há pessoas que se dedicam a projetos e atividades e não verão o resultado do que plantaram durante a vida, mas sabem que estão semeando para um mundo melhor. O Helder Roger é um exemplo e você conhecerá a história dele na Lição 10 do Capítulo 11. Ele atua como CEO de uma ONG que ajuda refugiados no Líbano. Uma das contribuições dele é buscar recursos para que jovens possam estudar fora do país e construir uma vida melhor para eles e suas famílias. Ele conseguiu bolsas para uma aluna síria e uma libanesa estudarem medicina nos Estados Unidos, por exemplo. E possivelmente não verá todo o impacto que isso vai gerar para elas e para o mundo.

Podemos ter esse foco em pequenas atitudes do dia a dia, como é o caso do Mórris, que optou por não ter carro e caminhar até o trabalho, além de fazer reciclagem. Em seu trabalho, luta para mudar a cultura do preconceito etário. São ações que terão desdobramentos por muito tempo depois que ele viver. E não é por isso que Mórris vai deixar de plantar essas sementes para o futuro. Nas palavras dele:

> "Então, acho que vou ficar feliz olhando para trás e vendo que a minha vida não foi só de passagem, foi realmente para que as pessoas, principalmente as próximas gerações possam, enfim, de alguma forma, viver melhor, ter uma coisa ali que mudou para melhor." — Mórris

Percebemos que uma pessoa pode ter um único foco de atuação a partir de seu propósito, assim como pode ter múltiplos. Williams, por exemplo, que você já conheceu, além de ter uma série de cuidados com a saúde (9 km de caminhada diária e alimentação saudável) e o bem-estar (dedica um bom tempo pela manhã a ler a Bíblia e fazer suas reflexões), é um marido, pai e avô dedicado. Mesmo morando em outro país, se planeja para estar presente em várias datas comemorativas da família e celebra com eles. Ele acompanha o grupo de WhatsApp da família e, se percebe que alguém precisa de orientação ou apoio, já faz uma videoconferência para ajudar. Isso mostra o foco no "círculo mais próximo".

"Nunca saberemos onde termina a nossa contribuição, pois podemos iniciar uma corrente do bem, em que as pessoas que ajudamos acabam por ajudar outras pessoas a partir do que receberam."

Carol Shinoda
Carolina Cavalcanti

Ele não para por aí. Ajudou diversos alunos a se tornarem músicos consagrados (foco "comunidade conhecida") e ajudou no desenvolvimento de um canal de televisão que leva conceitos de saúde, família e espiritualidade a milhares de pessoas de sua igreja no Brasil (foco "comunidade desconhecida").

Vale ressaltar que mesmo uma pessoa que tem um determinado foco pode trazer contribuições pontuais em outros âmbitos. A própria Eliza, que tem o foco central na família, contribui mensalmente com uma instituição de crianças em Americana, cidade natal do marido, e isso representa um foco em uma comunidade desconhecida (e pode ser visto também como foco nas próximas gerações). Além disso, ao aceitar contribuir com seu relato de vida para o nosso livro, também está ajudando pessoas desconhecidas (você e cada leitor do livro).

Em diferentes momentos da vida, podemos também mudar o foco do nosso propósito. Na minha história [Carol Cavalcanti aqui], que você conheceu na seção "Fonte 4" do Capítulo 4, ficou evidente que, quando meus filhos eram pequenos, o enfoque do meu propósito era muito o cuidado da família. Na medida em que eles foram crescendo, se tornando mais autônomos, pude investir nos estudos e na carreira como educadora e percebi que tinha espaço para ampliar o meu âmbito de atuação. Hoje, o propósito de "ajudar as pessoas a ampliar sua inteligência socioemocional, para que sejam capazes de renovar a esperança e construir uma vida com propósito" potencialmente pode impactar a comunidade conhecida e até a desconhecida a partir dos livros que escrevo, das aulas, palestras e workshops que facilito. Imagino que, mais para frente, mais pais vão precisar muito de mim. E o foco do meu propósito deve voltar para o círculo mais próximo.

Uma observação final é que nunca saberemos onde termina a nossa contribuição, pois podemos iniciar uma corrente do bem, em que as pessoas que ajudamos acabam por ajudar outras pessoas a partir do que receberam. A Carol Silva, que atua como voluntária em um projeto de refugiados, comenta sobre isso:

"Eu escolhi a área humanitária para atuar [...] e se você ficar com esse pensamento de 'ah, eu vou salvar o mundo', você nunca vai chegar em lugar nenhum porque é impossível, vai chegar uma hora que você não vai aguentar mais, é muito enorme. Então, o que eu adotei pra me ajudar é tentar pensar a um nível mais micro, então eu não vou mudar o mundo inteiro, mas às vezes eu vou contribuir com a vida de uma pessoa, ou de duas pessoas. Essa uma ou essas duas vão mudar a vida de outras duas, e assim sucessivamente." — Carol Silva

Assim sendo, vamos fazer o que está ao nosso alcance e nos colocar por inteiro, pois podem ser gerados frutos em lugares bem distantes de onde plantamos nossas sementes.

Qual ou quais são os seus focos de contribuição além de si? Se puder, descreva em seu caderno, com a maior riqueza de detalhes possível, de que forma você ajuda em cada foco que você escolhe contribuir. Caso haja focos em que você ainda não atua, mas gostaria de contribuir, reflita de que forma pode começar a fazer isso.

Já vimos os caminhos para chegar ao nosso propósito e os possíveis focos que ele pode ter. Em seguida, vamos discutir o que ganhamos ao sustentar um propósito de vida.

9

O que eu ganho com isso? Benefícios de viver com Propósito

Será que vale a pena trilhar o caminho da construção do nosso propósito de vida? Não seria mais benéfico viver um dia de cada vez e ir lidando com o que aparece? De acordo com diversas pesquisas comparando pessoas que vivem com propósito e as que sentem que não têm esse norte, há muitos benefícios em ter propósito de vida.

Pesquisas sobre os benefícios de se ter propósito

Kendall Bronk é doutora pela Universidade de Stanford e autora do livro *Purpose in life: a critical component of optimal youth development*[1] ("Propósito de Vida: um componente crítico no desenvolvimento ideal dos jovens", em tradução livre), que reúne pesquisas do mundo inteiro sobre o tema. Por meio de sua extensa investigação,

---

1. BRONK, K. **Purpose in life**: a critical component of optimal youth development. London, New York: Springer Dordrecht Heidelberg, 2014.

percebemos que quem tem Propósito de Vida se beneficia dos seguintes aspectos:

- Maior sentimento de gratidão, altruísmo e satisfação com a vida;
- Menor propensão à depressão e ao suicídio;
- Menor sentimento de solidão;
- Maior resiliência;
- Pode haver maior nível de estresse no curto prazo, mas, no longo prazo, pode ser mais fácil recuperar-se de situações estressantes pela crença de que os obstáculos são oportunidades para crescer;
- Maior facilidade de formar redes de relacionamentos com pessoas que partilham das mesmas intenções, o que pode constituir uma rede de proteção em situações difíceis;
- Menor relação com abuso de álcool, drogas, excesso de alimentos e maior facilidade para vencer os vícios;
- Melhores índices de saúde física (menor nível de cortisol, menor índice de resposta inflamatória, melhores índices cardiovasculares, menor índice de colesterol, menos propensão à doença de Alzheimer, sensação de dor crônica reduzida).

Por todos esses benefícios, achamos que vale a pena nos dedicar ao processo de construção do propósito de vida.

Sobre as pesquisas que Bronk nos apresenta, vale fazermos algumas observações. A primeira delas é que os estudos ligados às questões de saúde são de correlação, ou seja, quem tem maior índice de propósito também apresenta as melhores condições de saúde relatadas, mas não se pode afirmar qual aspecto causa o outro (ter mais clareza de propósito talvez leve a uma melhor condição física ou vice-versa). O fato é que os aspectos estão ligados e, se for para tentar exercer nosso controle para influenciar algum lado, investir no propósito muitas vezes

222   REALIZADOS: aprenda a criar caminhos para viver com felicidade e propósito

está mais ao nosso alcance. É difícil tentar, por conta própria, melhorar nossa resposta inflamatória, por exemplo. Então vamos colocar esforços no desenvolvimento do nosso propósito!

Outro aspecto importante para discutirmos mais profundamente é a relação entre propósito e estresse. Quando temos um foco, uma intenção na vida, nos importamos com o que acontece. É como se tivéssemos uma medida de sucesso: eu quero muito contribuir com isso; portanto, se me percebo conseguindo, me sinto bem, mas se vejo que não estou conseguindo, isso pode ser um fator de estresse. Eu me importo. É diferente de deixar a vida acontecer... se não tenho um parâmetro para o que quero que aconteça, talvez eu de fato me estresse menos, mas deixo de ter os diversos benefícios apresentados.

No curto prazo, alguns tipos de propósito podem, sim, trazer maior nível de estresse, mas isso muda quando analisamos essa relação no longo prazo. Nas pesquisas reunidas por Bronk, por exemplo, tornar-se pai e mãe pode ser extremamente significativo, mas também bastante estressante. A grande questão nessa relação entre propósito e estresse é que, quando temos uma intenção mais ampla na vida, ganhamos perspectiva. Há um foco no futuro, no "para que" estamos vivendo tudo aquilo no momento presente, então a experiência de estresse no curto prazo tem uma dimensão menor por enxergarmos um todo mais amplo.

Já quando não há um motivo maior na vida, viver experiências estressantes pode ter um peso muito mais significativo. Quando estamos em um trabalho que temos clareza de que não gostamos e acontece um problema, esse problema vira um caos. Dá vontade de cavar um buraco na terra e ficar lá esperando o problema passar. O peso é muito maior do que quando estamos engajados em algo que é importante para nós e acontece um problema. Parece que é "só" algo a ser resolvido para continuarmos no nosso caminho, construindo o que é importante. Trabalhar duro por algo importante para nós pode não ser percebido como tão estressante.

"A grande questão nessa relação entre propósito e estresse é que, quando temos uma intenção mais ampla na vida, ganhamos perspectiva. Há um foco no futuro, no "para que" estamos vivendo tudo aquilo no momento presente."

Carol Shinoda
Carolina Cavalcanti

Bronk faz um alerta no que tange à relação entre propósito e felicidade: da mesma forma que o estresse, há alguns tipos de propósito que podem não trazer uma sensação de maior felicidade (no sentido da alegria, de sentimentos positivos mais momentâneos), mas estão associados a um maior nível de bem-estar. Já sabemos que o bem-estar é composto por aspectos que vão além de emoções positivas. Temos o engajamento, os relacionamentos, o sentido, a realização. E aqui queremos destacar o elemento da realização.

Nas nossas entrevistas, esse sentimento de realização ficou muito evidente. Tanto que nos motivou a dar o título ao livro de "Realizados". Não são pessoas que estão o tempo todo "alegres" e "animadas" (associadas às emoções positivas). Elas sofrem, sim, com os desafios da vida (e são vários!), mas os enxergam como oportunidades para se desenvolverem. Veremos isso com mais detalhes na Lição 3 do Capítulo 11. E, como fazem o seu melhor a cada dia e vivem uma vida coerente com quem são, quando perguntamos "o que falta para você sentir que deixou o seu legado?", muitas dizem que não falta nada, pois elas não estão esperando um grande marco no futuro para dar um "check" nos seus objetivos. Fazem isso a cada dia, construindo tijolo por tijolo uma edificação que as representa (você verá isso na próxima seção em detalhes).

Vamos ver alguns destes depoimentos a seguir:

> "Isso é uma coisa que me encanta, que me faz todo dia querer mais, tipo, 'quem eu vou transformar hoje? Que vida, que história que eu vou ter hoje', sabe?" — Adriana

A Adriana, por exemplo, comenta sobre essa motivação diária para realizar seu propósito no mundo e relata se sentir encantada com essa perspectiva. E não se engane de pensar que a vida dela é fácil e tranquila. Ela gerencia dois salões e uma escola profissionalizante. No entanto, sentimos essa realização nela.

A Fernanda, cuja história você conheceu no Capítulo 7, comenta a sensação de coerência entre o que faz e quem ela é:

> "E eu acho que a vida me trouxe exatamente ao lugar que eu tenho que estar, porque me traz muita felicidade, é uma coisa que preenche meu coração. Eu sei que, assim, financeiramente não tá enchendo meu bolso, mas ainda vai [...] é uma coisa tão gostosa, tão gratificante também, que eu acho, sei lá, acho que eu cheguei num lugar mesmo que era pra eu estar." — Fernanda

Percebemos que ela diz se sentir feliz ("me traz muita felicidade"), mas talvez possamos entender esse sentimento como realização, pois ela ainda enfrenta os desafios financeiros desse momento de constituição da sua ONG ("financeiramente não tá enchendo meu bolso"). Já soubemos, ao ler a história, que a vida dela não está fácil, mas novamente identificamos essa realização quando ela olha com perspectiva para o que está vivendo.

Mórris também comentou que poderia ter continuado a trabalhar como empregado em uma área de tecnologia e que talvez estivesse mais tranquilo, hoje, do ponto de vista financeiro e de volume de trabalho, mas provavelmente não estaria feliz (e aqui entendemos novamente essa sensação como de realização, pois sabemos que o que ele vive não é a pura emoção positiva, pois a luta da Maturi para mudar a cultura do preconceito etário no Brasil é grande).

A Eliza também relatou o reconhecimento que recebe dos filhos, por exemplo, quando eles prepararam sozinhos o café da manhã para ela no dia das mães, mostrando-se realizada com isso.

E a Ana Júlia disse que voltar a atuar com algo que gosta profissionalmente fez com que recuperasse uma leveza e uma magia em seu dia a dia. Mesmo tendo de fazer um esforço constante para balancear com qualidade as demandas da família e do trabalho, buscando encaixar atividade física, inglês, desenvolvimento pessoal e amizades em sua vida, relata o sentimento de realização.

Assim, percebemos que nossos entrevistados vivem, sim, suas lutas, se estressam no dia a dia, fazem sacrifícios para viverem o que escolheram como propósito, mas seu nível de bem-estar é muito elevado. Isso é muito condizente com as pesquisas acadêmicas sobre propósito.

É claro que não há como eles próprios se compararem com pessoas que não vivem com propósito, pois não podem saber como essas outras pessoas se sentem. Por exemplo, não seria viável dizerem que se sentem mais gratos, mais satisfeitos com a vida, com menor propensão a doenças do que elas. Nesse ponto, as pesquisas acadêmicas nos ajudam a obter essa perspectiva e dimensionar os inúmeros benefícios de se viver com propósito.

Importante aqui não termos ilusões de que quem opta por sustentar no dia a dia uma intenção de fazer algo a serviço de outras pessoas é feliz o tempo inteiro e não se estressa. Isso não é verdade. No entanto, há benefícios concretos que bancar essa escolha pode nos trazer. E essa escolha é sustentada por uma construção a cada dia, como discutiremos a seguir.

10

Legado: uma construção diária

Quando pensamos no nosso legado, o que queremos ter deixado ao final da vida, muitas vezes sentimos um grande peso. É como se tivéssemos de entregar algo tão grandioso que não daremos conta nessa vida.

Essa é uma linha de pensamento mais idealista, que pode até ter a intenção de nos inspirar a realizar grandes projetos, mas, na prática, pode acabar nos desanimando. E aí fazemos exatamente o oposto: já que fazer algo tão grande vai ser impossível, melhor nem fazer nada.

Conversando com nossos entrevistados, ficamos muito surpresas com as respostas deles à nossa última pergunta: "No final da sua vida, o que precisará ter acontecido para você sentir que deixou um legado?"

Esperávamos que ali seriam trazidos os grandes projetos, aqueles que estão sendo preparados desde o dia em que eles nasceram ou desde que tomaram consciência de quem são. Mas não... a maioria respondeu que não precisa acontecer mais nada. Como assim?

Pois é. Eles constroem seus legados a cada dia, pois vivem de forma coerente com quem são e com o que querem construir. A sensação de "missão cumprida" é sentida a cada ação, a cada encontro, a cada projeto. Não é reservada apenas a momentos magníficos, marcos que ficarão para sempre guardados na memória.

Isso não significa que eles não tenham sonhos, projetos futuros. Têm sim e muitos! No entanto, eles sabem reconhecer as realizações até o presente momento. E sentem que entregam o melhor de si todos os dias.

Vamos ouvir as respostas de alguns dos nossos entrevistados à pergunta sobre o legado:

> "Não precisa acontecer mais nada. [...] Claro que eu vou continuar no tema agora de educação tão forte e tal, eu vou continuar, mas não precisa acontecer mais nada para eu dizer, 'puxa, só agora eu vi que eu construí um legado', [...] Porque eu vivi cada minuto intensamente, porque eu fiz naquele momento o melhor que eu podia. E assim, eu vou continuar com 80, com 100 anos." — Sofia

> "Eu não tenho essa coisa do final da vida, não. Eu acho que está tudo bem, eu estou vivendo ela. Se hoje acontecesse de eu não estar aqui, está tudo bem. Eu já tenho coisas que eu considero muito importantes. Eu dou valor pra tudo assim, sabe?" — Rodolfo

Um ponto interessante é que muitos se emocionaram com a pergunta do legado. Resgataram suas dores mais profundas e seus sonhos para um mundo melhor:

> "O meu sonho é que um dia nós sejamos reconhecidos não pela cor da pele, mas pelo que de fato fomos e somos, eu preta, você branca, oriental, loira, amarela, não importa, mas meu sonho seria que a cor não determinasse o futuro da pessoa." — Adriana

> "O que eu queria de fato que tivesse acontecido quando eu for velhinho é que a gente tivesse uma sociedade livre de

estigmas, livre de preconceitos e livre de juízos de valor em relação às pessoas que estão em sofrimento psicoemocional." — Luiz

Você já conheceu as histórias da Adriana e do Luiz. Sabe que eles trabalham dia a dia para ver seus sonhos realizados. A Adriana, por exemplo, ao ouvir as necessidades de seus clientes e apoiá-los a ser quem são por meio dos cabelos, está colaborando para a construção desse mundo em que cada pessoa possa ser quem é, independentemente da cor da pele. E o Luiz acolhe cada paciente para que eles próprios sintam-se acompanhados enquanto vivenciam desafios no âmbito da saúde mental e, como gestor na instituição de saúde em que trabalha, constrói iniciativas (novas áreas, cursos, aulas) para que mais pessoas possam ter consciência da importância de cuidar de si e das pessoas ao redor.

Percebemos que não são sonhos idealizados, em que eles jogam a responsabilidade para outras pessoas ou agentes sociais. Eles adicionam tijolinho por tijolinho para a edificação de seus ideais. Sonham grande e realizam pequenas entregas a cada dia nessa direção.

> **Filme: Uma questão de tempo (2013)**
> Quem nunca se arrependeu de ter feito ou dito algo e gostaria de ter essa capacidade de voltar alguns minutos na linha da vida e fazer diferente? Nesse filme, você poderá conhecer a história de Tim (Domhnall Gleeson), que tem esse poder de voltar no tempo. E é lindo o que ele decide fazer com esse dom. No final (não vou dar *spoiler*, calma!), nos damos conta de que podemos seguir a mesma estratégia de Tim para viver nossas vidas. Vale assistir!

Um ponto importante é que nem sempre temos essa clareza que nossos entrevistados demonstram sobre o que querem para suas vidas, seus propósitos. Como fazer nesse caso?

Se não temos esse grande sol, lá na frente, que nos norteia a cada passo, podemos usar a clareza que temos até o momento para cada movimento. Aqui a ideia é acender uma lanterna no escuro e ir caminhando na direção que fizer mais sentido, passo a passo. Quando menos esperarmos, teremos construído uma jornada igualmente coerente com quem somos e com o legado que queremos deixar.

Podemos também, de vez em quando, desligar essa lanterna e confiar que nossos pés irão na direção certa. Sabemos que dá medo fazer isso. Todos os monstros vêm à nossa mente nesse momento em que estamos no escuro. Aqui o convite é no sentido de confiar um pouco na vida e na nossa conexão interior com algo maior. A Carol Silva traduz essa confiança:

> "Quando eu olho para trás eu consigo ver os pontos se conectando, então eu acredito que para frente eles também vão se conectar de alguma forma" — Carol Silva

Muito bonito isso, não é? Ela dá espaço para a fé, no sentido da crença de que a vida vai fazer sentido no final, assim como já faz hoje quando olha para sua jornada até o momento.

Conectando os pontos

Vale assistir ao vídeo do discurso do Steve Jobs na Universidade de Stanford[1] e acompanhar algumas lições aprendidas por ele ao longo da vida, que incluem a noção de que devemos confiar em algo (no seu instinto, no destino, na vida) para ter a convicção em seu coração, mesmo quando isso levar a caminhos incertos. E diz que "se você viver

---

1. Disponível em: https://www.youtube.com/watch?v=UF8uR6Z6KLc.

cada dia acreditando ser o último, um dia você com certeza estará certo". Impactante. Recomendamos!

Faz sentido para você essa visão de construir nosso legado a cada dia?

Pode ser que uma parte de você lute contra essa ideia. Talvez seja aquela parte mais idealista, que tem a força de conduzir às grandes realizações. Se for isso, permita que essa energia guie você. Mas cuidado para a resistência não vir daquela parte que quer proteger você contra o risco de se frustrar. Ser quem somos exige coragem, pois teremos de bancar as escolhas que fazemos. E escolhas sempre trazem os bônus do caminho escolhido, assim como os ônus. É disso que falaremos a seguir.

11

Lições de quem sustenta um Propósito

Ao final das entrevistas, percebemos diversos aprendizados em comum, mesmo entre pessoas tão diferentes entre si. Neste capítulo do livro, reunimos as lições que aprendemos com elas.

Esperamos que sejam fontes de inspiração e reflexão para você, assim como foi para nós.

Lição 1 – Propósitos são uma escolha

"Nós somos a soma das nossas decisões". Essa frase, dita pelo personagem que Woody Allen interpreta no filme *Crimes e Pecados*, traduz a essência do aprendizado que queremos compartilhar aqui com você.

Viver um propósito é uma escolha. E toda escolha traz ganhos e perdas. Ninguém gosta da ideia de perder, mas quando achamos que não estamos escolhendo nenhum caminho para ter a sensação de que assim não teremos que perder nada, na verdade, já estamos perdendo a parte boa daquele caminho. Não escolher também é uma escolha. Vixi! Não temos escapatória.

"Viver um propósito é uma escolha. E toda escolha traz ganhos e perdas."

Carol Shinoda
Carolina Cavalcanti

Já que não tem jeito, por que não escolher então viver uma vida com Propósito?

Vimos os diversos benefícios deste caminho no capítulo sobre "O que eu ganho com isso? Benefícios de viver com propósito". Agora, vamos trazer a visão dos nossos entrevistados sobre as escolhas que fizeram, com as alegrias e também as dores dessa escolha de viver seus Propósitos.

Para começar, vamos conhecer a história da Eliza.

Eliza Shinoda Zóboli

43 anos, engenheira civil, casada com Marcelo, mãe de Lívia e Lucca

Propósito: espalhar amor, paz, tranquilidade, alegria

Um rio é um curso de água que flui de uma nascente para um oceano, lago ou outro rio. Em terras cortadas por um rio existe frescor, alimento e a presença de plantas, animais e pessoas que usufruem de suas águas. Eliza é como um rio que transforma ambientes áridos em ecossistemas cheios de vida.

Eliza sempre foi uma pessoa feliz. Teve a sorte de receber da vida duas mães: a *batchian* (avó japonesa) e a mãe, Irene. A *batchian* cantava todas as manhãs enquanto organizava a casa e as refeições, trazendo para ela o exemplo e valor de uma pessoa alegre. A mãe, Irene, mostrou-lhe o valor da serenidade, cuidando dos filhos com discrição, preparando comidas saborosas para todos sem pedir nada em troca. Além delas, a vida lhe presenteou com a tia Mi, que às vezes é mesmo sua tia, mas também é um pouco sua mãe e irmã mais velha. Com ela, Eliza foi incentivada a pensar que poderia conhecer o mundo, explorar o novo, ir além do que estava em suas possibilidades iniciais. A influência positiva dessas mulheres ajudou a deixar a nascente desse rio sempre pura e límpida.

Lições de quem sustenta um Propósito   237

Na faculdade de Engenharia Civil, conheceu o Marcelo, que se tornou seu grande parceiro de vida. Mudaram para São Paulo em virtude das oportunidades de trabalho que receberam. Eliza trabalhou no mercado financeiro, pois sempre foi boa em gerenciar as finanças e aprendeu as diferentes opções de investimentos, de forma que tentou usar seu talento e conhecimento para ajudar pessoas a gerirem suas fortunas. No entanto, percebeu que isso não a preenchia. Parecia que o curso de seu rio estava escoando para a direção errada. Percebia que no mercado financeiro existia muita ganância, que não combinava muito com a sua essência.

Teve dois filhos: Lívia e Lucca. Parou de trabalhar por um período, mas depois decidiu retornar. Por dois anos, não viu o tempo passar. Era como se o seu rio interno não estivesse sendo abastecido e, lentamente, começasse a secar. Sentiu que estava perdendo muito, e dividir-se entre o trabalho e a maternidade não estava valendo a pena. Decidiu então que se dedicaria integralmente ao desenvolvimento dos filhos e a apoiar o marido em sua carreira de executivo. Essa escolha preencheu sua vida de sentido, energia e frescor.

Com seu conhecimento da engenharia civil, construiu uma linda casa em Atibaia, sua cidade natal. A casa ficou pronta justamente quando sua mãe adoeceu gravemente de câncer e precisou de cuidados. Por seis meses, Eliza dedicou-se aos cuidados com a mãe, levando-a às consultas em São Paulo, preparando as refeições e garantindo um ambiente de conforto e tranquilidade. Quando a mãe veio a falecer, Eliza sentiu-se grata pela vida ter lhe permitido esse casamento de tempo perfeito de a casa ter ficado pronta justamente quando precisou estar perto da mãe. Devido à pandemia, não pegou trânsito em seus diversos trajetos a São Paulo. Ver a vida da mãe se esvaindo foi desafiador e triste, mas Eliza estava segura de que seu rio estava fluindo na direção certa.

Eliza não acredita em sorte. Acredita em merecimento. Quando trazemos coisas boas ao mundo, ele nos retorna com presentes.

Recentemente, viveu um "encontro das águas". Seu rio chegou num mar a ser desbravado. Sua família mudou para os Estados Unidos. O marido recebeu uma promoção no trabalho e eles acharam que seria uma oportunidade de os filhos se desenvolverem, aprenderem um novo idioma e terem experiências diferentes. E tem valido a pena. É difícil para ela estar longe das demais pessoas da família e não morar na casa que construiu com tanto carinho, mas eles têm aproveitado as férias escolares de dois meses para voltarem ao Brasil e viverem um pouco da vida por aqui.

Eliza não sabe se ainda voltará à vida profissional, mas está sustentando a escolha de dedicar-se ao desenvolvimento dos filhos e ao crescimento profissional do marido. É a responsável pela gestão financeira e pela organização do lar e das atividades das crianças. Entende que, por ser rio, também é fonte de vida e equilíbrio para a família. E assim vai realizando seu propósito no mundo: espalhando amor, paz, tranquilidade e alegria para as pessoas.

Que poderosa a força da escolha!

A Eliza poderia ter decidido por outros caminhos, mas quis atuar como mãe em tempo integral nesse período da vida. E é esse rio lindo que nutre a sua família.

Ao mesmo tempo, ela precisa se dedicar no dia a dia às atividades domésticas, que certamente não é o que mais gosta de fazer nem o que utiliza boa parte do seu potencial, afinal, nos Estados Unidos é muito custoso ter uma pessoa para limpar a casa. E a Eliza passa muitas horas do dia sozinha, pois os filhos estão estudando, com os amigos ou em alguma atividade, o marido está no trabalho e os amigos e a família estendida (irmãos, tios, sobrinhos) estão no Brasil. Então há um custo de bancar essa escolha dela de se dedicar integralmente à família. Ela tem plena consciência disso, mas a balança dela pesa a favor dessa escolha.

Aqui vale trazer uma prática que anda lado a lado com a capacidade de tomar decisões: a priorização. Saber identificar o que é mais importante e modificar esse ranking de importância a cada momento é uma habilidade essencial para conseguir fazer boas escolhas.

Essa habilidade pode ser usada tanto para grandes decisões, como o Williams faz para o tempo que se dedica à família, dado que seu trabalho exige muitas viagens pelo mundo e um grande número de horas de dedicação, quanto para pequenas escolhas no dia a dia, como demonstra a Ana Júlia:

> "A minha atuação na família não demanda tempo exagerado, mas eu procuro ser pontual e estar presente nas horas das necessidades." — Williams

> "E assim, também parei de fazer algumas coisas que eu não curto e que me tomavam um tempo. Exemplo: 'Ah, meu, fazer a unha'. Gente, faz muito tempo que eu não faço a unha. Às vezes eu penso, 'nossa, devia fazer a unha'. Ah, mas por que fazer? Esse é um pequeno exemplo, assim, de alguma coisa que você fala... sabe, que você vai abrindo mão de 'por que você vai fazer isso? Por quê?'." — Ana Júlia

Vemos que a Ana Júlia, que escolheu combinar a maternidade e a vida profissional (você conhecerá sua história na Lição 9 do Capítulo 11), precisa tomar algumas decisões no cotidiano para dar conta de duas áreas muito demandantes e muitas vezes concorrentes da vida. E se questiona por que teria de fazer as unhas toda semana. Quantas coisas nós fazemos simplesmente porque não paramos para questionar se de fato aquilo é necessário?

Um aspecto interessante sobre o qual podemos refletir a partir da fala do Williams é que quantidade é diferente de qualidade. Podemos dedicar um número relativamente pequeno a algumas atividades ou áreas da vida, mas sermos estratégicos, assertivos. Quando ele se dedica a conversar com alguém da família que está precisando, ele se coloca por inteiro. Temos aqui uma dimensão qualitativa do tempo, que não se mede pelas horas quantitativas do relógio. A diferença entre Chronos e Kairós, da mitologia grega, nos ajuda a entender essas duas dimensões do tempo.

Chronos e Kairós: dimensões do tempo

Chronos era o senhor do tempo, que controlava a humanidade limitando o tempo disponível para as atividades. Ele era o pai de Zeus. Já Kairós era filho de Zeus e, portanto, neto de Chronos. Kairós era um jovem aventureiro e destemido que não se deixava controlar pelo tempo físico e se abria às surpresas da vida, vivendo conforme sua vontade. Assim, era conhecido como o deus do tempo oportuno. Chronos simboliza então o tempo quantitativo, do relógio, que passa independentemente da nossa vontade e que não se pode alterar. Já Kairós é o tempo qualitativo, que muda de acordo com seu significado. Já parou para pensar quanto tempo durou uma troca amorosa de olhares? Até podemos tentar quantificar esse tempo, mas a sensação interna pode ser que ela tomou um tempo infinito, o tempo da eternidade.

Quando estamos realizando atividades coerentes com nossos valores e propósito, o tempo ganha outra dimensão. E pode ser a nossa vitória nessa nossa luta contra o tempo quantitativo, fazendo valer a dimensão do tempo ligada à eternidade.

Agora convidamos você a refletir um pouco sobre a sua rotina. O horário que acorda, seu café da manhã, as atividades da casa, as reuniões no trabalho, as pessoas com quem interage, os deslocamentos, a frequência com que faz cada coisa. Se, de repente, a semana passasse a ter 4 horas a menos... o que você escolheria não fazer ou fazer diferente?

Queremos mostrar o lado difícil das escolhas. Viver o sonho e realizar o propósito a cada dia nem sempre é só realização. Há desafios a serem superados tanto no "momento de virada" (quando decidimos começar os projetos de vida e carreira em linha com o que realmente queremos para a vida) quanto na gestão do dia a dia.

Adriana, por exemplo, conta um pouco como foi o começo da jornada como empreendedora, quando decidiu abrir um salão de beleza para mulheres negras que quisessem deixar os cabelos naturais:

> "Aqui em Brasília tinham poucos salões de beleza, e todos voltados às tranças, aos apliques, aos alisamentos, essas coisas todas. E aí, quando eu comecei, até a minha família mesmo: 'ah, você é louca, não vai dar certo, ninguém vai parar de alisar o cabelo'. Estava no auge da progressiva, dos alisamentos. Eu falei: 'se não tiver ninguém pra usar o cabelo natural, vou fazer sobrancelha, vou fazer maquiagem, vou fazer qualquer coisa, mas não vou alisar'." — Adriana

Mórris também vivenciou dificuldades financeiras no início da Maturi:

> "Nos primeiros anos que não tinha faturamento, eu fui me bancando com o dinheiro que eu tinha guardado da venda da empresa, mas até que acabou, porque eu vendi meu carro" — Mórris

Assim como a Fernanda, que está na fase inicial da Source Hub e, enquanto não tem muitas verbas para o funcionamento da sua ONG, aproveita as férias de verão para alugar sua casa para turistas e passa a temporada acampando com o marido e os filhos:

> "A gente acampa durante a temporada porque a gente aluga a nossa casa para o Airbnb." — Fernanda

Há sacrifícios quanto ao uso do tempo também, pois o nosso tempo é limitado e temos de escolher o que fazer dentro desse limite fixo de horas. Isso inclui muitas vezes acordar mais cedo, dormir menos horas e vivenciar o cansaço em alguns períodos. O Dr. Luiz e o jovem Frankle (você conhecerá em breve a história completa dele na Lição 2 do Capítulo 11) comentam um pouco sobre esse tipo de desafio:

> "Faço exercício geralmente das 6 às 7 horas da manhã, isso é um ponto para mim, é bom e é sofrido, porque eu prefiro fazer exercício de noite. [...] Eu acordo mais cedo, 5h30 e não é o que eu gosto, eu queria poder acordar às 7 horas, 7h30 e fazer meu exercício, mas pra isso eu preciso abrir mão de alguma dessas coisas que eu faço e abrir mão é todo um exercício." — Luiz

> "Então chegava sexta-feira, eu saía do PROA e já ia direto pra lá [para o trabalho no bar], só voltava pra casa umas quatro da manhã para dormir e ao meio-dia já tava indo de novo. E chegava na segunda-feira morrendo de sono no curso, estudando, e tudo mais. Foi bem complicado, mas deu bom." — Frankle

Outro desafio de sustentar as escolhas é o tempo que dedicamos às outras pessoas a quem amamos:

> "Nós dois [ela e o marido] estávamos lendo cada um o seu livro, e aí as crianças chamavam. A gente parava e respondia, parava e fazia, aí uma hora a gente deu risada, eu falei assim: 'eu não consegui terminar uma página sem ser interrompida'." — Ana Júlia

"Por seis meses eu cuidei dela [sua mãe], exclusivamente me dediquei pra cuidar dela, pra ela ter uma ida com amor, sabe?" — Eliza

Percebemos que a Ana Júlia escolhe muitas vezes interromper suas atividades pessoais de lazer para atender aos filhos. E a Eliza também decidiu priorizar a mãe em um momento crítico em que ela adoeceu.

Um ponto interessante é que nem sempre nossas escolhas vão na direção do que a sociedade valoriza. Minha mãe Sonete [Carol Cavalcanti aqui] é enfermeira. Ela ama a sua profissão de origem. Há 16 anos, quando mudou para os Estados Unidos, começou a trabalhar como tradutora de uma revista. Apesar de não ser o trabalho dos sonhos, a flexibilidade de traduzir em qualquer lugar permitiu estar muito disponível para visitar os netos durante toda a infância, cuidar, por longos períodos, dos pais idosos que moravam no Brasil e ser, de fato, alguém com quem toda a família poderia contar. O cuidado é um valor fundamental para ela, mas por muito tempo não reconhecia o valor de sua contribuição por não estar necessariamente vinculada a realizações que são celebradas socialmente. Suas contribuições na atualidade podem ser contraculturais e não ficam estampadas nas redes sociais, mas, para aqueles que recebem o seu cuidado, tudo que ela faz é visto como uma expressão de seu amor. E ela reconhece que essa escolha tem sentido para ela, que é o que realmente importa.

Pois é... não é só de realização que vivem as pessoas com propósito. Mas, mesmo em face das dificuldades, nossos entrevistados demonstraram que os sacrifícios valiam a pena. A conta fechava.

É muito diferente de quando vivemos dificuldades em um cenário que não tem o menor sentido para nós. Por isso, ter um sentido maior para a nossa vida faz toda a diferença ao encarar as dificuldades.

Especialmente quando enxergamos os desafios da vida na perspectiva dos nossos entrevistados, que é a próxima lição que vamos apresentar.

"Ter um sentido maior para a nossa vida faz toda a diferença ao encarar as dificuldades."

Carol Shinoda
Carolina Cavalcanti

Lição 2 – Os desafios da vida como oportunidades para o crescimento

Esta foi uma das primeiras lições que aprendemos com nossos entrevistados. Desde a primeira entrevista, ficou evidente a forma como grande parte das pessoas realizadas enxerga os desafios da vida: são oportunidades para crescermos.

Não se engane pensando que elas tiveram desafios pequenos e, por isso, conseguem manter essa visão positiva. Muito menos deixam de enxergar quão difícil é o que estão enfrentando (elas não se iludem). Vivenciaram perdas de entes queridos, abusos, distanciamento, dificuldades financeiras, desafios com vícios, apenas para citar algumas das dificuldades.

No entanto, a forma de enfrentarem os desafios demonstra uma mentalidade voltada ao crescimento.

Mindset: o poder de acreditar que se pode ser melhor

A pesquisa de Carol Dweck[1] sobre como crianças lidavam com desafios e dificuldades a fez criar a teoria sobre a mentalidade de crescimento (*growth mindset*). Ao oferecer desafios um pouco acima do que seria possível que elas resolvessem com sua idade, algumas reagiram de forma surpreendentemente positiva: "eu adoro um desafio", mostrando que acreditavam que as suas habilidades poderiam ser desenvolvidas. Já outras crianças sentiram-se fracassadas, como se sua inteligência tivesse sido colocada à prova, e elas não deram conta da tarefa. Vemos aqui a diferença entre uma mentalidade de crescimento e uma mentalidade fixa. Como você vê os desafios? Os feedbacks que recebe? São uma prova do limite da sua capacidade ou uma possibilidade de expandir suas habilidades e se tornar melhor do que é hoje? A boa notícia

---

1. DWECK, C. **Mindset:** a nova psicologia do sucesso. São Paulo: Objetiva, 2017.

é que sempre podemos mudar nossa forma de pensar e de ver o desenvolvimento humano. Vale relembrar como você era quando iniciou a vida profissional ou estudantil e comparar com o que você é capaz de fazer hoje em dia. Na época, você imaginava o quanto seria capaz de evoluir? E se já se desenvolveu tanto, poderia imaginar que no futuro você conseguirá ter ainda mais habilidades?
Para conhecer um pouco mais sobre a pesquisa da Carol Dweck, vale assistir à sua palestra no TED.[2]

É interessante ver como as falas de algumas pessoas reforçaram essa visão voltada ao crescimento:

> "Cada desafio para mim é uma motivação de resolvê-lo. Então, depende de como você olha. Você olha como um problema ou você olha como: 'uau, vamos lá'[...]. [Contou sobre a experiência do segundo filhos ter nascido com apenas 5 meses] Mas, assim, a fé, ela me faz dizer, 'tá, se eu estou passando por isso é porque eu tenho alguma coisa a aprender'." – Sofia

Uau! Vamos lá! Fica aqui o convite da Sofia para superarmos os desafios das nossas vidas. Vale pensar em uma das diversas propostas que a vida tem feito a você para lidar, resolver, superar. O que pode aprender com essa situação?

Veremos a seguir dois exemplos de situações bem difíceis enfrentadas por Williams e Fernanda:

---

2. Disponível em: https://www.ted.com/talks/carol_dweck_the_power_of_believing_that_you_can_improve?language=pt

"Com 35 anos, eu tive cinco ameaças de infarto. E aí eu fui forçado a parar [...] E nesse período de parada forçada, e de recuperação da minha saúde, eu refleti que o segredo da vida não é necessariamente eu realizar os meus propósitos, mas viver para servir. [...] Porque as experiências ruins são fator de crescimento, e as experiências boas são o abraço do incentivo. Mas ambas as experiências são indispensáveis para a gente poder crescer." — Williams

"Então, grávida mesmo, falei: 'não consigo mais' [ficar casada com seu primeiro marido]. Eu fiz cesárea e depois de quatro dias eu estava trabalhando mais de 80 horas cuidando de idosos. Abriram todos os pontos, porque realmente eu tentei sair daquela situação por bem ou por mal, o mais rápido possível. Foi aquele momento que me deu uma força interna, que eu falei assim: 'que se dane tudo e todos, eu vou mudar de vida'." — Fernanda

Quando nos colocamos nas situações em que eles relatam, percebemos que havia outros rumos que poderiam ser tomados. Desde manter a vida que tinham antes, ignorando os avisos do corpo e da alma, até ir por um caminho de raiva da vida e amargor. No entanto, decidiram usar suas experiências para aprender e fazer mudanças na direção de uma vida com mais sentido e significado para eles.

Williams percebeu que deveria viver de forma diferente, procurando não apenas realizar-se com o talento musical e a capacidade de ensinar pessoas na área, mas buscar ter seu foco além de si. E a Fernanda, mesmo tendo tido uma formação religiosa bastante severa, em que o divórcio era visto como pecado, decidiu que iria separar do primeiro marido abusivo e arranjar formas de se manter. E é impossível não comentar a bela frase do Williams: "as experiências ruins são fator de crescimento, e as experiências boas são o abraço do incentivo". Ah, se todos nós víssemos o mundo com esse belo olhar! Fica esse incentivo!

E tem quem já programe uma festa para quando vencer o desafio!

> "Quando estou passando por um momento difícil, eu fico pensando 'na hora que acabar, eu vou fazer uma festa, eu vou comemorar, eu vou num restaurante'." — Rodolfo

Pois é... inspiradores esses exemplos!

Nessa linha de inspiração, vamos conhecer a história do jovem Isfrankle, mais conhecido por Frankle.

<u>Isfrankle Souza</u>

22 anos, maranhense que vive hoje em São Paulo, engenheiro de software

Propósito: incentivar e dar apoio emocional para que jovens possam se inspirar, sonhar alto e construir uma vida melhor

Como os sonhos nascem no coração de um jovem? Onde encontrar forças para transformar anseios em realidade? Como desenvolver a capacidade de lançar os olhos para novos horizontes mesmo em meio à tempestade?

Se a história de Frankle fosse um filme, teria uma pitada de vários gêneros: drama, suspense, aventura, comédia. O menino nasceu no Maranhão e depois mudou com a família para o Pará. Foi criado pelo pai e mãe que são fiéis evangélicos. Aprendeu a viver a máxima do cristianismo: amar a Deus e ao próximo como a si mesmo. Ainda na infância, descobriu que tinha duas grandes paixões que alimentavam seus maiores sonhos: computadores e futebol. Adorava jogar e se divertir com os amigos. Todavia, na adolescência, sofreu um acidente enquanto jogava bola e perdeu a mobilidade. Num ato de coragem, sua mãe decidiu pedir transferência para um hospital em São Paulo para que recebesse o tratamento adequado. O processo de recuperação foi longo e árduo. Por mais de um ano, ele e a mãe ficaram reclusos em um quarto de hospital do SUS, o Hospital Ipiranga, em que a principal diversão de Frankle era assistir pela janela os meninos da idade dele se divertindo ao redor do Museu Ipiranga. O peso emocional e financeiro foi grande para a família, mas o menino continuou alimentando os sonhos de expandir seus horizontes.

Ao voltar para o Pará, tentou conseguir um trabalho, mas as oportunidades eram escassas. Depois de seis meses, decidiu que precisava tomar as rédeas de sua história. A viagem para tratar da saúde havia aberto a sua mente para novas possibilidades. Assim, aos 16 anos, resolveu construir sua vida em São Paulo. Começou a se preparar. Achou um lugar para morar por meio do Facebook, juntou algumas roupas numa mala pequena e guardou na mochila dinheiro suficiente para comer por alguns dias. Por fim, comprou a passagem de ida. Abraçou os pais e a irmã sem saber quando os veria novamente. Partiu para São Paulo, cheio de planos e sem bilhete de volta.

A chegada em terras paulistas foi difícil e cheia de desafios. São Paulo era um universo desconhecido. Frankle se perdeu no metrô, não sabia andar de ônibus. O apartamento que havia alugado estava completamente sem móveis. Enquanto tentava se acomodar no piso frio com o pouco que tinha, sentiu um vazio imenso se alastrar em seu peito. Estava completamente só. Não tinha a quem recorrer naquela cidade tão grande. Deus era seu único refúgio. A fé o sustentou. Sabia que, em poucos dias, o dinheiro acabaria. Precisava de um trabalho.

Logo encontrou pessoas que perguntaram se ele queria ajudar a pintar uma casa. Ele encarou esse convite como uma oportunidade que o levaria em direção aos seus sonhos. Depois disso, trabalhou no que apareceu: foi lavador de carros, entregador de pizza, ajudante de pedreiro, barbeiro, barman, estoquista e balconista em um supermercado, só para mencionar alguns. Nessa fase em que lutava bravamente pela subsistência, dedicava-se para dar o seu melhor. "Não foi fácil, digo pra você, não é qualquer pessoa da minha idade que teria cabeça suficiente para segurar as emoções, que eram muitas."

A vida deu uma ajudinha e o conectou com uma madrinha em São Paulo, a Larissa, que o ajudou levando-o de volta para a igreja (dava até carona para ele ir aos cultos), deu uma bicicleta do marido para ele poder fazer entregas de delivery quando ficou sem emprego e depois o encaminhou para o ramo de construção, onde ele conseguiu vários trabalhos.

Encontrou na aprendizagem um caminho para se aproximar de seus sonhos. Fez cursos online gratuitos ofertados por empresas. E sentiu que finalmente estava começando a dar passos largos na direção certa quando se matriculou num curso online do Instituto PROA, uma ONG que prepara jovens advindos de escolas públicas e os ajuda a ingressar no mercado de trabalho. No PROA, Frankle aproveitou cada oportunidade que lhe foi dada. Aprendeu a fazer networking, preparou a sua página do LinkedIn, treinou como se portar em uma entrevista e descobriu que a área de tecnologia precisava de desenvolvedores de software. E conseguiu, na terceira tentativa, ingressar em um concorrido curso de programação presencial oferecido pelo PROA/SENAC que tem a duração de um ano. Ele sabia que precisava se dedicar de forma integral para se tornar o profissional que sempre sonhou. No entanto, dependia do trabalho para sobreviver. Pediu demissão de seu emprego, mesmo sem saber como se manteria. Seu gestor no bar em que trabalhava o convidou a manter sua função de *barman* apenas nos finais de semana (de sexta a domingo). Com isso, não teria espaço de descanso, mas pagaria as contas.

Sua convicção de que valeria a pena investir nos estudos foi recompensada. Dois meses depois de ingressar no programa para desenvolvedores, o PROA fez um sorteio para escolher um grupo de jovens que iria visitar a sede de um grande banco. Frankle não foi sorteado para participar da atividade. Ele reconheceu que aquela era uma boa oportunidade e decidiu arriscar. No dia da visita, apareceu no local e pediu para o coordenador do PROA deixá-lo entrar no prédio dizendo: "se um cavalo selado passar perto de você, suba porque pode ser que ele passe apenas uma vez". Depois de uma conversa intensa de convencimento, o coordenador deixou Frankle se unir ao grupo dos jovens sorteados. Nesse dia, ele se destacou e foi contratado como Engenheiro de Software Jr.

"Quando a oportunidade não chega, você pode fazer com que venha até você." Essa frase resume a garra que caracteriza esse jovem que hoje está se preparando para fazer a faculdade e continuar crescendo na carreira. Frankle mora sozinho, mas sonha em um dia casar e ter filhos. Por enquanto, compartilha a vida com pessoas que lhe impulsionam: amigos do futebol, do bairro, colegas de trabalho, membros da igreja que frequenta semanalmente. Alimenta a fé todos os dias: ao acordar, lê a Bíblia, ouve louvores, faz uma oração e parte para enfrentar os desafios da vida cheio de fé e esperança. Pelo menos cinco vezes por semana dedica tempo para fazer academia. É no exercício físico que fortalece seu corpo e cuida da mente.

Nos últimos tempos, Frankle tem atuado em reuniões e eventos do PROA como voluntário. Sua experiência inspira outros jovens a ousarem sonhar grande. A forma como sempre enxergou os desafios como caminhos para oportunidades de crescimento tem motivado jovens de todo o Brasil a trabalhar por uma vida melhor. Seu propósito é incentivar e dar suporte a outros jovens que vivem desafios emocionais, financeiros, relacionais, profissionais.

Frankle sabe que está só no começo de sua jornada. A felicidade é uma construção diária que abarca lutas, perdas e vitórias. Nessa jornada, está disposto a continuar sonhando alto, fabricando oportunidades e trabalhando. Contudo, não quer fazer isso sozinho. Aprendeu que lançar os olhos para novos horizontes e ajudar outros jovens a fazer o mesmo é sua missão. Esse é o legado que sonha em deixar.

E depois dizem que ter propósito é só para quem está na meia-idade ou no final da vida... Frankle mostra que todos os desafios que viveu ajudaram a formar seu caráter e querer ajudar outros jovens como ele a vencerem também. Importante aqui ressaltar a questão das escolhas. Ele poderia ter se tornado uma pessoa frustrada por sua lesão no joelho não permitir que se tornasse um jogador profissional e por não conseguir um emprego que gostasse na cidade onde vivia. Só que ele pegou o destino nas mãos, comprou a passagem só de ida para São Paulo e foi lutar por seu lugar.

Assim como Frankle, ouvimos relatos lindos de transformação: pessoas que cresceram com as experiências da vida e, a partir disso, decidiram ajudar outras pessoas a crescer também:

> "A educação está mudando a minha vida. Eu vim de uma família muito simples, muito simples, eu moro na favela literalmente, e aos poucos eu tô conseguindo me erguer por conta da educação. E isso é uma coisa que eu quero passar para a minha comunidade, para as pessoas verem que também é possível, e eu faço muito isso através do voluntariado." — Isa

> "E a minha superação é prova de que as outras pessoas também conseguem. Então, eu acredito que treinar pessoas para

lidar com outras pessoas que tenham as mesmas dores que eu já tive um dia é importante." — Adriana

Essas passagens lembram muito o caminho misto (transformação dentro e fora) e acontecem quando o grande impulso para a descoberta do propósito é a superação de uma dor. No entanto, essa mentalidade é usada em cada momento da vida, dos pequenos aos grandes desafios. Nem todos são combustível para modelar nosso propósito, mas certamente contribuem para nos recarregarmos e seguirmos nossa trajetória de forma mais leve.

Por fim, queremos recuperar uma frase dita pela Eliza que traz uma referência da natureza para embasar o processo de crescimento:

> "Tem um sofrimento bom, que você está crescendo mesmo. Eu já estudei muito sobre a lagosta, que ela perde a casca para poder crescer, então ela tem aquele sofrimento, mas se ela não tiver esse sofrimento ela não cresce, e aí a casca se forma de novo, e depois ela troca a casca mais uma vez... para poder se expandir mesmo." — Eliza

Você já conhecia esse processo que as lagostas enfrentam? Fomos assistir a alguns vídeos na internet mostrando esse momento delas se soltando das cascas (só encontramos vídeos bem caseiros e, por isso, não compartilhamos aqui) e, se você acionar sua empatia, vem um misto de angústia e admiração. Tão corajoso esse ser! Está lá, protegidinho na casca, e faz um esforço grande para sair de dentro dela. E aí fica muito vulnerável! E busca esconderijos para se proteger dos predadores até que uma nova casca se forme com o tempo. Quem nunca viveu um processo semelhante na vida?

Lembro a primeira vez que tive meu coração partido [Carol Shinoda aqui]. Nesse caso, nem fui eu que decidi sair da casca, mas, quando me dei conta, estava lá, vulnerável, tentando buscar refúgio nos estudos, no trabalho, nas amizades. E, aos poucos, meu coração se recuperou, formei uma nova casca para me proteger e fui à luta novamente em busca de um parceiro de vida. E houve momentos mais adiante em que eu decidi sair de outras relações, pois estava acomodada e não conseguia crescer. Hoje vejo o quanto aprendi nesses processos, assim como em diversos outros lutos que vivi. Se eu tivesse ficado na minha primeira casquinha, não seria quem sou hoje.

Recomendamos o TED do professor Gino Terentim[3] que fala sobre questionarmos nossos paradigmas (certezas e verdades) e traz alguns aprendizados sobre o processo da lagosta que a Eliza comentou.

> **Como superar paradigmas que protegem e limitam sua vida**
> O que a lagosta ensina para a gente sobre mudança?
> **1)** A mudança vem com desconforto;
> **2)** Ela é necessária para o nosso crescimento;
> **3)** No momento em que decidimos mudar, nos expomos a uma situação vulnerável.
> Ele fala sobre paradigmas, que são padrões, certezas e "verdades" a que nos apegamos e que podem, sim, nos ajudar a pegar alguns atalhos e evitar a perda desnecessária de energia (podemos tomar café da manhã ou dirigir sem ter que pensar muito), mas podem também nos limitar de fazer coisas importantes de forma diferente.
> Gino nos deixa então a pergunta: qual é o paradigma que lhe serve como proteção (assim como a casca apertada da lagosta) e do qual você vai precisar se livrar para poder continuar crescendo?
>
>

---
3. Disponível em: https://www.youtube.com/watch?v=5Of0o_03r6Q.

Compartilhando a minha reflexão pessoal [Carol Shinoda], neste momento em que escrevo o livro com 9 meses de gestação, o paradigma ao qual eu sempre me apeguei e que preciso transformar é que meu valor como pessoa está nas entregas que faço para o mundo. Até mesmo a decisão de escrever um novo livro durante a gravidez segue esse padrão de pensamento. E agora que vou passar alguns meses da minha vida me dedicando exclusivamente à maternidade, algo que com certeza é de uma entrega gigantesca, mas é para um único ser humano (meu filho), preciso entender que o meu valor reside em quem sou e nos valores que coloco em prática no dia a dia. Caso contrário, posso acabar me sentindo pouco importante nesse período, mesmo realizando uma tarefa tão relevante como cuidar de um novo ser. Essa é a casca que preciso deixar para trás. Ela foi importante até aqui para eu ter o impulso de gerar novas ideias, novos produtos e projetos, mas agora está me limitando.

E você? Qual é o paradigma que está impedindo de crescer? Sabemos que não é simples ter consciência dos nossos paradigmas. Afinal, a função de um paradigma é exatamente ser um mecanismo inconsciente para não gastarmos energia pensando nele. Vamos trazer alguns impulsos e convidamos você a completar as frases e notar as "verdades" que guiaram suas decisões até agora:

- Eu só consigo ser feliz se…
- Para merecer ser amado, eu…
- O meu valor como pessoa depende de…
- Só vou conseguir mudar quando…
- Vou me sentir bom/boa o suficiente quando…

Momento de transição

Uma parte importante do processo de mudança é o momento de transição. É aquele momento bem vulnerável em que já nos demos conta de que saímos da casca, mas ainda não encontramos uma forma segura de viver enquanto criamos a nova proteção.

Pode ser um contexto em que terminou um relacionamento que lhe fazia mal, mas ainda se sente perdido e não sabe como recuperar seu equilíbrio interno. É quando decidiu sair do emprego (ou decidiram por você) e ainda não tem ideia de como vai pagar as contas ou encontrar algo que lhe proporcione mais realização. É quando recebe um diagnóstico de uma doença, mas não tem certeza se o tratamento vai funcionar.

Sentimos nosso coração aberto, desprotegido. E vem aquela vontade de se esconder do mundo e de si mesmo.

Como viver esses momentos?

Um ponto importante é aceitar que as transições fazem parte da experiência do que é ser humano. Vivemos altos e baixos. É como um eletrocardiograma, com aqueles picos e vales. Se o resultado do seu exame for uma linha reta sem variações, significa que você não está vivo. Aqui podemos relembrar nossa discussão no início do livro sobre felicidade tóxica, que seria uma expectativa de só viver momentos de alta na vida. É necessário viver as transições, pois elas nos levam a um lugar diferente de onde partimos e podemos nos transformar no processo.

Só de entender que os momentos de transição são normais e esperados para qualquer ser humano, já deixamos aquele lugar de vítima, em que ficamos pensando "por que isso aconteceu comigo?", que não nos ajuda a sair dos buracos ou fazer as travessias.

O Mórris demonstra ter essa compreensão do processo:

> "Então, de vez em quando tem um sentimento de frustração da gente já querer estar em outro patamar, mas a gente sabe que faz parte do processo." — Mórris

Há alguns caminhos que podem nos ajudar a viver essas transições de forma menos dolorida. Um deles é a fé, cuja importância já abordamos na Parte 2 do livro, sobre felicidade. A Fernanda, o Frankle e a Sofia utilizam muito esse recurso interno:

"Um ponto importante é aceitar que as transições fazem parte da experiência do que é ser humano. Vivemos altos e baixos."

Carol Shinoda
Carolina Cavalcanti

"E eu tô bem confiante. Eu falo: 'gente, eu nunca vi uma desempregada tão calma'. Porque assim, eu sei que vai dar certo." — Fernanda

"Eu falo que nossa força, minha força vem de Deus, porque realmente a gente como ser humano, tem hora que a gente vai querer chutar o pau da barraca, vai querer desistir de tudo, porque não é só dias felizes, não é só caminhos felizes." — Frankle

"Eu tenho uma fé inabalável. Quando acontece alguma coisa muito ruim, claro que tem dia que eu falo: 'por que comigo?'. Mas eu digo assim: 'o que eu tenho que aprender com isso?'" — Sofia

Outro caminho consiste em relembrar nossos recursos internos: nossas forças, habilidades e valores. Resgatar situações de transição que já vivemos no passado e em que conseguimos cruzar a ponte pode ser muito potente para percebermos que temos muitos elementos em nós que podem ser usados agora. Pode ser coragem, humildade, capacidade de buscar ajuda, organização, planejamento para buscar informações, ousadia.

O Rodolfo conta um momento em que estava no "limbo" da transição e lembrou (na verdade, foi lembrado) de vários recursos com os quais contou durante seu crescimento:

"Um dia eu tava naquele limbo, assim, e aí eu falava assim, 'não, mas eu sou um cara pobre, eu sou um cara que não tive escolaridade, eu sou um cara que não sei o quê, blá, blá, blá, blá'. Aí alguém falou pra mim assim, falou: 'você não teve escolaridade? Você era um cara de periferia que tinha uma biblioteca em casa. A sua mãe assinava dois jornais por semana; você fazia aula de natação, você tinha professor particular de inglês; e você fez aula de Kumon, e você fez aula de caligrafia. Como que você não tinha recurso?'" — Rodolfo

Vale mencionar que, além dos recursos internos, temos os recursos externos: a nossa rede de apoio. Lembra que falamos sobre nossa rede ser uma fonte de bem-estar? Pois é. Podemos usá-la em momentos de vulnerabilidade e transição também para nos dar força, nos lembrar dos nossos recursos internos e também indicar possíveis caminhos.

Vale aqui resgatar a sua reflexão na seção "Fonte 2" do Capítulo 4, sobre quem você considera que faz parte da sua rede de apoio.

A seguir, vamos destacar o recurso interno dos nossos valores e mostrar como eles influenciam nossa forma de concretizar nosso propósito no mundo. Essa é a próxima lição que aprendemos com nossos entrevistados.

Lição 3 – Os valores dão forma ao Propósito

Nossos valores nos ajudam a tomar decisões, a priorizar o que é mais importante para nós e a avaliar como está a nossa vida. Quando conseguimos praticar nossos valores, seja nas nossas relações, no trabalho ou em qualquer contexto em que vivemos, sentimos uma paz interior. Já quando nossa vida está desalinhada com o que valorizamos, ficamos angustiados, agitados, como se não nos encaixássemos naquela fôrma.

É difícil ter consciência dos nossos valores. Se perguntarmos a você: quais são os seus principais valores? Podem até emergir algumas palavras-chave, mas não é simples elaborar uma lista dos cinco valores principais.

Geralmente identificamos isso por meio da nossa história de vida, ao analisarmos as decisões que tomamos. Ajuda muito ter uma pessoa apoiando nisso, pois, para nós, é tão natural agir como agimos que, às vezes, fica difícil perceber um valor ali se manifestando.

Nas histórias dos nossos entrevistados, muitas vezes os valores eram repetidos inúmeras vezes, mas a pessoa não percebia o quão importante aquilo era para ela. A pessoa dizia: "a gente não pode tirar a liberdade de ninguém ser quem é", "eu gosto de ter essa liberdade", "ai, não suporto quem tenta tirar a liberdade das pessoas". Parece que ela valoriza bastante a liberdade, não é?

Vamos compartilhar a seguir alguns exemplos de valores para você analisar se alguns parecem com os seus principais.

Justiça	Liberdade
Equilíbrio	Paz
Honestidade	Respeito
Humildade	Responsabilidade
Independência	Serviço ao próximo
Integridade	Tolerância

Pode ser que você olhe essa lista e sinta dificuldade de priorizar, pois todos parecem importantes. Uma forma de escolher os que são mais fortes para você é imaginar-se em uma relação com uma pessoa que não tem muito aquele valor e sentir o nível de desconforto que isso gera em você. Por exemplo, se pensar em um amigo que não tem respeito pelas pessoas, isso talvez traga um incômodo muito maior do que se ela não tem muita humildade (ou ao contrário, dependendo de quais são os seus valores).

Há um teste bem conhecido na área de desenvolvimento profissional chamado "Âncoras de Carreira", que sintetiza alguns valores profissionais. Ele foi concebido pelo pesquisador Edgard Schein. Apresenta oito âncoras que, quando estão presentes no nosso ambiente de trabalho, não temos vontade de migrar nosso barquinho para outro lugar:

1) **Competência técnico-funcional**: valoriza a profundidade cada vez maior em um assunto, interesse em ser reconhecido como um especialista na área.
2) **Gerência geral**: valoriza atingir níveis cada vez mais altos na organização, ter alto nível de responsabilidade, influência e renda.

3) Autonomia e independência: valoriza fazer as coisas à sua maneira e tem baixa tolerância a regras e a outros controles.

4) Segurança e estabilidade: valoriza segurança e previsibilidade. É natural buscar organizações estáveis, com boa reputação e baixa chance de demissão.

5) Criatividade empreendedora: valoriza criar o próprio negócio. Tem ímpeto criativo e quer sempre criar novos produtos e empreendimentos.

6) Dedicação à causa: valoriza trabalhar com a causa em que acredita. Dinheiro não é o mais importante. Quer influenciar e impactar em sua causa.

7) Desafio puro: valoriza resolver problemas aparentemente insolúveis. É competitivo e gosta de ter desafios complexos para resolver.

8) Estilo de vida: valoriza integrar carreira e vida, de forma que a flexibilidade é um aspecto muito importante.

Quais são as suas principais âncoras? Aquelas que são imprescindíveis para você querer permanecer onde está?

Há testes disponíveis na internet e o próprio livro do Schein para você testar sua percepção, mas tente já identificar suas duas ou três maiores âncoras com base no seu autoconhecimento.

É importante esclarecer que os valores mudam ao longo do tempo. Uma pessoa que costumava valorizar autonomia e independência pode passar a priorizar segurança e estabilidade no momento em que tem um filho, por exemplo.

E o que os valores têm a ver com propósito?

Bem, os valores dão forma ao propósito. Duas pessoas com a mesma declaração de propósito podem realizar suas ações de maneira totalmente diferente. Por exemplo, imagine que duas pessoas têm como propósito "ajudar jovens a terem condição de conseguir um trabalho digno e uma vida próspera". Uma delas pode ser professora na área de Carreira em uma universidade e a outra pode fazer isso por meio de um instituto que capacita jovens em vulnerabilidade social. Certamente, as histórias dessas pessoas as levaram a formar valores distintos. A professora pode valorizar o conhecimento e a estabilidade profissional. A empreendedora social pode valorizar autonomia e criatividade.

Vamos ver como os valores dos nossos entrevistados influenciam a forma de materializar seus propósitos?

A Adriana valoriza a inclusão social, o respeito a cada ser humano e a liberdade de ser quem se é. Ela conta como o trabalho é uma forma concretizar seus valores:

> "A pessoa preta, ela já sai de todos os outros lugares com tantas dores, e quando ela chega pra gente, ela já chega cheia de ressalvas, cheia de medo, cheia de preconceitos em relação a tudo que está ao redor. Assim como os LGBTs, mas fazer com que outros profissionais aprendam a lidar, saibam tratar dos seus cabelos, saibam trazer beleza, para mim, é um caminho, uma maneira de perpetuar tudo aquilo que eu vivi e o que eu acredito." — Adriana

O Rodolfo comenta seus valores de igualdade e amor ao próximo, que são a base para o trabalho que realiza com pessoas em situação de rua:

> "Eu acho que assim, uma das coisas que eu demorei para entender é que eu tinha que olhar para essa pessoa como um igual assim, sabe. É olhar para aquele indivíduo como alguém que sofre, que tem angústia e que é um ser humano falho como eu." — Rodolfo

E o Williams demonstra como o valor por contribuir no âmbito da igreja fez com que tomasse uma decisão difícil, pois precisou abrir mão de aspectos como sucesso, projeção nacional, renda:

> "E, naquela época, eu recebi um convite para ser arranjador, músico, lá da TV Record, e eu deveria ganhar o equivalente

a 10 vezes mais do que ganha um pastor. Eu tinha 18 anos, foi uma tentação muito grande para mim, porque eu instantaneamente viraria um músico famoso no Brasil inteiro. Mas eu disse que não, ia sair fora do meu propósito. E eu perseverei, trabalhando para a igreja, servindo para a igreja. Agora já vou fazer 72 anos e não me arrependo dessa decisão. Foi a melhor decisão que eu pude tomar." — Williams

A Eliza também tomou uma decisão importante, em coerência com seus valores. Percebendo que o mercado financeiro promovia aspectos contrários ao que ela acreditava, decidiu sair do trabalho e focar na família, que é hoje onde mais concretiza seu propósito:

"Eu trabalhava no mercado financeiro, então é um mercado de trabalho bem pesado, bem de ganância, de querer dinheiro, querer... sabe? E isso acho que não me fazia bem, eu falei: 'não quero isso pra mim'." — Eliza

Mórris mostra que, para ele, a estabilidade que tinha no trabalho não era o que o motivava e foi em busca de realização profissional como empreendedor social:

"Eu ganhava bem, trabalhava pouco, era supertranquilo, mas ia arrastado. Então foi assim muito nítido pra mim que não era o dinheiro que me movia, e aí acho que caiu essa ficha." — Mórris

O Luiz mostra como, para ele, mais importante do que performance é a responsabilidade que cada pessoa tem pelo bem-estar do próximo (ele chama de coerência social):

"Acho que talvez é uma crença que eu tenho muito forte, de que cuidar das relações humanas está muito mais no topo do que cuidar do resultado em si, da performance, da produtividade. [...] Porque eu acho uma questão talvez aí de coerência social. Acho que eu tenho como um valor muito forte, Carol, a ideia de que só estamos bem se todos estamos bem." — Luiz

A Carol Silva comenta sua escolha profissional, que tem mais a ver com a âncora da autonomia e liberdade do que com a estabilidade:

"Meu espírito era um pouco mais dinâmico do que isso. Então, não me prendi muito por não ter aquele sonho de ter um trabalho fixo para fazer o resto da vida. Mas quis ir construindo degrau por degrau" — Carol Silva

É bonito ver como os valores moldam a maneira como nos colocamos no mundo.

Que tal retomar a sua história de vida e suas decisões pessoais e profissionais e refletir sobre quais valores você percebe que influenciaram suas decisões? O que acredita ser fundamental para sentir que sua vida é coerente com o que importa para você?

Lição 4 – O autoconhecimento como propulsor das descobertas

Conhecer-se é um processo contínuo na vida. Quer você se dedique ao autoconhecimento de modo intencional, quer simplesmente deixe a vida acontecer, com certeza descobre coisas novas sobre você mesmo a cada dia.

Aristóteles dizia que o autoconhecimento é a chave para a felicidade. E é também para o Propósito, pois não temos como contribuir com as outras pessoas a partir do melhor que temos sem nem saber no que somos bons e o que valorizamos.

O exercício de se conhecer não é simples. Ele nos convida a estarmos abertos à nossa luz, mas também à nossa sombra. Elas são faces de uma mesma moeda. Se abrirmos a porta para o nosso interior, poderemos descobrir nossas qualidades, forças, potencialidades...

"O exercício de se conhecer não é simples. Ele nos convida a estarmos abertos à nossa luz, mas também à nossa sombra. Elas são faces de uma mesma moeda."

**Carol Shinoda
Carolina Cavalcanti**

e também veremos nossas dificuldades, dores e vulnerabilidades. Aqui vale lembrarmos a pesquisa sobre Mentalidade de Crescimento da Carol Dweck (na Lição 2). Quando treinamos o olhar para entender que podemos sempre nos desenvolver, não fica tão doloroso enxergar nossas limitações, pois são apenas coisas que "ainda" não conseguimos fazer.

Cabe aqui um alerta se você for como a Carol Shinoda, que, no primeiro dia de terapia, teve o seguinte diálogo:

[Laila, psicóloga]: "Mas, Carol, você acredita que pode um dia ser perfeita?"

[Carol Shinoda]: "Claro! É só eu me esforçar muito!"

Ai, ai... que ilusão. E isso traz muito sofrimento e frustração, pois é uma crença irreal.

Vale conhecer a pesquisa da Brené Brown, que nos ajuda nesse sentido.

O poder da vulnerabilidade

Em sua pesquisa, tentando inicialmente entender o sentimento de vergonha, Brené Brown,[4] uma pesquisadora norte-americana, deparou-se com um grupo de pessoas "sem vergonha", que ela chamou de pessoas Plenas. Elas tinham senso de pertencimento, acreditavam que mereciam ser amadas, diferente do grupo que sentia vergonha, que sempre se perguntava se era bom o suficiente. As pessoas plenas tinham a coragem de ser quem eram, por inteiro, imperfeitas. Também conseguiam ter autocompaixão e ser gentis consigo mesmas. E conseguiam se conectar verdadeiramente com outras pessoas, pois reduziram os muros de proteção e mostram autenticamente quem são e não quem pensam que deveriam ser. Simples, né? (Não é nada simples, mas é possível.) Essa é a essência da

---

4. TED da autora disponível em: https://www.ted.com/talks/brene_brown_the_power_of_vulnerability?language=pt-br.

> vulnerabilidade, que discutimos na lição sobre os desafios da vida. Então, viver de forma plena demanda abraçar a vulnerabilidade e aceitar quem somos, por inteiro, imperfeitos e belos como todo ser humano.
>
>

Agora vamos conhecer a história de uma das autoras, a Carol Shinoda, que foi escrita pela Carolina Cavalcanti. A Carol mostra como o autoconhecimento foi fundamental para entender quem ela é, e hoje quer ajudar outras pessoas a entenderem também quem são e como podem contribuir no mundo.

Ana Carolina Messias Shinoda

Escrita por: Carolina Cavalcanti

39 anos, professora, autora, mentora, coordenadora acadêmica, casada com Emerson e mãe do Mateus Tetsuo

Propósito: ajudar jovens e profissionais a desenvolverem seus Propósitos e a viverem uma vida com mais sentido e significado

Cada estação tem sua beleza. E tem também seus confortos e desconfortos. As leis da natureza indicam quando uma estação deveria começar e terminar e explicam o que esperar de cada uma das temporadas. Mas a vida não é tão simples assim. Às vezes, as estações estão dentro de nós. O ritmo, a temperatura e as cores das nossas emoções, sonhos e realizações não podem ser ditados por leis naturais. Carol percebeu isso na infância, que foi um verão em sua vida.

Ela cresceu em um lar afetuoso e estruturado. Desde cedo era um raio de sol que aquecia o coração dos pais, da irmã, dos avós, das tias e das primas. Era uma criança feliz, falante e que gostava de segurança e harmonia. Seu pai é administrador e descendente de japoneses, e sua mãe é psicóloga e descendente de espanhóis. A perfeita combinação entre serenidade e intensidade. Rigor e afetividade. O amor profundo que existia entre os dois dava segurança para Carol. No entanto, havia também momentos em que discutiam por serem tão diferentes. O tom de voz subia e os dois falavam ao mesmo tempo, interrompendo a tranquilidade habitual do lar. Eram como chuvas fortes de verão que chegavam de forma desavisada, mas logo as nuvens se dissipavam e o sol voltava a brilhar.

Carol sempre gostou de aprender. Era uma das melhores alunas da escola onde estudou do 1º ao 8º ano. Esse ambiente era sua segunda casa e estar ali aquecia sua vida com boas amizades e professores que valorizavam seus esforços e inteligência. Nesse período, aos 14 anos, conheceu o primeiro namorado, com quem construiu uma relação de respeito e confiança. E foi nessa estação que começou a sonhar em ser médica. Queria usar seus conhecimentos para salvar vidas. Sim, Carol amava pessoas! Mas existia um grande obstáculo entre seu sonho de verão e a realidade: o vestibular. Para ter uma chance de passar em medicina, seria preciso cursar o colegial (hoje o Ensino Médio) em uma escola mais "forte".

Mudou então para uma escola de renome na capital paulista. Ali os jovens eram preparados para ingressar nas melhores universidades do país. Era uma instituição mais cara também. Ela sabia que seus pais estavam fazendo um esforço para proporcionar essa oportunidade. Para a Carol, também era um grande desafio conviver com colegas de classe mais introspectivos e, na sua visão, muito mais inteligentes e preparados que ela. De melhor aluna da sala, passou a ser a pior. E foi assim que Carol conheceu o outono de dúvidas e incertezas sobre quem era e qual era o seu real valor.

Ela encontrou a ajuda de que precisava nas sessões de terapia. O que fazer com as folhas amarelas e alaranjadas que lentamente caíam das árvores de certezas que tinha nutrido até aqui? Será que algum dia as árvores seriam capazes de prover frutos, sombra e frescor? Será que elas resistiriam ao inverno do começo da vida adulta?

Nesse período, começou a questionar várias coisas, inclusive a vontade de ser médica. Seria capaz de superar a morte de um paciente? Chegou a cogitar fazer um curso na área de humanas, afinal amava pessoas. Depois considerou que talvez fosse um caminho mais seguro ser engenheira de produção. Um dia, porém, ao ver o caderno de um estudante de engenharia cheio de integrais e derivadas, pensou: "gente, isso aqui vai me deixar triste".

Carol decidiu seguir o coração: tomou coragem e prestou vestibular para Administração em uma das melhores escolas do país. Foi aprovada.

Foi aí que passou a ver beleza no outono. Os desafios e incertezas sobre si mesma e seu lugar no mundo ainda existiam, mas ela gostou da faculdade. Fez boas amizades, envolveu--se como voluntária na empresa júnior, cometeu vários erros, mas persistiu e aprendeu muito. Conseguiu o primeiro emprego na área de Finanças em uma multinacional. Era muito responsável com tudo que lhe era solicitado, mas continuava se sentido inadequada. A transição de boa aluna para boa profissional era difícil para ela. Viu que ali não era o seu lugar. Decidiu fazer um estágio fora do Brasil na área de Pesquisa de Mercado. Pensou que, se mudasse de país, talvez encontraria um clima mais ameno.

Foi para Portugal e logo teve de lidar com o término do relacionamento de sete anos com o namorado da adolescência. Estava longe da família, dos amigos e tinha perdido o primeiro amor. Não havia se preparado para o inverno rigoroso que inundou seus dias. Por vários momentos, duvidou se conseguiria confiar nas pessoas novamente.

Decidiu voltar para o Brasil e começou a trabalhar em uma consultoria na área de Marketing. Percebeu que naquela área também não conseguia entregar valor. Um dia, pediram que atuasse na área de Gestão de Projetos da consultoria. Carol resistiu à ideia no início, mas, em sua persistência em tentar acertar, percebeu que os projetos tinham estrutura, eram mensuráveis e controláveis. Começou a achar que poderia contribuir dessa forma nas organizações. Percebeu que, nos invernos da vida, podemos tecer peças quentinhas de lã que nos aquecem. E, aos poucos, foi conseguindo construir a vida que queria ter no futuro e entregar seu valor para o mundo.

Incentivada pelo pai, ingressou no mestrado na USP, foi fazer uma monitoria acadêmica no MBA de RH e descobriu a área de Desenvolvimento Humano. Foi amor à primeira vista. Pouco depois, conheceu o Emerson, por quem se apaixonou, e começaram a namorar. Não imaginava que, com mais de 30 anos, seria possível encontrar um grande amor.

Conseguiu um emprego na área de gestão de pessoas, onde percebeu que conseguia contribuir de forma mais intensa. E como amava trabalhar! Era no trabalho de excelência que se sentia útil. Começou a coordenar um MBA de Gestão de Projetos e, em seguida, engatou um doutorado na USP, onde pesquisou sobre propósito de vida de jovens de cursos de Administração. Desenvolveu um carinho especial pelos jovens, pois isso estava conectado com a sua história. "Quando

Lições de quem sustenta um Propósito   271

eu vejo uma pessoa assim, jovenzinha, toda perdida e cheia de potencial, eu falo: 'essa pessoa tem que descobrir que é um poço de coisas lindas. Só ela não está conseguindo ver'." Foi nessa época que teve mais clareza sobre seu propósito de vida.

Sabia que podia conduzir pessoas a encontrar sentido na vida a partir de seus livros, formações, palestras, mentorias e workshops sobre construção de propósito. Descobriu como aquecer o inverno da própria vida e de outras pessoas a partir das relações de qualidade, conhecimentos compartilhados e ações norteadas por propósitos de vida. Aprendeu a confiar nas pessoas que formam a sua rede de apoio.

Sua vida floresceu. Casou-se com o Emerson e descobriu que com ele seria capaz de enfrentar os desafios de qualquer estação (interior e exterior). Passou a investir de forma mais intencional no seu autocuidado. Sabia que, se o solo de sua vida estivesse muito bem nutrido, seria capaz de dar frutos vinculados ao seu propósito. Então passou a organizar e analisar sua agenda de atividades garantindo que tinha momentos para aprendizagem, trabalho, encontros com pessoas amadas, cuidados com o corpo e com a mente. Esse aprendizado sobre si mesma lhe proporciona alegria. E foi assim que o colorido, frescor e calor da primavera inundou os seus dias.

Contudo, essa estação não é feita só de flores... Carol desejava profundamente ter um filho. Ela e Emerson estavam prontos. Por um tempo mais longo do que gostariam, parecia que essa semente não iria germinar. Mas, na hora certa, o Mateus foi concebido e veio para este mundo para ser parte do grande legado que Carol está tecendo. E que legado é esse? Carol tem muita clareza: "Quero articular uma rede de pessoas que queiram fazer o bem, pessoas que se envolvam em projetos voluntários contribuindo com seus conhecimentos".

Ela acredita no poder do coletivo e usa sua visão humanizada, capacidade de planejar e executar projetos para conectar e inspirar pessoas. Sabe que tem por missão orquestrar ações de redes mais amplas de pessoas que podem ser agentes de transformação.

Com a maternidade, Carol inicia um novo ciclo. Que temperaturas, cores e tons vai encontrar? Não importa. Ela já passou por várias estações e foi capaz de extrair sentido da beleza e dor de tudo que viveu. Está pronta para seguir expandindo a fé e confiança no Deus que tem conhecido de forma mais profunda, em si mesma e na rede potente de pessoas com propósitos individuais e coletivos que pretende articular.

Não foi fácil para a Carol entender seu valor. Primeiro deixar de ser a referência de aluna inteligente e ter de descobrir que existiam diversos tipos de inteligência e inúmeras outras qualidades. Depois entender que, mesmo sem o namorado ao lado, conseguia vencer os desafios da vida. E precisou encontrar seu lugar no mercado de trabalho, que não era em Finanças, Pesquisa de Mercado ou Marketing. Mais tarde, viveu o desafio de encontrar um parceiro de vida e conseguir engravidar.

Para a Carol, a terapia foi um processo fundamental para se descobrir e entender seu valor, assim como entender que ela não controlava tudo na vida e precisava dar um voto de confiança para que alguns de seus sonhos fossem viabilizados. Não tinha como garantir que encontraria alguém que amasse para casar e formar sua família, nem como ter certeza de que conseguiria ter filhos. Poderia fazer sua parte e gerenciar suas emoções no processo.

Para muitos dos nossos entrevistados, a psicoterapia também foi um caminho importante para o autoconhecimento. Foi assim que muitos deles puderam encontrar suporte para superar desafios, traumas, problemas de relacionamento e até quadros de ansiedade e depressão.

O Luiz contou que, na época da faculdade, quando vivenciou o transtorno de pânico, investiu o que podia para fazer terapia. E a Sofia obteve esse suporte que foi especialmente importante para ela após o divórcio. Foi a partir do trabalho realizado com a terapeuta que conseguiu lidar com a dor da separação e se sentir preparada para viver um novo amor.

> "Basicamente o que eu ganhava com a bolsa de iniciação científica, eu gastava em terapia." — Luiz

> "Eu não tinha coragem, depois que eu me separei, de ir num shopping sozinha, almoçar num restaurante, ou ir num cinema. [...] A minha terapeuta falava assim: 'enquanto você não aprender a se amar, você não vai amar ninguém'. Então, eu fui, aos poucos. [...] O Maurício só apareceu depois de um dia que me peguei numa praça na frente de onde eu morava, dando risada, eu e um livro." — Sofia

Hoje em dia, após a pandemia, muitas pessoas passaram a ter menos preconceitos quanto a buscar ajuda profissional para os desafios emocionais e transtornos mentais. No entanto, nem todas as pessoas têm condições financeiras de fazer terapia ou mesmo apoio de sua rede para buscar ajuda profissional.

Na história do Rodolfo, que você vai conhecer na seção "Lição 7" deste capítulo, ele comentou que, na periferia, saúde mental ainda é um tabu. Uma vez, lemos um artigo de uma pessoa que vive na periferia e dizia que "terapia de pobre é o bar", pois as pessoas não têm condições de pagar por esse serviço, não conhecem vias de acesso gratuito (exatamente por ser visto ainda como um tabu e muitos não compartilharem quando fazem terapia) e precisam anestesiar a dor de alguma forma.

Rodolfo nem sabia exatamente o que iria acontecer naquele espaço quando iniciou a terapia:

> "E eu cheguei pra fazer terapia e falei: 'não sei o que estou fazendo aqui. Eu sei que eu sou muito ansioso e você vai me ajudar a resolver o problema da ansiedade', e foi aí que eu comecei." — Rodolfo

No início, ele não quis contar para a família que estava fazendo terapia, pois, no contexto em que vivia, isso era visto como "coisa de doido". Só depois de 10 anos contou que havia feito e que tinha sido muito positivo para ele.

Apesar de ter muitos benefícios, a terapia não é a única forma de promover o autoconhecimento. Muitos dos nossos entrevistados falaram sobre a importância de momentos de oração e reflexão para entenderem seus sentimentos, focarem em seus propósitos e planejarem próximos passos:

> "Por que eu acordo tão cedo? Primeiro, para fazer o meu devocional. É o momento que eu leio a minha Bíblia, que eu faço minhas orações, e depois que eu faço isso, é o momento em que eu reflito sobre coisas no trabalho, relacionamentos com pessoas. Então, quando chego para trabalhar, tive um grande tempo de reflexão, e isso tem me ajudado muito a não me precipitar, a desenvolver autocontrole, e ficar focado nos objetivos e nos propósitos que eu tenho." — Williams

> "E o que eu coloco nessa rotina, além do exercício físico, são alguns momentos também de reflexão [...] sento e penso uns 30 minutos no meu dia [...] 'poxa, como é que foi o meu dia, o que aconteceu, como é que vai ser amanhã?'" — Luiz

E podemos promover o autoconhecimento de inúmeras outras maneiras:

- Ler um livro ou assistir a um filme e refletir sobre os seus aprendizados;
- Conversar com amigos sobre o que está vivenciando e sentindo;
- Escrever um diário relatando seus pensamentos e sentimentos;
- Buscar feedbacks no trabalho e na vida pessoal;
- Explorar atividades diferentes: esportes que nunca praticou, grupos de estudos sobre temas que se interessa em conhecer, cursos voltados a temas de desenvolvimento pessoal, comidas que tem interesse em experimentar.

Às vezes, pode ser interessante ir a "festas estranhas com gente esquisita", pois isso nos faz sair das nossas bolhas em que todas as pessoas acham óbvio que as coisas tenham que ser de uma determinada maneira e nos convida a pensar de formas diferentes.

Lembro quando eu [Carol Shinoda] fui participar do Programa do Germinar, da rede Conviver. Era um curso que se propunha a ensinar facilitação de processos de mudanças sociais e achei que eu poderia aprender técnicas para usar com grupos de pessoas em busca de desenvolver seus propósitos. No entanto, aprendi muito mais do que técnicas. Para começar, o programa operava com base no princípio da fraternidade econômica. Isso significa que cada participante pagava o que podia oferecer. Depois, para fecharmos os custos e pagarmos o local, a alimentação e os nossos professores, faríamos projetos coletivos para arrecadar o que faltasse.

Eu fiz minha análise e propus meu valor num post-it, como todos. Em seguida, a equipe de professores (lá eles se chamam de facilitadores, mas para mim foram verdadeiros mestres!) compartilhou os custos. Eu vi que, pegando o total e dividindo pelo número de alunos, eu tinha pagado até um pouco acima. Estava me sentindo "a generosidade em pessoa". Então começaram as discussões sobre os projetos coletivos: fazer um bazar, vender lasanhas etc. Logo pensei: "ah… a minha parte eu já dei em dinheiro, não vou precisar agora gastar o meu tempo para conseguir mais dinheiro. As pessoas que não conseguem pagar é que têm de fazer isso acontecer". Nossa, como eu mudei ao longo daquele período de um ano e meio.

Percebi que a vida tinha me dado inúmeras oportunidades que facilitaram muito que eu pudesse pagar pelo curso. Eu tinha estudado em ótimas escolas, tive o apoio da minha família em todas as dificuldades da vida, consegui um bom emprego. Entendi que, com tudo que recebi, era minha responsabilidade colaborar muito mais! Eu conseguia vender mais lasanhas que outros colegas, pois minha família e amigos tinham condição de pagar. Para mim, era muito mais fácil conseguir dinheiro na minha rede. Isso só me tornava ainda mais privilegiada e em mais condição de ajudar.

Hoje, meu conceito de "justiça" mudou muito. Saí de uma visão de "igualdade" para uma linha da equidade, que tem a ver com cada um ter acesso ao que precisa, e as pessoas precisam de coisas diferentes:

Fonte: charge de autoria desconhecida.

Convidamos você a uma reflexão: quais caminhos utiliza ou poderia começar a usar para ampliar o seu autoconhecimento?

A seguir, vamos entender a importância que os exemplos de pessoas podem ter nas nossas escolhas de propósitos.

Lição 5 – A força dos exemplos

Há pessoas que passam pela nossa vida e influenciam de forma significativa nossos valores e nossa forma de ser. Às vezes, convivemos com elas durante toda a vida, como quando é alguém da nossa família; mas, às vezes, um encontro pontual já pode redefinir nossa forma de ver a vida e nos inspirar a ser quem queremos ser.

Tive [Carol Shinoda] inúmeros exemplos positivos na família, nos amigos, na escola, no trabalho. Sem dúvida, meus pais foram as maiores inspirações para mim. Acho que muito do que sou veio deles. A minha mistura de rigor e afeto é muito fruto dessa combinação do lado japonês e espanhol. Meus valores foram bastante moldados por eles: a dedicação e busca por ser cada dia melhor (como meu pai) e ser alegre e ter cuidado com as pessoas (como minha mãe). Por muito tempo eu quis fingir que era parecida só com o meu pai. Ele é muito racional e equilibrado, muito respeitado por todos que o conhecem. E minha mãe é aquela explosão de emoções, que já chega fazendo mil perguntas e falando sem parar. Mas ela é a mais pura alegria e tem uma capacidade infinita de me ouvir e tentar me acolher. Agora que a maternidade começa a ser vivida por mim, percebo que sou muito mais parecida com ela do que eu inicialmente queria admitir. Acho que essas características tão autênticas e humanas que vieram dela são parte essencial do vínculo que tenho com as pessoas. Meu pai me inspirou a ser uma pessoa com credibilidade, correta e lutadora; minha mãe, a ser verdadeira, amorosa e alegre.

Imagino que você também tenha pessoas que foram (e talvez ainda sejam) exemplos na sua vida, pessoas que influenciaram você a ser quem é. Pode ser que essas referências tenham vindo da família, mas talvez tenham sido trazidas por professores, mentores, gestores, colegas de trabalho e amigos. Que tal recuperar essas pessoas importantes na sua mente… como cada uma delas influenciou você?

Percebemos que vários dos nossos entrevistados foram muito inspirados por exemplos em suas vidas. Alguns deles só se deram conta durante a entrevista da dimensão do impacto que algumas pessoas tiveram para elas. A Eliza foi um caso assim. Quando tentamos "decifrar" como ela tinha construído seu propósito de "espalhar amor, paz, tranquilidade e alegria", ela foi buscar na memória quando começou a ser assim. E percebeu que veio dos exemplos de pessoas antes dela:

> "Eu tive bons exemplos. A *batchian*, a minha avó, ela sempre foi muito amorosa, assim, com todos, e eu acho que ela tinha essa alegria, de sempre estar cantando, sempre estar passando felicidade. E minha mãe mesmo, sempre muito harmoniosa, de muita paz, eu acho que, sei lá, acho foi uma herança." — Eliza

É curioso, pois a Eliza é minha prima [Carol Shinoda] e, conforme ela falou sobre a nossa *batchian* e a tia Irene (mãe dela), na hora, vi como ela canalizou pontos essenciais das duas e os somou à própria essência. Ela perpetuou o exemplo dessas mulheres que a influenciaram à sua própria maneira, unindo beleza, inteligência e sensibilidade.

Se a Eliza teve duas mães, como ela diz, Rodolfo, por sua vez, teve dois pais. Tio Lando assumiu o lugar de referência paterna quando Rodolfo tinha 3 anos. Foi um pedido do próprio pai dele:

> "'Ó, Lando, o Rodolfo vai precisar dessa figura paterna na vida dele'. E aí esse meu tio assumiu a dianteira. O meu

tio é o cara mais íntegro e honesto que eu conheço na vida." — Rodolfo

Com esse tio, Rodolfo formou seu caráter, componente que ele reconhece como essencial para não se perder em seu trabalho atual. Ele lida com pessoas em situação de rua, que se encontram muito vulneráveis, e precisa tomar decisões difíceis no dia a dia, com limitação de recursos e diversos interesses para conciliar.

Na adolescência, o pai de Rodolfo voltou à sua vida. E ampliou sua visão de mundo: o levou para a rua, para o estádio, para o bar. Mostrou que cada lugar tem uma linguagem, códigos específicos que ele precisava aprender a usar para poder circular.

Assim, Rodolfo desenvolveu essa competência de navegar entre contextos tão diferentes: da pessoa que está em situação de rua ao empresário que traz recursos para os projetos. Então, ele tem tanto a habilidade de circular por ambientes diversos quanto a coesão interna para não se perder de si em nenhum deles. Bem bonito como os dois exemplos paternos o ajudaram a construir as habilidades para poder fazer o trabalho que faz!

Rodolfo também citou a mãe como exemplo, pois, com todas as limitações de uma mulher pobre, ela permitiu que ele tivesse acesso à educação, arte e cultura. Assinava jornais, tentava bolsas para ele em colégios privados, o levava a museus. Rodolfo teve muitas referências importantes que o ajudaram a ser quem é.

O Mórris também fala sobre o que aprendeu com o pai:

> "E a resiliência também foi uma coisa que eu aprendi muito com meu pai. De ter tido vários negócios, de essa empresa que a gente vendeu começou em casa do zero, e tudo isso. Então, eu sabia que era possível." — Mórris

Por ver de perto o exemplo dele de perseverar em cada negócio e acreditar que é possível ter sucesso em um empreendimento, Mórris consegue ter a resiliência de permanecer em um negócio que é extremamente inovador no Brasil, focado na causa das pessoas acima de 50 anos, que exige uma mudança cultural. Isso leva tempo. E ele se mantém ali, firme em seu propósito e motivado pelo exemplo que teve do pai.

Rivana conta que foi o sogro que a influenciou a seguir pelo caminho acadêmico:

> "Quem teve essa formação acadêmica foi meu sogro. Meu sogro era químico, com doutorado em química numa época que eu não conhecia outro doutor." — Rivana

Na faculdade de Engenharia, todos os colegas foram trabalhar em empresas, mas esse não era o caminho que queria seguir. O sogro mostrou uma possibilidade alternativa e foi por onde Rivana trilhou e construiu toda a carreira acadêmica.

Esses foram exemplos recebidos em casa ou no âmbito da família. No entanto, podem ser pessoas externas a nos influenciar. Helder, Isa e Rodolfo comentam sobre essas influências:

> "Eu tive um pastor que me mentoriou, ele era um americano que trabalhava aqui no Brasil como missionário, o pastor Clarence Thomas. Esse camarada me deu muitas noções de organização, de planejamento." — Helder

> "Essa Duda foi um anjinho na minha vida, que trouxe muita coisa." — Isa

> "Quem me falou isso, que eu podia estar na Fundação Getúlio Vargas, foi o professor Shinoda, o seu pai. Foi ele que falou pra mim, falou 'Rodolfo, você pode... Por que não?'. Aí eu falei 'não, mas lá é um lugar de gente que tem dinheiro'. Ele falou 'não, Rodolfo, não se apega a isso. A primeira coisa que tem que fazer é estudar, ser inteligente'. Então assim,

é de uma força isso, porque ele poderia ter, tipo, destruído ali, falado assim, 'ó, não, acho que não, Rodolfo. Ali não é pra você, não'. Mas ele falou, 'se você quer estar lá...', eu falei 'quero', 'então você vai conseguir'. Então isso tem uma força muito grande." — Rodolfo

Helder recebeu essa mentoria para a área de negócios do pastor Clarence, que foi fundamental para sua carreira como presidente de unidades regionais em diversas regiões da igreja em seu futuro. A Duda, amiga da Isa, mostrou caminhos para experimentar o mundo da programação sem custos, que foi a chave para sua carreira. E Rodolfo conta sobre o professor Shinoda [pai da Carol Shinoda], que foi um mentor para ele e um grande incentivador de suas conquistas. Como é importante alguém em quem acreditamos nos dizer que somos capazes!

Aqui resgatamos que também tem poder quando alguém em quem confiamos nos diz que não somos capazes. O professor da Adriana lhe disse que ser aeromoça não era para ela, lembra? Mas a Adriana não permitiu que suas asas fossem cortadas para sempre e deu um jeito de encontrar seu caminho para sonhar e realizar o sonho de outras pessoas.

Isso nos mostra como é importante o nosso filtro para as influências que recebemos. A decisão de seguir ou não os exemplos é nossa. E é natural que sejamos atraídos por aqueles que já têm uma sintonia com quem somos.

Num momento em que vivemos grande parte da vida em frente às telas, sempre reflito [Carol Cavalcanti] sobre o tipo de conteúdo que estou consumindo. São tantos valores e discursos que, na minha visão, são distorcidos (consumismo, exibicionismo, futilidades, mentiras, violência). Acredito que esta fala de Jesus em Mateus, 6:22 é muito verdadeira: "Os olhos são como a luz para o corpo, quando os olhos de vocês são bons, todo o seu corpo fica cheio de luz". Aquilo que vemos e admiramos acaba servindo de exemplo para nós. "Acima de tudo, guarde o seu coração pois dele depende toda a sua vida."[5] Se queremos ter um olhar positivo para a vida, devemos nos distanciar de exemplos (e conteúdos) ruins e encher nossa mente e coração de exemplos que nos inspiram a sermos melhores.

Finalmente, vale percebermos que, além de pessoas em si, os contextos nos influenciam. Quando crescemos em um ambiente que promove valores positivos, temos um terreno fértil para o nosso desenvolvimento.

O Rodolfo contou sobre a referência de família que teve na rua em que morava na periferia de São Paulo:

> "Eu morava numa rua que, por incrível que pareça, a maioria das famílias tinha pai e mãe, e o pai e mãe trabalhavam. Então isso é muito raro na periferia. Era pouca mãe solo, não eram lares violentos, as crianças estavam todas matriculadas na escola, iam bem, iam com roupas limpas para a escola. Isso era muito diferente do contexto ali. E essa comunidade cuidava de mim." — Rodolfo

A Isa comenta sobre o ambiente que a família proveu para que ela pudesse focar nos estudos, que foi fundamental para seu desenvolvimento. Conta também sobre o ambiente escolar em que cresceu, que estimulava uma competição saudável:

> "Uma coisa que minha família sempre me deu, e para mim foi essencial, porque eu tenho muitos amigos que não recebem isso, além de apoio, [...] a minha família sempre deu silêncio para estudar." — Isa

---

5. BÍBLIA. Mateus 6:22. Nova Tradução na Linguagem de Hoje. App Bíblia.

"A minha sala era muito estudiosa também: 'ah, vamos ver quem termina a lição primeiro', e aí a gente competia para ver quem terminava a lição primeiro. E aí isso sempre... eu achava isso muito gostoso, sabe, essa competição, que trazia benefícios para mim." — Isa

O Helder comentou sobre o ambiente em que cresceu, onde o voluntariado era algo muito presente. Isso favoreceu que ele hoje tomasse a decisão de presidir uma ONG:

"Eu participei de clubes que a igreja tem desde a infância, participando dessas coisas que se preocupavam em fazer trabalho social [...] o ensinamento bíblico, que eu acho que afetou a entender essas coisas e seguir esse caminho. Eu penso assim, não sei explicar." — Helder

Vemos que as pessoas e contextos em que crescemos exercem influência na pessoa que somos e podem ser determinantes em alguns casos.

No entanto, a ideia não é nos colocarmos como vítimas das nossas vivências. Como dizia Satre: "Não importa o que fizeram de mim, o que importa é o que eu faço com o que fizeram de mim". Então, mesmo que você não tenha tido a sorte de ter influências positivas até hoje, pode decidir o que irá fazer com o que recebeu. Muitas vezes, pode ser o impulso para firmar a pessoa que é e ajudar pessoas que precisam lutar para conseguir o que você também foi capaz de fazer.

Sempre podemos nos desenvolver e ganhar habilidades que não tínhamos. Seja porque recebemos oportunidades da vida, seja para conseguir lidar com os desafios que ela nos traz, temos a capacidade de crescer e aprender. A próxima lição que aprendemos com nossos entrevistados tem a ver com isso.

"São as habilidades que potencializam a realização do nosso propósito, seu alcance. Quanto mais conseguimos desenvolver nossas capacidades, maior o número de ferramentas no nosso repertório para vencer os desafios e construir o que queremos."

Carol Shinoda
Carolina Cavalcanti

Lição 6 – O papel das habilidades

Nossas habilidades podem ser um ponto-chave para a implementação do nosso propósito. No início da nossa pesquisa, imaginávamos que as habilidades poderiam ser a semente que gera o propósito para algumas pessoas, mas, ao ouvir nossos entrevistados, percebemos que elas representavam muito mais um adubo, um nutriente para o desenvolvimento do propósito do que um ponto de origem.

É como se nossas habilidades fossem nossa musculatura, mas o propósito nascesse do coração: pode decorrer de uma dor que experimentamos, da compaixão que sentimos, da inspiração de pessoas com quem convivemos, de algo que experimentamos e que mexeu conosco.

No entanto, são as habilidades que potencializam a realização do nosso propósito, seu alcance. Quanto mais conseguimos desenvolver nossas capacidades, maior o número de ferramentas no nosso repertório para vencer os desafios e construir o que queremos.

Por exemplo, até o início do meu mestrado [Carol Shinoda], achava que meu propósito de vida tinha a ver com ajudar pessoas a realizarem seus sonhos por meio da gestão de projetos. Até então, eu tinha me formado em administração e trabalhado em uma consultoria na área de gerenciamento de projetos, e era isso que eu dava conta de realizar. Porém, ao ser monitora acadêmica em um MBA de Gestão de Pessoas, descobri minha paixão pela área de desenvolvimento humano. E fui buscar uma formação pelo EcoSocial (hoje Escola de Coaches) na área de coaching. Esse processo ampliou meu repertório interno e externo. Aprendi a confiar na capacidade de cada pessoa descobrir o seu caminho, assim como o poder das perguntas para apoiá-las nessa descoberta. No doutorado, pude estudar o processo de desenvolvimento do propósito e colocar essas ferramentas em prática (e aqui compus com as ferramentas de gestão de projetos).

Se eu não tivesse ampliado minhas habilidades, talvez estivesse até hoje dando treinamentos apenas na área de projetos. Por mais que eu sempre colocasse pitadas humanas nos meus workshops, hoje eu consigo potencializar essa dimensão nas minhas entregas, pois tenho mais repertório para isso.

Olhar para as habilidades e nosso potencial infinito de desenvolvê-las nos ajuda a desmistificar um aspecto que aparece bastante quando falamos com pessoas que não se sentem vivendo com propósito: a ideia de que o propósito é só para os ricos. Esse é um grande limitador para muitas pessoas. No entanto, o dinheiro é apenas um dos nossos diversos recursos. É claro que, no nosso modelo econômico atual, ele é importante, mas não podemos nos limitar a esse único ponto. Nossas habilidades são também recursos valiosos e que podem ser multiplicados e desenvolvidos ao longo de toda a vida. De todas as pessoas que entrevistamos, nenhuma trouxe o dinheiro como ponto central. No entanto, as habilidades emergiram com força em todas elas.

Isa, por exemplo, foi participar de *Hackathons* gratuitos e se encantou pela área de programação. Integrou um instituto que oferecia capacitação para jovens em situação de vulnerabilidade e conheceu sua mentora, com quem exercitou sua habilidade de relacionamento e que a levou depois para o banco em que sonhava trabalhar. Frankle também integrou esse mesmo instituto, mas concorreu a uma vaga em um curso específico de programação e foi em uma visita promovida por este instituto que conseguiu seu emprego, a partir de suas habilidades de comunicação e negociação. Rodolfo tem habilidades para gerenciar sua rede de relacionamentos, além de sempre ter sido uma pessoa confiável. Então, quando precisou de emprego, seu mentor [pai da Carol Shinoda] compartilhou com a rede dele e a Carol o indicou para uma vaga em uma ONG na área Financeira. Você percebe que o dinheiro não teve papel nessas conquistas?

Para aprofundar o papel das habilidades no desenvolvimento do propósito, vamos compartilhar a história da Rivana.

Rivana Marino

61 anos, casada, mãe de Pedro e Mariana, engenheira química,
gestora educacional aposentada

**Propósito: ampliar o olhar de jovens para que acreditem em
todo o seu potencial**

Geralmente, a forma como nos enxergamos impacta quem somos e o que seremos. Como seria bom se todos tivéssemos alguém que nos vê a partir das lentes de uma lupa que destaca as nossas potencialidades. Essa capacidade de enxergar o melhor das pessoas faz parte das contribuições que Rivana tem deixado para aqueles com quem convive enquanto educadora e mentora.

Desde menina, reconheceu que tinha um talento especial para lidar com os números. Na escola católica em São Bernardo onde estudou até o colegial (hoje Ensino Médio), destacava-se por ter boas notas nas áreas de matemática, química e ciências. Isso era inusitado pois, na época, ninguém na família atuava nessas áreas. O pai era advogado e a mãe cuidava da família e do lar. No final do colegial, começou a namorar um rapaz com quem veio a se casar. Seu sogro havia cursado o doutorado e chegou a dar aulas por um período. Rivana percebeu que atuar na área acadêmica era uma opção interessante.

Formou-se Engenheira Química e, logo em seguida, decidiu ingressar no mestrado, que foi cursado por um período maior do que era esperado. Isso aconteceu porque, nessa época, Rivana já era mãe de filhos pequenos. Era desafiador conciliar todas as atividades familiares e estudantis. Ao concluir o mestrado, ingressou no doutorado e começou a dar aulas nos cursos de engenharia em uma faculdade do ABC paulista, onde atuou por 10 anos como professora e 18 anos como gestora.

Na primeira vez que deu aulas para uma turma de calouros, ficou encantada por conseguir ter maior clareza de qual era seu propósito de vida. Usou a sua lente de humanidade para descortinar quais seriam as melhores formas de contribuir com aqueles jovens. Percebeu que existiam muitas necessidades. Jovens que precisavam de apoio financeiro para cursar uma faculdade particular. Jovens que lidavam com problemas emocionais, familiares, de saúde mental e não acreditavam que conseguiriam concluir o curso.

Ela se lembra, emocionada, de um aluno que não apareceu para fazer uma prova de sua disciplina, e a namorada dele veio avisar que depois o jovem explicaria o que tinha acontecido. Na visão de Rivana, o moço era inteligente, bonito e tinha uma namorada igualmente especial. Quando finalmente o aluno entrou em contato para pedir para remarcar a prova, explicou que esteve internado por overdose. Rivana levou um susto. Não podia imaginar que aquele jovem era usuário de drogas. A sua resposta foi sincera: "Oh cara, faz o seguinte, fica bem, quando você estiver bem, a gente faz a prova". Ela remarcou a prova para algum tempo depois e ele não compareceu novamente. Depois de mais uma tentativa, o rapaz finalmente fez a prova. Ao terminar, confessou, agradecido: "Olha, professora, eu estava à beira de um precipício. A maioria das pessoas pisou na minha mão. Você foi uma das poucas pessoas que me estendeu a mão". Rivana fala disso com a voz embargada, explica que não acha que fez grandes coisas. É como se achasse natural que todos tivessem o mesmo olhar humanizado que ela tem.

Essa forma de perceber as necessidades das pessoas fez com que Rivana se destacasse e recebesse o convite para atuar na implementação do Centro Universitário, como vice-reitora de Extensão e Atividades Comunitárias. Nesse cargo, no qual atuou por mais de 10 anos, teve a oportunidade de criar a área de bolsas de estudos. Ela se lembra de diversas situações em que pleiteou por estudantes que dependiam de ajuda financeira para avançar nos estudos. Para perceber as reais necessidades dos jovens que a procuravam para pedir ajuda, ela mantinha os olhos abertos e ouvidos atentos. Muitas das histórias que chegavam até ela os professores não conheciam. Por exemplo, ela atendeu alunos que não conseguiam estudar porque estavam passando fome, outros que apresentavam dificuldades de aprendizagem e que tinham pavor de tirar notas baixas que fariam com que perdessem a bolsa de estudos. Como vice-reitora, tinha recursos e suporte para propor caminhos que facilitassem que os jovens que mais precisavam conseguissem se graduar. Rivana ajudava como podia, mas fazia questão de conversar com os jovens para explicar sobre a responsabilidade que tinham de dar o seu melhor enquanto preparavam-se para serem profissionais diferenciados.

Quando o filho de Rivana cursava a faculdade (na mesma escola onde ela trabalhava), ele trouxe um amigo para a casa da família. Lá o amigo revelou para Rivana que estava pensando em desistir da faculdade. Estava pesado demais. Ela o levou até a varanda e disse: "Você é muito criativo, falta criatividade para engenharia. Se você conseguir acabar o curso, eu acho que vai ser um grande engenheiro". Hoje esse rapaz é um excelente profissional e mora fora do Brasil. Há alguns anos, Rivana cruzou com ele em um evento e esse engenheiro revelou que só terminou o curso por conta daquela conversa singela na varanda.

No começo da pandemia, Rivana se aposentou. Sua rotina agora inclui participar de aulas de pilates, estudar francês, fazer refeições nutritivas e leves com o esposo, almoçar com os filhos adultos e a mãe nos fins de semana. Pelo menos uma vez por mês e nas férias vai para a praia, algo que fez durante toda a vida, pois o contato com o mar a revigora. Nas férias, chega a ficar o mês inteiro na praia. Ela continua contribuindo com jovens em situação de vulnerabilidade social ao atuar como mentora voluntária de uma ONG. Confessa que, depois da aposentadoria, tem sentido falta de pertencer a uma comunidade. Na faculdade sentia que era parte de algo maior que seu núcleo familiar e de amigos.

Apesar de a aposentadoria ser uma fase mais tranquila da vida de Rivana, ela é extremamente agradecida por todos os jovens que ajudou e motivou durante sua carreira e atualmente nas sessões de mentoria. Ela reconhece que já conquistou muito do que sonhou para a sua vida. Seu legado são os jovens que hoje atuam como engenheiros, administradores e cientistas da computação em várias partes do mundo. Rivana continua usando sua lupa para desvelar beleza, talento e possibilidades para aqueles que não enxergam aquilo que ela vê. "Acho que é incrível poder ter esse olhar, de saber que eu não vou fazer tudo sozinha, que nem tudo que faço é para mim, e que posso contribuir para outras pessoas." O que ela tem para oferecer tem feito toda a diferença.

Que beleza de olhar que a Rivana tem! Esse talento permitiu que ela ajudasse inúmeros jovens, em seu papel de professora e vice-reitora de uma universidade, realizando seu propósito de fazer com que os jovens enxerguem seu pleno potencial.

Todos nascemos com talentos que são aptidões, capacidades naturais para fazer algumas coisas. Por exemplo, conhecer pessoas novas e conquistá-las, buscar o consenso, entusiasmar quem está ao seu redor, cumprir o que prometemos.

Com o tempo, podemos refinar nossos talentos e transformá-los em habilidades, adequando-os aos contextos e melhorando nossa performance. Isso é importante porque os talentos são como uma potência não dominada e, por mais que tenham a força da aptidão, podem ter o risco de não serem usados da forma correta. Por exemplo, uma pessoa que tem um talento de ativação tem facilidade de começar coisas, transformar o pensamento em ação. No entanto, se ela não gerenciar esse talento, pode começar mais coisas do que dará conta de entregar.

> ### Descubra seus pontos fortes
> Há um teste bastante reconhecido no mercado para conhecer seus talentos, que foi desenvolvido por Donald O. Clifton, que pesquisou por mais de 50 anos os padrões naturais mais produtivos da humanidade. Clifton e uma equipe de cientistas na Gallup nomearam esses padrões de talentos e fizeram pesquisas no mundo todo para identificar e classificar aqueles que mais aparecem nas pessoas. O resultado é uma lista de 34 talentos, divididos em quatro categorias: execução, influência, relacionamento e pensamento estratégico. O teste é pago e pode ser adquirido no site da Gallup[6] ou você pode comprar o livro "Descubra seus Pontos Fortes 2.0" e acessar o teste que vem como brinde no final do livro.

---

6. Conheça os 34 talentos em: https://www.gallup.com/cliftonstrengths/pt/253724/34-
-temas-cliftonstrengths.aspx

Os nossos entrevistados revelaram alguns talentos desde cedo. A mãe da Rivana já identificava o potencial da filha de ser professora. Mesmo ela não achando que isso pudesse ser uma pista da sua profissão futura, as aptidões para o estudo e a pesquisa a ajudaram a entrar para o mundo acadêmico:

> "Minha mãe conta que quando eu era criança queria ser professora, mas não acho isso relevante, assim, não... Eu fui mesmo para a área de engenharia, por gostar da área, e fui para a academia, para a área acadêmica, por gostar de estudar mesmo, para poder ter a oportunidade de continuar estudando, fazer pesquisa." — Rivana

A Carol Silva já demonstrava a capacidade de harmonizar os interesses dentro de sua família. E esse talento foi refinado e colocado em prática hoje em sua atuação no terceiro setor:

> "Desde pequena eu já tinha que lidar com muitos interesses em jogo ao mesmo tempo, então eu sempre fui a diplomata da família. A minha personalidade tem muito a ver com o que eu escolhi pra minha vida." — Carol Silva

O talento de adaptação é algo que Rodolfo possui. Consegue transitar em contextos muito distintos e dialogar com diferentes pessoas:

> "Essas disparidades, porque eu consigo transitar em vários mundos, assim. Então, eu acho que eu tenho essa capacidade de estar lá com um cara que é usuário de crack e estar conversando com um executivo aqui sobre esse usuário de crack e fazendo esse executivo mudar a percepção dele sobre o problema." — Rodolfo

A Eliza uniu seu talento de disciplina para gerenciar as finanças com o que desenvolveu ao longo do tempo no campo das ciências exatas e foi atuar no mercado financeiro:

"Eu sou engenheira civil, então eu sempre me dei bem com números, matemática, e também sempre fui muito controlada com dinheiro, assim, sempre lidei muito bem com dinheiro. Então eu falei: 'ah, acho que eu vou para o mercado financeiro, porque eu gosto de cuidar do dinheiro dos outros, seria bom'." — Eliza

Hoje a Eliza não trabalha mais no setor, por não se identificar com os valores que percebe no mercado financeiro, mas continua tendo esse papel de gestão das finanças da família e dá orientações para amigos e familiares.

Como podemos identificar nossos talentos?

1) **Facilidade**: perceba aquelas atividades que você faz com naturalidade. Se fizer parte de algum grupo, repare a diferença entre o que você faz e o que outras pessoas conseguem fazer. O que para você parece simples e natural? Um ponto a avaliar é que, quando temos aptidão para alguma coisa, tendemos a pensar que todas as pessoas também conseguem fazer isso com a mesma facilidade, mas nem sempre isso é verdade.

2) **Realização**: procure notar em quais atividades você se sente realizado. Quando fazemos o que somos bons, sentimos satisfação de ver o resultado e nos sentimos bem durante o processo. É aquela sensação de ser um peixe dentro d'água, sabe?

3) **Elogios:** anote os pontos em que as pessoas costumam elogiar você. Às vezes é difícil percebermos quando nos diferenciamos em algo, mas quem não tem a mesma facilidade tende a perceber o seu talento. Ouça e permita-se aceitar seus diferenciais.

4) **Feedback ativo**: busque saber ativamente com sua rede no que você é naturalmente bom. Muitas vezes, as pessoas acham que é "óbvio" que você sabe o quanto é bom naquilo e ninguém lhe diz, mas pode ser que você não tenha nem ideia. Você pode fazer um exercício simples via WhatsApp: escolha cinco pessoas de diferentes contextos – família, amigos,

trabalho – e pergunte: quais são os meus principais talentos? No que eu sou muito bom/boa? Você vai se surpreender com o fato de as pessoas parecerem saber mais sobre você do que você mesmo.

Um ponto importante é que não somos reféns dos nossos talentos. Podemos aprender novas habilidades e nos profissionalizar em diferentes áreas. O que acontece é que nossos talentos facilitam o desenvolvimento das habilidades, mas, se percebermos que para realizarmos nossos sonhos e projetos precisamos atuar de forma quase oposta ao que nos é natural, somos capazes de aprender!

No entanto, quando atuamos muito tempo fora do que nos é natural, precisamos ter espaços para voltar à nossa forma orgânica de ser. Por exemplo, eu [Carol Shinoda] costumo ser uma pessoa muito autêntica, mas, às vezes, tenho que atuar em situações que exigem que eu trate todas as pessoas bem e seja muito agradável com todos, como em eventos do MBA. Há professores e alunos que me trazem dificuldades o semestre inteiro, mas lá eu preciso sorrir, conviver e ser gentil. Depois de um dia inteiro assim, preciso ficar com meu marido ou com meus pais e falar tudo o que eu penso na vida sobre tudo! Se eu tiver que atuar todos os dias dessa maneira, será muito demandante para mim. Eu consigo? Com certeza. Especialmente se isso for crucial para os meus projetos de vida. No entanto, sempre que possível, é importante balancear.

Eu não gosto de rotina, mas tenho reuniões semanais e atividades que faço com regularidade no MBA para que as aulas corram bem. Assim como dou comida para os gatos nos horários certos, limpo as caixinhas deles e rego meus bonsais todos os dias, pois sei a importância que isso tem para que eles fiquem bem.

Então, é importante conhecermos nossos talentos e habilidades, mas não devemos nos limitar àquilo que temos mais facilidade. Somos capazes de nos desenvolver em tudo o que for importante para nós. O TED do Dr. Little é bem inspirador nesse sentido.

"Não somos reféns dos nossos talentos. Podemos aprender novas habilidades e nos profissionalizar em diferentes áreas."

Carol Shinoda
Carolina Cavalcanti

> **Quem é você de verdade?**
> O professor de Cambridge, Dr. Little, nos traz de forma inspiradora uma provocação: o torna você quem é? Seria o conjunto de seus traços de personalidade? Ou as coisas que realiza na vida, seus projetos pessoais? Vale a pena assistir![7]
>
>

E pode ser que precise fazer alguma formação, curso, ou viver alguma experiência diferente para aprender coisas que serão importantes para você. A Adriana teve essa oportunidade:

> "E aí a gente cresceu nesse ambiente de beleza, sabendo fazer... com 12 anos eu já fazia unha profissionalmente, digamos assim, já trabalhei em salão com 12, 13 anos e já recebia por isso. Então trabalhar com a beleza vem de sempre, desde que eu nasci, praticamente." — Adriana

E a Fernanda teve uma experiência em seu trabalho que nem imaginava inicialmente que seria fundamental para conseguir abrir depois a sua própria ONG:

> "E daí logo depois, teve a vaga para a coordenadora, para trabalhar só dentro da agência, nesse mesmo departamento, e eu peguei essa posição e comecei a ficar curiosa ali, como conseguir verba... aqueles textos para pegar verba, como uma ONG funciona. Então eu aprendi muito ali e abri minha ONG." — Fernanda

---

7. Disponível em: https://www.ted.com/talks/brian_little_who_are_you_really_the_puzzle_of_personality?language=pt-br.

Um convite à reflexão: quais são os seus principais talentos e habilidades? Há algo que você sente que precisa desenvolver para dar conta de seus projetos e sonhos?

Em seguida, vamos discutir uma fonte importante de mentalidade, a da gratidão e do contentamento, que ajuda as pessoas a terem energia para perseverar na direção de seus propósitos.

Lição 7 – Gratidão e contentamento

Na nossa sociedade que busca sempre mais e mais, falar em gratidão e em contentamento pode parecer contrariar a cultura da desenfreada busca pelo sucesso. Gratidão pode nos remeter àquelas pessoas que vivem dizendo "gratidão, gratidão" e ignorando os desafios que lhes são impostos na vida para serem resolvidos. Contentar-se pode sugerir uma postura passiva, de reduzir o desejo por buscar uma vida melhor e acomodar-se à situação. No entanto, nossos entrevistados demonstraram praticar esses elementos de forma bastante saudável e positiva, indo ao encontro de pesquisas sérias sobre esses temas, conforme apresentamos neste capítulo.

Para começar a discussão, vamos primeiro entender o que esses termos de fato significam. Para isso, vale recorrermos ao Atlas das Emoções da Brené Brown,[8] que traz os conceitos com base em extensa pesquisa sobre diversos sentimentos e práticas humanas que impactam nossas emoções.

> **Atlas das Emoções**
>
> **Contentamento:**
>
> - Sentimento de completude, apreciação e suficiência que experimentamos quando nossas necessidades são atendidas.

---

8. BROWN, B. **Atlas of the heart**: mapping meaningful connection and the language of human experience. New York: Random House, 2021.

- Não se trata de ter tudo o que se deseja, mas ter tudo que precisamos.

Gratidão:

- É uma emoção que reflete a nossa profunda apreciação pelo que valorizamos, pelo que traz significado à nossa vida e pelo que nos faz sentir conectados a nós mesmos e aos outros. Apesar de ser uma emoção (sentir-se grato), pode se tornar uma prática (exercitar a gratidão no dia a dia, ou seja, pode ser uma forma de fazer, tentar, errar e tentar outra vez).

- Ao apreciarmos o valor das coisas, não tomamos como certo o que existe de positivo ao nosso redor. E evitamos o comportamento de buscar mais e mais coisas que nem precisamos de fato.

Agora vamos acessar alguns exemplos de como nossos entrevistados enxergam e praticam a gratidão e o contentamento:

> "Desde que eu me lembro por gente, eu sou extremamente grata, muito grata. Então eu acho que a gratidão te traz felicidade, te traz um jeito de balancear a vida de uma forma leve." — Fernanda

Pois é, Fernanda, você tem razão. Os estudos da pesquisadora Fuschia Sirois, da Universidade de Sheffield, mostram a importância da gratidão para o sono, alívio da dor, fortalecimento do nosso sistema imunológico e nossa disposição a fazer coisas saudáveis.[9] Tudo isso certamente traz essa sensação de leveza que você relata. Quanto à questão da dor, é bem interessante perceber que a dor é diferente do sofrimento:

---

9. MOSLEY, M. Por que sentir gratidão faz bem à saúde. **BBC News Brasil**, 11 jul. 2021. Disponível em: https://www.bbc.com/portuguese/geral-57767232.

"Tornou-se necessário diferenciar as sensações de dor do sofrimento da dor, porque o sofrimento se refere à pessoa como ato intencional, enquanto a sensação dolorosa pode permanecer independente do ato por ela fundamentado." — Buytendijk[10]

E aqui vale a reflexão: o quanto você sofre além da dor? Nós, seres humanos, temos a capacidade de nos apegar ao que nos causou dor, seja física ou emocional, por muito mais tempo que a dor em si duraria. E aqui é um treino mental de deixar a dor ir, entendendo que existe um tempo em que é natural que ela dure (e não adianta querer apressá-la), mas há um momento em que podemos deixá-la ir, transformá-la. Esse momento não tem um corte exato no tempo, mas cada um de nós sabe quando é hora de deixá-la ir.

Há outros impactos da gratidão que vale conheceremos: os psicólogos Robert Emmons e Michael McCollough demonstraram em uma pesquisa que quem pratica a gratidão semanalmente (anotando coisas pelas quais tem gratidão em diários) obteve pontuações mais altas em medidas de emoções positivas, sintomas relatados de sua saúde física e mental, e também se sentiu mais conectado com outras pessoas, em comparação com outros pesquisados que foram convidados a escreverem sobre dificuldades ou eventos gerais que aconteceram em suas semanas.[11]

Não sei se você já escreveu um diário de gratidão, mas recomendo muito que experimente [Carol Shinoda aqui]. É um exercício muito indicado pelos estudiosos da psicologia positiva. Toda vez que eu começo acentuar meu lado crítico e me percebo reclamando de tudo, pego o caderninho da gratidão e deixo na cabeceira da cama. E aí,

---

10. FEIJOO, A. M. L. C. Dor, sofrimento e escuta clínica. **Arquivos do IPUB Online**, v. 1, n. 1, p. 22-34, jan./abr. 2019. Disponível em: https://www.ipub.ufrj.br/wp-content/uploads/2017/11/v1n1a03.pdf.

11. GINO, F. Be grateful more often. **Harvard Business Review**, 26 nov. 2013. Disponível em: https://hbr.org/2013/11/be-grateful-more-often.

todo santo dia, me dedico a escrever pelo menos três coisas pelas quais eu sou grata antes de dormir. É impressionante como isso vai mudando o nosso foco no dia a dia. A partir das mesmas situações que costumam me deixar muito angustiada, como atrasar um pouco a programação de uma aula minha ou workshop, eu consigo, sim, reconhecer que não gostei de ter atrasado, mas de repente emergem na minha mente várias coisas maravilhosas que aconteceram exatamente por esse atraso. Percebo, por exemplo, que consegui criar uma conexão maior com os alunos por ter aberto um parêntesis e contado uma experiência pessoal que ajudou a esclarecer um conceito, ou que acolhi a dúvida de um participante que foi bastante útil para esclarecer algo da aula para todos. Vem uma maior sensação de leveza. E isso não faz com que eu largue meus controles nas próximas vezes e deixe o tempo estourar! Apenas amplia minha percepção do que é sucesso em uma aula (não é só atender ao tempo planejado). Vale aqui a experiência! Especialmente se você for daquelas pessoas exigentes, perfeccionistas, que estão sempre focando nas falhas.

Bem, discutimos um pouco sobre a gratidão. Vamos refletir sobre o contentamento? Um dos textos mais inspiradores sobre o tema na minha opinião [Carol Cavalcanti aqui] foi escrito pelo apóstolo Paulo, que era um homem culto, judeu e um dos principais líderes e disseminadores do cristianismo em várias partes do mundo da época (Grécia, Turquia etc.). Por conta de sua fé, perto do final da vida, ficou preso por um longo período em uma prisão romana, esperando a execução da sentença de morte que recebeu do imperador romano. Neste texto ele explica de forma simples como o contentamento e a fé o sustentaram:

> "Sei o que é estar necessitado e sei também o que é ter mais do que é preciso. Aprendi o segredo de me sentir contente em todo lugar e em qualquer situação, quer esteja alimentado ou com fome, quer tenha muito

> ou tenha pouco. Com a força que Cristo me dá, posso enfrentar qualquer situação." — Filipenses. 4: 12 a 22.

Acho linda esta declaração! Paulo tinha certeza de que não estava só, por isso, podia encarar a cruel prisão romana usando os recursos que tinha à disposição para ensinar e inspirar as pessoas. Foi nesse período que escreveu cartas para as igrejas cristãs distribuídas em várias partes do mundo (Éfeso, Corinto, Filipo etc.). Essas cartas se tornaram os livros do Novo Testamento da Bíblia. O contentamento e a fé em Cristo permitiram que Paulo vivesse o seu propósito de inspirar e orientar pessoas, mesmo em condições tão adversas.

Em nossa pesquisa, o nosso entrevistado Rodolfo nos apresentou como o contentamento é uma escolha diária para ele:

> "A ideia de contentamento. Então eu sempre quis ter... eu falava assim, 'não, mas eu não fiz doutorado ainda', 'mas eu não viajei, não fiz uma viagem internacional'. Mas olha o tanto de coisa boa que eu tenho aqui em minha volta e eu tô olhando para o que eu não tenho, né. Então foi difícil para eu entender que assim: aceitar bem o que eu tenho não significa estar acomodado, mas significa entender que o que eu tenho é muito valioso também, entendeu?" — Rodolfo

Entendido, Rodolfo! Você explicou de forma simples e prática! É bonito ver sua visão de que dar valor ao que você tem não significa que vai se acomodar. Muito pelo contrário: isso pode dar energia para irmos atrás do que ainda queremos alcançar ou viver na nossa vida, mas passa por uma avaliação do que tem valor para nós. Não é a busca desenfreada por ter mais e mais.

Rodolfo, aproveitando a deixa da sua última fala sobre contentamento: está na hora de conhecermos a sua história na íntegra!

Rodolfo Moreira Hojda dos Santos

38 anos, trabalha ajudando pessoas em situação de rua a reescreverem sua história

Propósito: fazer os desacreditados voltarem a sonhar

Dizem que, quando nascemos, a vida é uma página em branco, e que todos temos a chance de escrever a nossa história a partir das escolhas que fazemos. Rodolfo descobriu, logo cedo, que suas páginas já vieram recheadas de registros. Das escolhas feitas por seus pais, da comunidade onde nasceu, das expectativas que tinham a respeito dele. Como escreveria a própria história? Como assumiria quem ele era, mesmo com suas imperfeições? Como ajudaria outras pessoas a fazerem o mesmo?

Rodolfo cresceu em um bairro de periferia de São Paulo. Com apenas três anos de idade, acordou e não encontrou o pai em casa. Nada lhe foi dito. Foi um capítulo confuso de sua história, um momento em que o seu "herói" sumiu da sua vida do dia para noite e deixou um grande vazio. Entendeu depois que o pai havia sido preso. Apesar dessa fase ter deixado algumas páginas de sua vida desbotadas, Rodolfo reconhece que o pai lhe deu um grande presente: fez seu tio prometer que seria o seu segundo pai. E foi isso que aconteceu. Tio Lando, que era um homem íntegro e honesto, garantiu que toda a família e vizinhança contribuíssem para que Rodolfo fosse bem-educado, fizesse boas escolhas e nunca manchasse as páginas de sua história.

Sua mãe, que é uma mulher muito humilde, sabia que seria por meio da educação que Rodolfo teria condições de escrever uma história de vida melhor para ele e para toda a família. Ela sonhou e investiu nisso: assinou o jornal (algo bem incomum em seu bairro naquela época), buscou bolsas de estudos em escolas particulares da cidade e fez o menino adquirir o gosto pela leitura. Rodolfo cresceu rodeado de amor, cuidados e proteção. E foi se tornando um jovem íntegro, honesto, coeso e estudioso. No entanto, ainda era mantido dentro de uma bolha de proteção familiar.

Quando Rodolfo tinha 13 anos, o pai saiu da prisão. Os anos seguintes foram muito desafiadores. Precisava ressignificar a relação com o pai e seu papel como filho. Nessa fase, por indicação de uma namorada, começou a fazer terapia. Precisava lidar com a grande ansiedade que sentia. Na periferia, saúde mental ainda é um tabu e fazer terapia era considerado coisa de doido. Então, ele não contou para ninguém sobre o investimento que fazia. No entanto, esse foi um passo fundamental para acolher sua história até então e começar a escrita de uma nova fase da sua vida. Ao se conhecer melhor, foi capaz de aceitar a sua jornada, as suas dores, a sua família tal como era. Foi como se reforçasse a tinta com a qual escrevera a narrativa de sua vida até então. Passou a conseguir ver melhor sua história e assumir que ela fazia parte de quem ele era.

Seu pai passou então a ensiná-lo a transitar entre diversos mundos: a rua, o estádio, o bar. Saiu da bolha de proteção em que vivia e entendeu que cada lugar tinha seu idioma próprio e exigia que ele se adaptasse para poder navegar por eles. No estádio pode falar palavrão. No ambiente de trabalho, não pode. O mundo de Rodolfo cresceu com a presença do pai e com ele aprendeu a arte de transitar por diferentes contextos.

Quando recebeu a oportunidade de trabalhar em uma ONG que resgatava pessoas em situação de rua, Rodolfo teve de enfrentar algo de que sempre fugira em sua história:

o desafio de ajudar pessoas a vencerem o vício das drogas. Seu pai também lutava contra esse mal e ele não queria ter de lidar com isso também em seu trabalho. No entanto, corajosamente, Rodolfo decidiu seguir sua intuição e ingressar nessa função na instituição. Em paralelo, ajudou o pai a superar o vício. Hoje, ambos, pai e filho, contribuem para que outras pessoas possam fazer esse percurso: ajudam os desacreditados a voltarem a sonhar.

Hoje Rodolfo é diretor de operações em uma ONG que apoia a transformação de pessoas que estão em situação de rua. Ele tem dedicado no momento 70% do seu tempo a gerenciar crises e é muito bom no que faz. Tem a coesão interna e a integridade necessárias para não se perder nessas situações – que aprendeu com o tio – e a capacidade de dialogar em diferentes idiomas com executivos a usuários de crack – que aprendeu com seu pai – e, assim, consegue ir aproximando esses mundos.

Poder contribuir dessa forma traz muita alegria para Rodolfo. E ele sabe quais são as suas "fontes" de nutrição. As pessoas que o ajudam a atribuir sentido às tramas de sua história: sua esposa, amigos e família são seu porto seguro. Com eles, Rodolfo celebra a vida e neles encontra uma fonte inesgotável de alegria e gratidão que rendem lindas páginas em sua narrativa. Seu legado são as pessoas que impacta com a sua história, trabalho e amor. Assim como ele se orgulha das escolhas que fez com o suporte de uma rede de apoio, sabe que o seu papel é oferecer ferramentas e recursos para que as pessoas em situação de rua possam também ser capazes de escrever relatos cheios de significado e propósito nas páginas de suas próprias vidas.

Lições de quem sustenta um Propósito   305

É inspiradora a história do Rodolfo, não é? A forma como transformou a si mesmo e a sua história, ajudando os desacreditados a voltarem a sonhar, como ele próprio fez é admirável. E o contentamento e a gratidão acompanharam sua trajetória. Esse processo de mudar a si para depois mudar sua visão de mundo é muito potente. Vamos ver uma fala dele nesse sentido:

> "Não foi um processo de que eu só olhei para minha família e falei assim 'eu vou amar eles do jeito que eles são'. É eu me amar do jeito que eu sou. Eu tenho defeitos, eu entendo que eu sou assim, e tudo bem. Alguns defeitos eu vou ter que trabalhar a vida inteira, outros, mesmo trabalhando a vida inteira, não vão melhorar, e ponto. E nem por isso eu vou me abandonar. Então eu passei a ser mais flexível diante do que são as questões humanas e passei a me relacionar muito bem com a minha família. E foi um ganho muito, muito importante pra mim." — Rodolfo

Essa flexibilidade diante da vida certamente trouxe muita força para ele continuar sua caminhada.

Queremos agora aprofundar o entendimento da gratidão na prática. A pesquisadora Fuschia Sirois nos apresenta três tipos de gratidão:[12]

1) **Gratidão desencadeada por benefícios:** é aquela que sentimos como efeito de algo positivo que nos aconteceu. Por exemplo, sentir gratidão por ter tido um momento gostoso com a família.

2) **Gratidão como sentimento geral:** é quando olhamos para a vida em alguns momentos e agradecemos por estarmos vivos, pela beleza da natureza. Não precisa ter acontecido algo específico para termos esse sentimento.

---

12. MOSLEY, M. Por que sentir gratidão faz bem à saúde. **BBC News Brasil**, 11 jul. 2021. Disponível em: https://www.bbc.com/portuguese/geral-57767232.

3) Gratidão como tendência contínua: é uma mentalidade de disposição à gratidão sempre. O dia não precisa estar bonito, nem nada de específico ter acontecido, apenas entendemos que a gratidão é algo a ser vivido.

Esse terceiro tipo de gratidão foi manifestado pelos nossos entrevistados:

> "Fiquei espantado na Bíblia com o conceito de que a gente deve dar graças a Deus, por tudo. E depois, com o tempo, eu descobri que você viver uma vida de gratidão, ela é o caminho da fé. Porque quando você tem resposta para tudo, você não precisa ter fé. Mas quando existem coisas que você não sabe explicar e não sabe o porquê, aí você precisa ter fé. E quando você agradece, mesmo em meio da tristeza, da dor, do desapontamento, do infortúnio, você aprende a desenvolver uma relação com Deus e tudo na vida contribui para o bem." — Williams

> "Ah, eu acho que quando a gente é boa, eu acho que só vem coisas boas, então, eu não consigo, às vezes... minha prima até falando pra mim, 'como você tem sorte'. Eu não sei se é sorte, eu acho que vem porque eu acho que quando você oferece coisas boas pro universo, o universo te retorna com coisas melhores ainda." — Eliza

> "O bem gera o bem. Então, se aquilo está fazendo bem para mim e eu ajudo outras pessoas, diretamente ou indiretamente, através daquela pessoa, através de que seja lá quem for que o universo vai trazer, vai ter uma retribuição." — Frankle

Vemos que a gratidão alimenta atos positivos, o que também fica evidente em pesquisas científicas. A gratidão se torna uma forma de vida em que esse sentimento nos alimenta e estimula que continuemos a fazer coisas boas.

Um ponto importante é resgatar o aprendizado que tivemos com nossos entrevistados de que os desafios da vida são oportunidades para crescermos. Então, quando algo difícil acontece, eles não ignoram, não ficam naquela linha inconsciente de repetir "gratidão, gratidão, gratidão", mas aprendem com as dificuldades e depois agradecem, sim, pelo crescimento e celebram a superação. Então, quando estiver vivenciando uma dor, é importante reconhecê-la, mas aí avaliar como irá lidar com ela: vai prolongar o sofrimento? Ou entender como um convite da vida ao crescimento e à superação e celebrar depois a sua conquista? Cabe a cada um de nós escolher e vermos o que damos conta, mas parece que a atitude dos nossos entrevistados tende a trazer benefícios para nossa saúde física, mental e bem-estar.

Diário de Gratidão: um convite! Que tal deixar um caderno ou bloco de notas ao lado da cama e anotar todos os dias pelo menos três coisas pelas quais você é grato? Repare como isso muda o seu foco diante das situações do dia a dia.

Falamos sobre gratidão e contentamento. Agora vamos discutir um aspecto complementar: os limites necessários em nossa vida.

Lição 8 – A importância dos limites

Definir limites é muito importante para nos mantermos realizando nosso propósito sem nos perdermos ou nos esgotarmos no processo. Especialmente quando gostamos muito do que fazemos, estabelecer limites pode ser essencial para uma vida com bem-estar.

Na seção "Fonte 4" do Capítulo 4, discutimos o risco de *burnout* ligado ao estresse crônico e ao esgotamento. Não queremos que você chegue a esse ponto. Então, vamos discutir a necessidade de colocar limites.

"Especialmente quando gostamos muito do que fazemos, estabelecer limites pode ser essencial para uma vida com bem-estar."

Carol Shinoda
Carolina Cavalcanti

REALIZADOS: aprenda a criar caminhos para viver com felicidade e propósito

Como estabelecer limites

No podcast *WorkLife with Adam Grant*,[13] conduzido por Adam Grant, que é professor da Wharton School e pesquisador na área de gestão de pessoas, a psicóloga e especialista em relacionamentos Nedra Glover Tawwab é entrevistada sobre o tema de limites. Nedra é a autora do livro best-seller *Set boundaries, find peace: a guide to reclaiming yourself* ("Estabeleça limites, encontre a paz: um guia para se recuperar", em tradução livre). Compartilhamos aqui alguns aprendizados dessa troca:

- Os limites são para nós e não para os outros. Então, não é realista simplesmente dizer o que você quer que o outro passe a fazer e esperar que ele/ela o faça.
- Quando compartilhamos os nossos limites, pode ser que a outra pessoa reaja negativamente. Não temos como determinar a reação do outro.
- Estabelecer limites é uma forma de protegermos nossa saúde mental e respeitarmos nossa capacidade.
- Quando ultrapassamos nossos limites, temos a oportunidade de aprender com isso e rever como iremos fazer diferente no futuro.
- Os sentimentos (tristeza, frustração) podem ser nossos guias para ajudar a identificar quando precisamos estabelecer limites.
- É importante não assumir qual é o limite do outro. Devemos perguntar ao outro o que precisamos ou gostaríamos e aprender a lidar com o "não" que pode vir da outra pessoa.
- Colocar nossos limites é um ato de respeito próprio. Se outras pessoas não conseguem reconhecer isso, elas é que estão sendo desrespeitosas com você.

---

13. Disponível em: https://open.spotify.com/episode/6BytvHtAS7oTpt1Rjr1KyM?si=Ftq-MpUxSQypH4_eg20pzg.

O que achou desses aprendizados do podcast sobre limites? Pessoalmente [Carol Shinoda por aqui], sinto que minha maior dificuldade em estabelecer e principalmente comunicar limites é o medo de decepcionar o outro com o meu "não". Isso sempre me acompanhou. Lembro quando eu estava trabalhando em uma consultoria e estava sobrecarregada com muitos projetos paralelos. Liguei para uma amiga e disse: "o próximo projeto que me chamarem para fazer, vou dizer não!". Em menos de dois minutos, a diretora da consultoria me ligou dizendo que um cliente tinha pedido para eu assumir o projeto, pois eles gostavam muito de mim e não queriam outra pessoa. O que eu fiz? Disse "sim!!" sem nem hesitar. E aí refleti sobre o motivo dessa aparente incoerência. Na verdade, a parte de mim que queria se sentir amada e valorizada estava precisando de mais atenção que a parte que queria descansar e ter mais equilíbrio. De certa forma, fui coerente. Isso me leva a pensar como é importante reconhecer nossas diferentes necessidades. Às vezes, há outras estratégias mais saudáveis para preenchermos nossas necessidades de amor e reconhecimento. Por exemplo, depois descobri que passar mais tempo com meus pais me ajudava mais a preencher essas necessidades do que fazer dez projetos simultâneos.

A Sofia tem um desafio parecido com o meu e relata:

> "Eu falo para os meus pais hoje: 'onde é o botão de desliga do Faça por Merecer?'. Então eu sempre tenho que fazer por merecer, eu sempre tenho que fazer para ser amada pelas pessoas, eu sempre tenho que fazer para poder me sentir entregando alguma coisa para a humanidade. [...] Então esse processo de dizer 'não' é um processo doído para mim. Então, mas agora eu tenho N ferramentas. [...]. Só que, simplesmente, hoje eu recebo acho que uns 300 WhatsApps por dia. É impossível? Então tá bom, então é impossível. Então esse é o meu desafio hoje, é como é que eu consigo cada vez mais poder ter espaço para mim e para minha família." — Sofia

E a dificuldade de dizer 'não' também é compartilhada pelo Helder:

"Eu sempre gostei de atender, de trabalhar. Uma grande dificuldade para mim era dizer um não. Até hoje, a minha esposa ainda fala que eu não sei dizer não, uma luta." — Helder

Como é para você dizer "não" para as outras pessoas?

E aqui vale discutirmos a ideia de equilíbrio. O que você pensa sobre equilíbrio? É possível viver uma vida equilibrada? Nosso ponto de equilíbrio muda ao longo do tempo? Ou ao longo de um mesmo dia?

Para mim [Carol Cavalcanti], a noção de vida equilibrada sempre foi vinculada ao inatingível e à culpa. Já me peguei muito falando coisas assim: "quando acabar este curso vou ter mais tempo e começo a fazer academia", "quando entregar este projeto vou conseguir ter mais tempo para caminhar com o cachorro", "quando os meninos crescerem, conseguirei me dedicar mais ao voluntariado". O conceito de equilíbrio em que damos conta de ter todos os pratinhos balanceados é realmente irreal e sempre me deu a sensação de estar devendo algo a alguém (muitas vezes eu mesma). Até que um dia contei da minha angústia para uma amiga e ela falou: "eu não tento equilibrar tudo. Meu equilíbrio é respeitar quem eu dou conta de ser hoje, com os recursos que tenho agora". Aquela fala foi potente e libertadora para mim.

Acreditamos que o equilíbrio consiste em uma constante avaliação e adaptação das nossas necessidades às circunstâncias da vida. Equilíbrio não é perfeição, mas balanceamento. Não devemos nos apegar à ideia de um equilíbrio em que todos os pratos da balança estão plenamente preenchidos, pois isso não é real.

Além disso, o equilíbrio é individual. Não há um ponto único para todos, do tipo: 50% do tempo para o trabalho e 50% para a vida pessoal. Há pessoas que querem dedicar 90% ao trabalho em determinado momento da vida, outras que não querem ou não podem ter esse pratinho do trabalho. E há diversos elementos que podem ser almejados: relacionamentos, espiritualidade, saúde, aprendizados, voluntariado, lazer, entre outras infinitas possibilidades.

Há momentos da vida em que estamos com dificuldades financeiras, no âmbito da saúde, relacionamentos, trabalho. E há aqueles períodos em que parece que nada está no lugar. Já sentiu isso? E aí dá a impressão de que nunca mais sairemos daquele caos. Só que, pouco a pouco, vamos dando alguns passos que se somam e voltamos a ter uma sensação mínima de equilíbrio.

Assim sendo, a proposta aqui é não idealizarmos, pois estamos inseridos em um contexto e somos influenciados pelo que acontece ao redor. Dentro de nós também há mudanças. Portanto, apostamos em um equilíbrio dinâmico constante. Para isso, é necessário manter-se consciente do que é importante a cada momento.

O Rodolfo demonstra ter conseguido construir a própria visão de equilíbrio, que é dinâmica e muda ao longo do tempo:

> "Eu entendi que, primeiro, eu não vou dar conta de tudo. Então tem meses que eu vou falar mais com os amigos [...] tem meses que eu vou estar muito apaixonado [...] e tem meses que isso vai ser desajuste. [...] é um pêndulo assim, você vai tentando equilibrar." — Rodolfo

Esse processo de busca do equilíbrio é um desafio para os nossos entrevistados. A Ana Júlia, por exemplo, comenta sobre a dificuldade de balancear as necessidades individuais e do casal com o papel de mãe:

> "Agora a gente tá combinando (eu e meu marido) de viajar. Aí a hora que a gente tava fechando as coisas, tal, ele: 'e aí tá feliz?', 'eu tô feliz, mas tô me sentindo uma péssima mãe'. Então, você fica muito numa linha tênue entre fazer coisas para você e pelos outros." — Ana Júlia

E percebemos que muitos entrevistados enfrentam o desafio de tentar não exagerar em sua dedicação e tempo de trabalho, especialmente porque amam o que fazem e às vezes isso até se mistura com um hobby ou lazer:

> "E a gente fica querendo fazer o máximo, isso aí termina você indo para um limite de tensão um pouco elevada, porque você não se controla de querer fazer mais um pouquinho, né. [...] Ultimamente a coisa está bem agitada. Então a minha reflexão sempre faço, mas a caminhada foi indo embora, eu não estou fazendo mais; eu estudava e parei. Então a minha vida está um pouquinho movimentada nestes últimos tempos agora, sabe?" — Helder

> "Em determinado tempo da minha vida eu transformei o trabalho num hobby, e aí chegou um ponto que eu falei: 'o trabalho é muito bom, eu gosto muito, mas eu tenho outras coisas, que é viajar, que é sair para dançar, que é ouvir música e tal, e curtir esse momento', então fui buscar esse equilíbrio." — Adriana

> "Eu trabalho muito, isso é uma coisa que a todo tempo eu olho e falo: 'Luiz, você precisa em médio prazo reduzir a sua carga de trabalho', porque querendo ou não, eu diria que eu trabalho em média umas 60, 70 horas por semana, acho superexcessivo." — Luiz

Por um lado, o fato de gostarem daquilo que fazem traz o desafio de não passarem dos seus limites. Por outro lado, traz leveza à vida:

> "Então estou tirando férias com a minha família nessa semana [...] eu falo: 'olha, não tem como eu ficar atendendo meu telefone sem atender cliente, porque eu sou uma só', então se eu não atendo dois dias, eu tô ferrada. Isso é um peso em mim? É, mas eu tô tão feliz no que eu tô fazendo, que parece leve, entendeu?" — Fernanda

"Só que é isso, eu tenho a sorte de trabalhar com algo que eu gosto muito. Então acho que esse é um ponto também importante." — Luiz

Foi interessante perceber alguns recursos e estratégias usados pelos entrevistados para voltarem a seus respectivos pontos de equilíbrio. O Rodolfo, por exemplo, busca manter a consciência de seus limites. Ele sabe que não pode controlar o processo de recuperação das pessoas em situação de rua com quem trabalha:

"Eu não consigo manter integridade assim. Que é muito fácil você se perder nesse contexto, porque é um contexto muito humano e contingencial. Por exemplo, quando eu começo a me relacionar com essas pessoas e falar assim: 'não, agora vai', e aí não vai... eu não tenho controle nenhum sobre isso, eu não dou conta da variável humana. E como que eu fico com tudo isso? Então eu tive que falar assim: 'não, eu sei meu limite, eu fui até onde dava'." — Rodolfo

A Brené Brown reforça que em sua vasta pesquisa, a questão dos limites guarda uma relação grande com compaixão:[14]

"O coração da compaixão é realmente a aceitação do outro. Quanto mais aceitamos a nós e ao outro, mais compassivos nos tornamos. Bem, é difícil aceitar as pessoas quando elas estão nos machucando ou tirando vantagem de nós ou passando por cima de nós. Esta pesquisa me mostrou que se realmente queremos praticar a compaixão, temos que começar por estabelecer limites e tornar as pessoas responsáveis pelo comportamento delas." — Brené Brown, p. 128

---

14. BROWN, B. **Atlas of the heart**: mapping meaningful connection and the language of human experience. New York: Random House, 2021.

A Isa, sendo tão jovem, já mantém preservado um horário para "fazer nada e só existir", coisa que muita gente na vida adulta e meia-idade luta para se autorizar a fazer:

> "A gente tem na nossa vida aquela coisa: 'ai, tem que trabalhar, tem que ser produtiva', só que parar e tipo, só parar um pouco e estar na paz é muito importante pra mim também, eu tenho muito esses momentos, e eu tiro esses momentos pra mim. De sexta-feira à noite, por exemplo, eu não gosto de fazer nada, eu gosto de só existir." — Isa

Há quem tenha feito um treinamento profissional para conseguir distinguir os seus problemas dos problemas das pessoas com quem trabalha:

> "Eu passei por muito treinamento quando estava nessa agência. Chama aqui *vicarious trauma*. Sabe quando você sofre pelos problemas das outras pessoas? Então eu aprendi muito a me distanciar disso [...] por causa desses treinamentos, consegui entender que a minha vida é a minha vida, a vida do cliente é a vida do cliente, isso me ajuda até hoje."
> — Fernanda

Outra estratégia interessante é atividade física, meditação e atividades religiosas, pois nos ajudam a estar em contato conosco e com nossas necessidades. Frankle, Eliza, Helder, Luiz, Williams são algumas das pessoas que relataram usar essa abordagem. Frankle comenta:

> "Sim, eu gosto bastante de jogar futebol, que é minha paixão. [...] mas eu gosto também de frequentar bastante a igreja. É algo que, desde sempre, desde a minha infância, minha adolescência, eu sempre gostei de frequentar." — Frankle

"O que me salvou sempre foi exercício. Eu levei isso, assim, a sério a vida toda e teve um período que eu retomei isso, assim, como uma religião mesmo, caminhar todo dia uma hora." — Helder

Vimos a rede de apoio atuando em alguns casos também para ajudar as pessoas a voltarem ao equilíbrio. A Adriana comenta sobre seu marido que a faz lembrar das coisas que ela gosta na vida além do trabalho e o Helder relembra a força do amigo para voltar à atividade física que tanto lhe faz bem:

"Então, assim, eu tive altos e baixos, de trabalhar muito e deixar de fazer todas essas coisas que eu gosto muito, mas eu tenho um marido que tá sempre me trazendo pra minha melhor versão [...] então, eu tenho esse apoio." — Adriana

"E teve momentos na vida que um amigo meu dizia assim: 'eu vou bater na tua casa de manhã, vou levar você pra caminhar', e ele ia lá me tirar pra caminhar e em duas semanas já estava recuperado." — Helder

Outro aprendizado de alguns entrevistados foi delegar, ou seja, atribuir parte do seu trabalho para outra pessoa. Isso pode ser no campo profissional e também no pessoal. Por exemplo, quando contratamos uma pessoa diarista em nossa casa, estamos delegando parte das atividades de limpeza para ela. Muitas vezes temos dificuldade em confiar o que faríamos do nosso jeito para outra pessoa. E isso é um aprendizado. Vamos ver como nossos entrevistados lidam com isso?

"E aí eu fui treinando pessoas para trabalhar comigo e para mim, para eu não ter que trabalhar tanto e conseguir fazer uma agenda mais maleável. Quando eu entendi, quando eu aprendi que eu podia demandar, que eu podia ensinar,

Lições de quem sustenta um Propósito   317

que eu podia ter pessoas para fazer determinados trabalhos que eu fazia sozinha, aí eu começo a separar e ter um pouco mais de tempo pra mim." — Adriana

"Então, em parte eu diria que é uma questão de organização também, algumas pessoas que estão chegando aqui, estão me ajudando" — Helder

Vimos aqui a necessidade de estabelecermos limites para darmos conta do que entregamos ao mundo. Especialmente quando amamos o que fazemos e trabalhamos com propósito, corremos o risco de mergulhar na nossa atividade e nos perdemos, seja em termos de horas de dedicação ou mesmo nos misturarmos com os desafios das pessoas que estamos apoiando. E reconhecer que precisamos de limites é o primeiro passo. Vamos seguir a dica da psicóloga Nedra Glover Tawwab no podcast que discutimos no início desta seção e usar nossos sentimentos como guias nesse processo.

A seguir, faremos um movimento quase contrário ao de definir limites: a coragem de sairmos de situações em que estamos aprisionados.

Lição 9 – A coragem de sair das gaiolas de ouro

Não sei se você já se sentiu em uma gaiola de ouro: um lugar cômodo, em que você tem inúmeros benefícios por estar lá (é valioso), mas é também uma prisão. No fundo, você sabe que deveria estar voando por aí, com todas as vulnerabilidades que estar solto no mundo traz, mas sabendo que é o seu caminho.

Uma gaiola de ouro pode ser um relacionamento, um trabalho, uma condição de saúde. Acredite ou não, há pessoas que, quando descobrem que há cura para uma doença que carregaram a vida inteira, perdem o chão. Choram de desespero ao perceber que algo que muitas vezes está ligado à sua identidade e que traz, sim, benefícios, como a compaixão das pessoas ao redor, pode de repente mudar. Quem seria ela sem a doença?

Se essa ideia lhe parecer muito estranha, avalie se nunca ficou preso a um relacionamento que já sabia que tinha que terminar, mas estava tão cômodo ficar por ali... melhor esperar mês que vem, né? Ou o próximo ano?

No trabalho isso costuma acontecer com bastante frequência. Afinal, não vivemos em uma economia de pleno emprego e, mesmo quando não nos sentimos felizes em alguma função, pode dar medo de sair da gaiola e ir "ciscar por aí" em busca de uma recolocação. Já vi inúmeras situações de pessoas que não queriam sair de seus trabalhos por causa do plano de saúde que tinham na empresa. E, às vezes, o modelo de plano corporativo possibilita incluir cônjuges ou filhos que têm uma condição de saúde difícil e aí o valor de se manter naquele lugar se intensifica e não supera o desejo de mudar.

No entanto, estamos lidando novamente com o tema de escolhas. E não há escolhas puramente certas e as totalmente erradas. Sempre ganharemos e perderemos em cada decisão que tomarmos.

Como vê a sua situação hoje? Sente que está em alguma gaiola de ouro?

Eu [Carol Shinoda] já passei por várias e, vira e mexe, me dou conta de que entrei em uma nova. Afinal, as gaiolas vão ficando sofisticadas e cada vez fica mais difícil perceber que se está em uma. Já fiquei anos em relacionamentos que me traziam paz e tranquilidade (o que tem muito valor para um ser humano extremamente ansioso como eu), mas que eu sabia que não teriam futuro. Já fiquei em empresas por muito mais tempo do que deveria, pois pensar em ficar sem uma base fixa e ter de assumir meu lado empreendedor parecia arriscado demais. Já morei mais tempo na casa dos meus pais do que eu percebia que era positivo para o meu desenvolvimento (ter amor, comida gostosa, casa limpinha e organizada é bom demais, né?).

Lições de quem sustenta um Propósito 319

"Não é fácil o processo de transição de uma situação que nos aprisiona, mas traz benefícios. No entanto, muitas vezes nos esquecemos de que, se sair é difícil, ficar também é."

**Carol Shinoda
Carolina Cavalcanti**

Já me apeguei a dores por mais tempo do que elas durariam, prolongando o sofrimento, pois eu recebia muita atenção e cuidados por isso.

Não é fácil o processo de transição de uma situação que nos aprisiona, mas traz benefícios. No entanto, muitas vezes nos esquecemos de que, se sair é difícil, ficar também é. Não sei se já ouviu falar da experiência do sapo na panela, em que dizem (não sei e nem quero saber se isso foi testado na prática) que, se colocar um sapo dentro de uma panela e for aquecendo a água devagar, ele não percebe que a temperatura foi subindo demais e acaba ficando cozido. Sei que o exemplo é drástico, mas essa analogia acontece, sim, conosco. A situação vai piorando, piorando, mas você acha que ainda dá para ficar. Até que chega um ponto em que você não se vê mais com forças para sair e desiste de mudar a situação.

Não queremos que chegue a esse ponto. Então vamos conhecer a inspiradora história da Ana Júlia!

Ana Júlia Leme

37 anos, enfermeira de formação, casada, mãe de dois filhos e consultora de RH em uma instituição de saúde

Propósito: cuidar e conectar pessoas, simplificando suas vidas

Uma ponte existe para conectar pessoas, lugares, sonhos, ideais. Para termos a segurança de cruzar uma ponte, é preciso confiar que quem a arquitetou e edificou teve o cuidado de construir algo confiável e resiliente às forças do tempo e da natureza. Ser ponte para outras pessoas terem uma vida melhor é um propósito que demanda uma construção que leva tempo e requer autoconhecimento, coragem e resiliência para não se perder nas diversas rotas que a vida apresenta. Ana Júlia consegue fazer esse papel na vida de outros.

Logo cedo, Ana percebeu que gostava de cuidar das pessoas. Antes de realizar o sonho de ser mãe e cultivar a família, escolheu a profissão de enfermeira, pois acreditava que o seu cuidado era o melhor que poderia oferecer para alguém. Ela vem de uma família em grande parte feminina. Recebeu muitas influências positivas ao longo do crescimento: a mãe que se dedicou integralmente à criação dos filhos, mulheres da família que buscaram combinar maternidade e vida profissional, os avós que incentivaram sua educação e cuidaram muito dela. E foi integrando esses exemplos para se construir na vida adulta.

Quando começou a vida profissional como enfermeira, percebeu que a rotina não era fácil. Nos hospitais são tratadas as dores e doenças do corpo. O sofrimento humano é uma realidade que não pode ser ignorada. Mas, nesse contexto, Ana Júlia sentia-se útil. Com seu sorriso largo e força interior, usava todo o conhecimento e afeto para trazer alívio para quem mais precisava. Gostava de ser a ponte que conectava o desejo das pessoas pela cura com a realidade de vê-las restauradas. Sua sólida base emocional abria passagem para que esse processo doloroso fosse mais humanizado.

Depois de mais de uma década atuando na enfermagem, teve a oportunidade de assumir um cargo de gestão no hospital em São Paulo onde tinha sido enfermeira. O desafio foi aceito, pois parecia ser uma oportunidade de crescer e aprender coisas novas. Contudo, Ana Júlia logo percebeu que havia se distanciado de sua essência. Ali não conseguia oferecer, no âmbito profissional, o que tinha de melhor: seu cuidado e as conexões que fazia. Uma cratera se abriu em sua construção interior. Ela havia se afastado de um elemento importante de seu propósito de vida.

Parar de trabalhar não era uma opção para ela. O trabalho sempre foi uma parte importante de quem ela era e mais um espaço de realização da sua missão de ser ponte e cuidar das pessoas. Além disso, sua atuação profissional permitia mais uma camada de cuidado para sua família.

No entanto, Ana Júlia sabia que sua atuação profissional estava distante de seu propósito. A mudança que precisava em sua carreira só ela podia fazer. Então descobriu que poderia construir novas edificações para mudar aquela situação. Voltou aos estudos, em busca de conhecimentos sobre novas áreas. E foi nesse processo de aprendizagem que se reconectou com o que amava fazer e decidiu que restauraria sua força interior para fazer uma mudança de direção.

Ana não sabia exatamente como voltar ao seu caminho, mas certo dia viu que, na instituição de saúde onde atuava, havia aberto uma vaga para área de Recursos Humanos (RH). Ana Júlia pensou em se candidatar para a vaga, mas ficou insegura se seria capaz de atuar nessa nova área. Ela não se encaixava nem no critério básico da área de formação requerida. A janela de oportunidade passou. Algum tempo depois, uma nova vaga de RH foi aberta e, dessa vez, ela tomou coragem e candidatou-se. Não poderia deixar passar mais uma oportunidade colocada em seu caminho. Essa não era ela. E deu certo. Pouco tempo depois, Ana se reconectou com aquilo que ama e voltou a facilitar a vida das pessoas. Em seu trabalho, cria novas pontes o tempo todo e se vê ajudando a simplificar a vida dos colaboradores.

Para Ana Júlia, a família e o trabalho são duas dimensões fundamentais para ser quem ela é e exercer o seu talento central: o cuidado com as pessoas. Na família, procura garantir que os filhos saibam que são amados e tenta dar o seu melhor exemplo. Seu marido e sua mãe são peças essenciais na construção de sua vida, pois somente pela parceria deles é que Ana Júlia tem o espaço para poder se dedicar ao trabalho como faz. E o trabalho garante que ela também cuide da família e seja um ponto de apoio para todos que ama. Além disso, como consultora interna de RH, consegue exercer seu talento naturalmente, cuidando das pessoas à sua volta de forma discreta, sem nunca querer roubar a cena. Seu poder é a conexão. Entretanto, sua luz é notada por onde passa. Todos que cruzam sua ponte olham para trás para agradecê-la, pois sabem que aquele caminho só existe porque ela o criou, com sua força, inteligência e amorosidade.

Parece que conseguimos respirar mais aliviados quando nos conectamos com a história da Ana Júlia. Ver uma pessoa tão cheia de talentos aprisionada em uma situação que apaga sua luz dói o coração. Ela poderia ter ficado assim por muito mais tempo, sentindo-se deprimida aos domingos ao pensar que, no dia seguinte, começaria tudo de novo, sem tentar mudar sua situação. Afinal, ter um emprego dos sonhos é uma coisa meio idealizada, não é mesmo? Não, não é. Muitas vezes, é um lugar que temos que buscar e construir.

Ana Júlia traz uma fala da conclusão que chegou depois de certo tempo no trabalho em que não se identificava e do seu processo:

> "Acho que foram duas etapas, assim, 1) a do desencontro de 'estou imersa num negócio que eu não consigo sair, mas eu também não sei quem eu sou'; e 2) 'me reconheci, e agora eu preciso me tirar daqui'. De falar: 'não, deve ter uma saída daqui'. Isso não é uma zona de conforto. Isso aqui é uma prisão." — Ana Júlia

Tudo bem, pode ser que você esteja aí quietinho numa dessas gaiolas. O que fazer para sair dessa situação?

Vamos recorrer a uma especialista em transição de carreira, pois os ensinamentos que ela nos traz podem ser utilizados em inúmeras situações.

> **Transições de carreira**
>
> Herminia Ibarra é pesquisadora na área de carreira e atualmente leciona na London Business School. Já foi professora em Harvard e no INSEAD. E o que ela pode nos contar sobre o que pode ajudar em uma transição de carreira?[15]
>
> **1) Admita que você não tem todas as respostas**: é muito comum termos clareza do que não gostamos no nosso trabalho atual, mas não sabermos exatamente o que queremos fazer no lugar disso.
>
> **2) Repense suas habilidades**: tendemos a pensar nas nossas habilidades de forma muito estreita, ligada ao que fazemos atualmente no trabalho. Temos que transformar nossa forma de enxergar as habilidades para entender como podem ser transportáveis em outros contextos.
>
> **3) Entregue-se ao aleatório**: conheça pessoas diferentes, experimente novas coisas. Não pense que vai conseguir ter um plano passo a passo superestruturado. Coloque-se no lugar de um explorador de possibilidades e desenvolva um portfólio de possibilidades (mesmo algumas coisas que não pareçam inicialmente viáveis). Algumas irão prosperar e se tornar novas ideias e outras não.
>
> **4) Não mergulhe cedo demais**: alguns trabalhos não permitem que você explore outras possibilidades enquanto você está nele. Talvez valha organizar férias mais longas para poder se concentrar nas experimentações, talvez

---

15. Disponível em: https://www.youtube.com/watch?v=NKwYTmHExWQ&t=6s.

consiga se organizar financeiramente para tirar um período sabático. Busque alternativas, caso não seja viável fazer as duas coisas em paralelo (estar no trabalho atual e buscar um novo).

5) Mas não fique preso demais também: serei tão bom no que faço no novo trabalho? Custou tanto chegar ao nível que estou... Essas questões são naturais, mas é bem possível que, com o tempo, você se reconstrua a partir de novas bases.

6) Cuidado com os conselhos: família e amigos podem ter dificuldade de ver você em um trabalho muito diferente do que você atuou a vida toda e alguns podem ter investido em você de diferentes maneiras para estar onde está (pais, mentores, parceiros), o que não facilita que estimulem que você mude de forma significativa.

7) Lembre-se de que há riscos em ficar onde está: se há riscos em sair, também há em continuar. O maior deles talvez seja perceber que você desperdiçou seu tempo em algo que sabia que não era o seu caminho.

Herminia Ibarra é fera, não é?

Todos esses aprendizados podem ser estendidos para situações fora do trabalho. Se queremos sair de um relacionamento, por exemplo, também vivemos os dilemas de não saber o que queremos no lugar dessa relação, temos que olhar para nossas habilidades que são portáteis (você continuará sendo a pessoa que é mesmo sem essa pessoa ao seu lado), teremos que fazer uma busca aleatória para ocupar esse espaço seja com outras coisas que precisamos no momento ou outra relação, talvez não seja possível ou legal fazer uma busca por outras pessoas em paralelo, teremos dúvidas se amaremos ou seremos tão amados em outro relacionamento, receberemos conselhos de familiares e amigos que podem não ajudar e também teremos que perceber que se há riscos em mudar, também há riscos em continuar com quem está.

Quando leio essas orientações, sinto que tentamos seguir um modelo muito passo a passo quando vamos fazer uma mudança, quando, na verdade, esse é um processo de outra natureza. É algo mais fluido, incerto, confuso, não linear. Aqui entram habilidades que muitas vezes não estamos acostumados a colocar em prática nos trabalhos tradicionais (e na vida em geral): paciência, tolerância a erros, suportar a ambiguidade (quero mudar tudo e quero conservar as coisas como são), acolher a imperfeição, ter confiança em si e no fluxo da vida.

No livro *Working Identity: unconventional strategies for reinventing your career* ("Identidade no trabalho: estratégias não convencionais para reinventar sua carreira", em tradução livre), Herminia mostra como nós associamos a nossa identidade ao que fazemos. É como se aquele trabalho ou situação em que estamos fizesse parte de quem somos. Ela diz: "mudar nossas carreiras significa mudar a nós mesmos".[16] E isso é doloroso, pois envolve uma mudança mais profunda. Aqui entra uma poderosa orientação: podemos ampliar quem somos, sem deixar de ser quem éramos. Se vou, por exemplo, seguir uma carreira empreendedora, passarei a exercer também um lado meu (que já existia em mim, só não estava sendo usado) que é mais aberto ao risco, que se relaciona mais fortemente com as pessoas e se adapta ao mercado. E não deixarei de ter meu lado estruturado, com conhecimentos profundos sobre tais e tais temas. Serei uma pessoa mais completa, não deixando para trás que eu era, mas integrando. Herminia chama esse processo de *possible selves* ("eus possíveis").

---

16. IBARRA, H. **Working Identity**: unconventional strategies for reinventing your career. Harvard Business School Press, 2003, p. xi.

Há um artigo bem interessante chamado *How to Think Strategically About a Career Transition*[17] ("Como pensar estrategicamente sobre uma transição de carreira", em tradução livre) em que Herminia Ibarra é entrevistada sobre diferentes aspectos da transição de carreira e reforça que atualmente as transições têm sido cada vez mais frequentes pelos seguintes motivos: vivemos mais tempo e queremos ter carreiras significativas ao longo de tantos anos de dedicação ao trabalho, a tecnologia cria contextos novos (trabalhos que não existiam e outros que deixam de existir), as empresas se transformam constantemente exigindo adaptações dos profissionais e as pessoas têm expectativas mais amplas quanto aos seus trabalhos atualmente, querendo se sentir realizadas e conectadas com seus propósitos.

Nesse artigo, fala sobre algumas ações que podemos fazer para facilitar nossas transições:

- Em vez de pensar: "qual é o trabalho ideal para mim?", propor "quais seriam as dez empresas em que eu trabalharia ou cinco caminhos diferentes que eu poderia tentar?". E explore em paralelo.
- Esteja aberto a começar de baixo se sua mudança envolver algo muito diferente do que você faz hoje. Nem sempre a mudança já é para uma posição ou para algo que lhe possibilite ganhar o equivalente ou mais do que ganha atualmente.
- Avalie com cuidado as propostas que chegam até você, pois elas costumam ser próximas do tipo de trabalho que você já realiza.
- Amplie o seu networking. A maior parte de nós busca pessoas de áreas similares e que são próximas a nós (relações insulares, que estão na mesma "ilha" que nós). Quando vamos

---

17. IBARRA, H.; IGNATIUS, A. How to think strategically about a career transition. **Harvard Business Review**, 8 set. 2023. Disponível em: https://hbr.org/2023/09/how-to-think-strategically-about-a-career-transition.

mudar de carreira, temos que explorar outros tipos de conexões, que nos permitam chegar a lugares diferentes. Envolva-se em projetos diferentes, faça cursos, converse em eventos. Reconecte-se com pessoas que estão mais distantes na sua rede de relacionamentos.

- Projete diferentes "eus possíveis" e vá experimentando-os de forma paralela.

E aí? Preparado para essa ampliação do seu ser? Lembre-se que não é esperado que sua resposta seja: "sim, completamente". Se for "bora experimentar coisas novas", já é maravilhoso!

Agora apresentaremos a última lição que aprendemos com nossos entrevistados, que é quando já estamos atuando inteiros no mundo, voando no nosso curso e percebemos que espalhamos muitas sementes pelo nosso caminho!

Lição 10 – O efeito multiplicador do Propósito

Às vezes pensamos que, se vivermos nosso propósito ao longo da vida, deixaremos como legado uma grande obra, algo finalizado, que se encerra ali juntamente com a nossa existência. No entanto, nossos entrevistados mostraram que deixam um pouco de si nas outras pessoas e que isso se multiplica a ponto de eles não saberem mais o alcance de seu impacto. Esse aprendizado nos lembrou uma frase muito potente que costumamos ver na celebração do Dia dos Professores:

> "O professor se liga à eternidade. Ele nunca sabe onde cessa a sua influência" — Henry Adams

Pela nossa pesquisa, vimos que as pessoas com propósito são grandes mestres! E eternizam-se por meio das pessoas que impactam. Para começar a mostrar esse percurso, vamos conhecer a bela história de Helder Roger.

Helder Roger Cavalcanti Silva

67 anos, foi vice-presidente de uma instituição religiosa e atualmente é CEO de uma ONG que apoia crianças, jovens e mulheres refugiados no Líbano

Propósito: dar oportunidade para que as pessoas possam maximizar seus talentos e se desenvolver em todos os aspectos (físico, mental e espiritual)

"Quem planta tâmaras não colhe tâmaras". Esse ditado árabe nos faz pensar na generosidade e transcendência, afinal, o fruto de uma tamareira demora de 80 a 100 anos para poder ser colhido. Então, quem se dedica em vida ao seu plantio o faz pensando nas próximas gerações. Aposentado, Helder Roger poderia estar desfrutando a vida à beira do mar de Maragogi, local que ama no estado de Pernambuco, onde nasceu e viveu por muitos anos. Mas decidiu criar e liderar um projeto no Líbano que apoia crianças, jovens e mulheres refugiadas. Ele então semeia sonhos de um futuro melhor para essas pessoas e suas famílias, sonhos cuja completa realização muito provavelmente não poderá ver durante a vida.

A história de Helder começou de uma forma difícil. Quando tinha cinco anos, foi com os pais para São Paulo e, quatro anos depois, a mãe não suportou mais viver com seu pai, que era alcoólatra, voltou com ele para Pernambuco, e foram morar na casa de seus avós em Belém de Maria. Decidiu sabiamente matricular o menino em uma escola cristã de qualidade, onde estudou a vida toda até se formar na faculdade. Numa capelinha dessa escola, Helder se formou no ginásio, no científico e no teológico. Também foi onde se casou com a esposa Débora, com quem em breve completará 50 anos de união.

Nesse contexto, aprendeu o princípio cristão de que vivemos para servir e isso entrou em seu coração. Afinal, desde pequeno já gostava de ajudar. A casa dos avós ficava na frente do colégio, onde havia uma horta; lá ia ele ajudar na horta. Também ajudava a colocar frutas nas mesas para o almoço dos alunos, que por se tratar de uma escola em regime de internato oferecia também as refeições, e apoiava a pessoa da granja no controle de qualidade dos ovos.

Quando adolescente, já na escola que frequentou por toda a juventude, foi convidado a fazer uma pregação devocional. Apesar de sempre ter assumido funções de liderança, como ser presidente da associação de estudantes, a parte religiosa não era muito a sua área de atuação. Mas as pessoas apreciaram muito a fala dele e uma delas sugeriu que ele fizesse teologia e se tornasse pastor. Como tudo em sua vida, seu próximo passo foi se revelando naturalmente. E cursou teologia.

Passou então 6 anos como pastor. Depois, a igreja começou a envolvê-lo em tarefas mais administrativas como a parte de missões (projetos humanitários), até que o convidou para ser presidente da igreja para o Nordeste. Passou 11 anos entre Recife e Maceió. Depois foi presidente da regional do estado da Bahia, morando 7 anos em Salvador. Voltou ao Recife por mais 8 anos e meio para ser presidente da regional Nordeste. Em seguida, foi transferido para Brasília, onde atuou por 16 anos, sendo os 11 primeiros como presidente da regional Centro-Oeste e os últimos 5 anos, encerrando sua carreira na instituição como vice-presidente da igreja para a América do Sul. Foram 42 anos de dedicação e muito crescimento da igreja e da fidelidade das pessoas que a frequentavam.

Helder já colheu muitos frutos de sua atuação ao longo desses anos como líder e relembra, emocionado, as mensagens de carinho e gratidão que recebeu. Sempre investiu no desenvolvimento holístico das pessoas, pois compartilha da visão da igreja de que não basta o desenvolvimento espiritual, o físico e o mental também são importantes. Durante sua liderança, buscou promover a melhoria da condição de vida das pessoas em todos os aspectos: vida pessoal, família e trabalho. Nas palavras dele: "O que a Bíblia ensina para a gente? Você tem que ser um bom esposo, tem que ser um bom pai, tem que ser um bom trabalhador, tem que ser um bom líder". E assim o fez.

E então era chegada a hora de sua aposentadoria. Seria a hora de realizar o sonho de construir uma casinha nas areias claras de Maragogi e morar na beira daquela praia de águas verdes e mornas, desfrutando da companhia de sua esposa e das deliciosas refeições que ela prepara? Poderia ser, mas Helder lembrou a frase de um amigo: "o problema não é sonhar grande e não alcançar, é sonhar pequeno e alcançar".

E lá foi ele buscar o sonho grande, pois sentia que ainda tinha forças para ser útil a outras pessoas.

Ele sabia que o Líbano era o país com o maior percentual de refugiados em relação à população, com muita pobreza e desigualdade. Muitas das crianças refugiadas não têm acesso à escola e os pais sofrem muito preconceito, tendo poucas oportunidades de reconstruir uma vida digna no país vizinho. Vivem no limbo das poucas perspectivas de um futuro melhor. E então foi ser o CEO de uma ONG que inicialmente se propunha a dar aulas de futebol para crianças refugiadas. Logo ficou evidente que as meninas não poderiam jogar, por questões culturais, então foram estruturadas aulas de tecnologia, inglês e música, das quais eram convidadas a participar. Para algumas mães, foram estruturadas aulas de costura, que ajudam na geração de renda para as famílias e que também acabam se tornando momentos de suporte emocional para aquelas que precisam.

O principal foco da instituição é receber uma criança e ajudá-la a sair da condição em que ela está, dependente, vulnerável, sem esperança, para ela ter mais confiança em si mesma, mais esperança, mais condição de ter um lugar no mundo. Ele diz que nunca trabalhou tanto na vida. Já perdeu o sono algumas vezes após enviar duas jovens (uma síria e outra libanesa) para estudar medicina nos Estados Unidos, além de enviar mais dois jovens sírios para o Brasil para fazer faculdade de Letras e Odontologia. Como conseguir o valor para arcar com as elevadas mensalidades em dólares e reais? O apoio de doadores fiéis tem dado conta desse desafio. O amor em ações é a pregação mais potente que já fez em toda a sua vida.

E segue semeando, com o apoio da esposa e um time de voluntários dedicados, novos sonhos e a esperança de um futuro melhor para essas crianças, jovens e mulheres. Helder provavelmente não estará aqui quando essas médicas, esse dentista e essa professora trouxerem grande impacto para o mundo por meio de suas pesquisas e atuação com pacientes e alunos. E talvez nunca saberá o impacto que teve na vida de todas as crianças e famílias que ajudou nesse período. Ele continua plantando tâmaras. E cultivando o sonho de um mundo melhor e mais justo no futuro.

Muito inspirador! Alguém que poderia estar na beira da praia desfrutando a aposentadoria quer ainda iniciar novos projetos, desafiando-se em um contexto muito difícil. Helder exemplifica o efeito multiplicador que queremos demonstrar.

Outros entrevistados nos ajudam a reforçar esse fenômeno da multiplicação:

"E isso para mim é fantástico, porque eu consigo falar assim, cara, ela começou aqui, eu plantei uma sementinha nela, e com essa semente ela está multiplicando isso para outros lugares, mostrando também, uma menina também preta, também gay, mostrando que, poxa, é super possível. [...] Eu falo que para amanhã, eu já sei que eu plantei muitas árvores, e que essas árvores vão dar muitos outros frutos, e que vai ter muita história para contar a partir disso, então, eu sou muito feliz com relação a isso." — Adriana

"Essa inspiração multiplicou resultados de uma maneira que eu perdi o controle. Porque os alunos inspirados, as pessoas inspiradas, elas criaram propósitos e criam até hoje." — Williams

O interessante é que estes "professores" não entregam os aprendizados de mão beijada, mas de fato, ensinam a pescar.[18] Percebemos um padrão de ajudar as pessoas a terem autonomia, de conseguirem se desenvolver de forma independente. Não é um modelo de serviço assistencialista, em que a pessoa sempre precisa voltar à fonte para se sustentar. É um modelo de liberdade, autonomia:

"Tem a caridade boa e tem a caridade tóxica, pra mim te dar uma coisa de graça, eu acho que eu tô sendo tóxica, entendeu? [...] o meu intuito é de capacitar as pessoas a serem independentes, terem autonomia pessoal, a serem autossuficientes, e não é meu trabalho só dar. [...] Quando eu dou alguma coisa para a pessoa, não estou dando já feito para ela,

---

18. Um ponto importante é que o "ensinar a pescar" não tem um foco produtivo, mas de apoio humano e de desenvolvimento. Quando a instituição do Rodolfo, por exemplo, capacita pessoas que estavam em situação de rua a terem um trabalho na área da gastronomia, o objetivo central não é a empregabilidade, mas o resgate da cidadania desses seres humanos. É estar ao lado quando a vara de pesca quebrar, quando o "mar não estiver para peixe", para a pessoa ter a segurança de que é capaz de viver e não apenas de produzir para o mercado de trabalho.

eu não resolvo seus problemas, eu vou te dar as ferramentas para você resolver seus problemas." — Fernanda

"E aí entra um tipo de inteligência específica, que é acompanhar essa pessoa, estar do lado dela, mas também entender que ela precisa ter autonomia dela, ela tem condição de fazer escolhas, ela não é um coitado, ela tem uma configuração de humano que pode trazer ela para um lugar ou não. Ela é capaz de se deslocar na vida." — Rodolfo

"Quero que as crianças sejam boas pessoas, que elas sejam pessoas felizes [...] Não de resolver por elas, mas que elas tenham um caminho tranquilo." — Ana Júlia

Vemos isso como um ato de grande generosidade. Eles poderiam querer que as pessoas que ajudam (os imigrantes que Fernanda atende, as pessoas em situação de rua que o Rodolfo apoia e os filhos da Ana Júlia, nos casos acima) sempre sentissem necessidade de voltar a elas, ficando dependentes e alimentando aquela vaidade de "olha como eu sou necessária". Não é isso que semeiam.

Foi bonito perceber que eles mesmos viveram esse processo de chegar até onde estão e hoje, com essa autonomia conquistada, dedicam-se para que outras pessoas possam chegar a esse ponto:

"É realmente você sentir que a gente pega as Sofiazinhas e consegue transformar a vida deles, que é uma transformação muito forte." — Sofia

"Eu tô lidando com um público que é completamente desacreditado e que ele precisa antes de ter acesso aos direitos dele, ele precisa voltar a sonhar. [...] Eu me lembro que uma vez eu fui lá na FGV fazer uma pesquisa para um professor pegar uns livros e tal. E aí eu voltei da FGV e falei: 'queria estudar nessa faculdade' [...] é importante você trazer para esse indivíduo a sensação de que ele pode voltar a sonhar." — Rodolfo

Lições de quem sustenta um Propósito   335

A Sofia, por exemplo, teve uma longa trajetória empreendedora, vindo de uma origem simples e lutando para construir sua empresa, sua ONG e hoje conseguindo apoiar a transformação de outras pessoas como ela (as "Sofiazinhas"). O Rodolfo também precisou superar o medo de não pertencer, candidatou-se ao mestrado na prestigiada FGV, passou e segue ajudando os desacreditados a voltarem a sonhar, como ele mesmo fez.

Em alguns casos, vimos um movimento até de "superação do mestre", para seguir essa analogia dos nossos entrevistados serem grandes professores na vida. Os músicos que Williams formou ganham uma fama muito maior do que ele tem, os profissionais que a Adriana capacita tornam-se ainda melhores que ela na arte da beleza. E o que eles acham disso?

> "Eu quero que estejam melhores que eu, porque aí significa que eu ensinei muito bem, e aí você que é professora sabe que vai ter alunos que vão passar você". — Adriana

São mesmo inspiradores. E, assim, vão construindo seus legados por meio das pessoas que ajudam!

Por falar em legado, vale compartilharmos algumas falas sobre o que eles têm como intenção de deixar em suas passagens pela vida:

> "Eu quero ver que eu realmente fiz algo para ajudar as pessoas a terem mais dignidade, qualidade de vida e algo grande assim. [...] principalmente as próximas gerações possam, enfim, de alguma forma, viver melhor." — Mórris

> "Eu ia ficar muito feliz dessas pessoas que se inspiram em mim, e que recebem com carinho os meus conselhos, se tivessem satisfeitos com a vida que estão levando, sabe? Se estivessem felizes, seguindo seus sonhos." — Ana Júlia

> "Eu acho que essa questão de a gente se entregar pelo próximo, eu acredito que é até a nossa missão aqui na Terra, que Cristo deixou. Eu acredito que isso faz muito sentido, sabe? Porque não são bens materiais [...] Mas foram os atos que você fez, foi quem você ajudou, como você tratou as pessoas." — Frankle

Cada um à sua maneira vai construindo dia a dia o seu legado. Para fechar essa reflexão sobre como as pessoas que entrevistamos fazem essa construção, foi interessante perceber que há diferentes modelos, desde uma luta mais individual até um modelo mais coletivo.

Na linha do modelo mais individual, de sozinho contribuir para uma causa, temos alguns exemplos. A Adriana, por exemplo, não tem intenção de formar ou integrar um grupo com a mesma causa que ela. Luta de maneira mais individual. Assim como a Ana Júlia, que cria pontes entre pessoas e aí encerra sua participação. Ela não tem como objetivo liderar grupos e fazer os projetos coletivamente. Apoia, conecta, facilita e essa é a sua maneira autêntica de contribuir:

> "Eu costumo falar que eu milito, aí a minha militância é individual, sabe?" — Adriana

> "Eu não quero mais ser o agente principal. Porque eu acho que essa coisa de contribuir, de facilitar, isso me traz mais realização, mais alegria." — Ana Júlia

Já outras pessoas realizam suas obras de maneira mais coletiva. É o caso da Carol Silva, que se vê como parte (ela faz analogia a uma engrenagem) de um projeto maior. Helder, que é o presidente da ONG que Carol trabalha no Líbano, lidera essa máquina e enxerga que seu papel é potencializar os talentos que trabalham com ele. Mórris, por sua vez, que é o fundador da Maturi, entende que seu propósito é entregue no mundo de forma conjunta:

"Eu me vejo como se fosse uma engrenagem de uma máquina que está funcionando para mudar a vida das pessoas." — Carol Silva

"Um dos conceitos que eu entendo é que o líder, ele é um catalizador. Ele é um cara para dar oportunidade para os talentos, maximizar as forças. Então, a gente sempre diz: você com o grupo sempre vai mais longe, você faz mais." — Helder

"Eu acho que a gente quer ajudar as pessoas a terem mais dignidade. Quando eu digo 'a gente', porque é isso, a Maturi não sou só eu." — Mórris

Vemos assim que não há uma maneira única nem melhor de construir seu legado e viver seu Propósito. O nosso intuito, desde o início do livro, foi mostrar caminhos, possibilidades para que cada leitor possa escolher a sua forma autêntica de construir uma vida com Sentido e Significado.

Esperamos que tenha apreciado as lições que aprendemos com essas pessoas maravilhosas que tivemos a honra de conhecer. E que muitos outros aprendizados venham ao longo dos seus próximos passos!

PARTE 4

COMO VIVER UMA VIDA DE REALIZAÇÃO?

Nesta última parte do livro, vamos buscar integrar algumas reflexões e aprendizados que encorajamos ao longo da leitura dos diversos capítulos. Para isso, vamos propor algumas atividades práticas. O foco é a construção de uma vida com mais sentido e felicidade, mas que seja possível dentro da sua realidade atual. Começaremos com os aspectos de felicidade e bem-estar, seguiremos para os elementos ligados ao propósito e, ao final, vamos discutir como integrá-los.

Ao longo do livro, você conheceu a história de pessoas reais que têm bem-estar e são movidas por um propósito. Então, para aquecermos nossa capacidade reflexiva, queremos fazer uma primeira pergunta a você:

Quais foram as histórias que mais mexeram com você? Escreva um pouco sobre os motivos de cada uma delas ter lhe impactado de forma mais significativa.

12

Organizando as suas fontes de Felicidade e Bem-Estar

Neste capítulo, você terá a oportunidade de fazer algumas atividades de reflexão sobre suas fontes de felicidade, os ambientes onde você encontra recarga energética e estratégias para fazer a gestão de uma vida mais feliz (não perfeita, pois isso é irreal).

Talvez você tenha feito apontamentos em seu caderno que podem ser resgatados para realizar as atividades propostas. Nossa intenção é que as atividades ajudem você a criar um mapa das fontes de felicidade que já fazem parte de sua rotina, portanto devem ser mantidas, e incluir novas fontes que talvez estejam fazendo falta neste momento. Além disso, permitirão que reflita e reconheça os ambientes de recarga energética que lhe fazem bem.

Atividade 1 – Reconhecendo as Fontes de Felicidade

Para começar, queremos apresentar no quadro todas as fontes de felicidade mencionadas pelos nossos entrevistados. Vimos que alguns entrevistados tinham algumas fontes, mas não tinham outras em sua rotina. E tudo bem! Temos necessidades e realidades diferentes.

Nossa intenção é que reconheça quais são suas fontes de felicidade. Para fazer isso, seja sincero nas suas reflexões e na forma como vai preencher o quadro. Primeiro, verifique na coluna da esquerda a fonte de felicidade e indique, na coluna central, aquelas que fazem parte da sua rotina semanal usando o seguinte critério:

1) pouco presentes em minha rotina (pelo menos que 1 vez por semana)

2) presentes em minha rotina (2 a 3 vezes por semana)

3) muito presentes em minha rotina (de 4 a 7 vezes por semana)

Em seguida, na coluna da direita, descreva o que você faz em relação a cada fonte. Por exemplo: em cuidados com o corpo, descreva se tem uma rotina de exercícios, quantas horas dorme todas as noites, como tem se alimentado e assim por diante.

Por fim, na parte inferior do quadro, inclua outras fontes de felicidade que fazem parte da sua rotina ou que gostaria que estivessem mais presentes no seu dia a dia e que talvez não tenham sido mencionadas por nossos entrevistados.

Fontes de felicidade descritas pelos entrevistados	Presença destas fontes em sua rotina		Como essas fontes são incorporadas em sua rotina semanal?
Convívio familiar	1	2 3	
Redes e apoio e comunidade	1	2 3	
Aprendizagem	1	2 3	
Trabalho	1	2 3	

Cuidados com o corpo	1 2 3	
Artes	1 2 3	
Espiritualidade	1 2 3	
Outras fontes (incluir fontes adicionais)	**Presença dessas fontes em sua rotina**	**Como essas fontes são incorporadas em sua rotina semanal?**
	1 2 3	
	1 2 3	
	1 2 3	

Agora que realizou a atividade, deve ter ficado evidente quais são as fontes de felicidade que estão presentes em sua vida com mais frequência. Parabéns por separar o tempo e dispor da energia para usufruir dessas fontes! Agora, propomos a seguinte reflexão: quais fontes de felicidade gostaria que estivessem mais presentes em sua rotina semanal e por quê?

Atividade 2 – Reconhecendo os Ambientes de Recarga Energética

E quais são os seus ambientes de recarga energética? Nossos entrevistados mencionaram natureza, lar (casa), pessoas que amam. Sugerimos que você complete o quadro indicando os ambientes que fazem parte de sua vida e como nutrem você (como viagens, casa dos seus pais, um templo etc.).

Meus ambientes de recarga	Como você recupera as suas energias nestes ambientes?

Se essa atividade ajudou você a identificar ambientes que lhe fazem muito bem, ficamos felizes! Continue separando espaço em sua vida para "habitar" nesses ambientes tão importantes para o seu bem-estar. Agora, se notou que ainda não tem esses contextos bem definidos ou se conhece quais são, só não consegue usufruir de seus benefícios, avance para a próxima atividade que deve ajudar você a delinear sua jornada pessoal para uma vida mais feliz.

Atividade 3 – Minha trilha para estruturar uma vida mais feliz e com bem-estar

Você já refletiu e reconheceu suas fontes de felicidade e os ambientes que nutrem você. Nesta próxima atividade você será convidado a responder a algumas perguntas que devem direcionar sua escolha de uma trilha onde vai incorporar algumas fontes de felicidade e acesso a ambientes de recarga energética em sua rotina. A proposta é fazer isso, a partir de micro-hábitos, conforme apresentado no Capítulo 5.

1) Pense em sua rotina diária e indique atividades que comumente compõem os vários momentos do seu dia a dia:

Momento do dia	Atividades que geralmente realizo ou hábitos que já tenho nos diferentes momentos do dia
Quando acordo	
Manhã	
Meio do dia	
Tarde	
Fim da tarde	
Noite	
Antes de dormir	

2) Quais micro-hábitos[1] poderia incorporar/manter em sua rotina imediatamente e que ajudariam você a trazer mais alegria para o seu dia?

Momento do dia	Atividades que vou incorporar/manter em minha rotina
Quando acordo	
Manhã	
Meio do dia	
Tarde	
Fim da tarde	
Noite	
Antes de dormir	

Quem pode ajudá-lo a incluir/manter esses micro-hábitos em sua rotina?

---

1. Se está na dúvida o que são micro-hábitos, leia o Capítulo 5 ou assista a TED Talk do Dr. BJ Fogg disponível em: https://www.youtube.com/watch?v=AdKUJxjn-R8

Atividade 4 – E quando tudo isso não é suficiente?

Nesta atividade você será convidado a refletir sobre aquilo que respondeu nas atividades 1 e 2 e, de forma muito sincera, reconhecer, se as fontes de felicidade e ambientes de recarga que você possui em sua rotina são suficientes para que sustente uma vida com bem-estar. Ao realizar essas atividades talvez você tenha reconhecido que precisa buscar ajuda de um psicólogo, de um psiquiatra, de um coach, uma consultoria de transição de carreira ou até visitar alguns médicos especialistas (como cardiologista, endócrino etc.) para melhorar aspectos que considere fundamentais em sua vida.

Nem sempre temos mesmo todos os recursos necessários para começar a jornada de construção de uma vida melhor. Nesse caso, reconhecer que precisamos de ajuda e fazer um plano é fundamental. O espaço a seguir é para indicar que tipo de suporte você reconhece que precisa para fazer a gestão de uma vida com mais bem-estar.

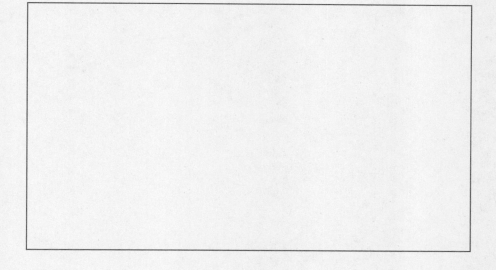

Agora que já refletimos e estruturamos formas de incluir fontes de bem-estar e felicidade em nossa vida, chegou a hora de articular tudo isso com a construção de propósito de vida!

13

Compreendendo seu Propósito

Neste capítulo, queremos convidar você a refletir sobre o seu propósito de vida, os caminhos que já trilhou, suas formas de contribuir e sobre as lições que aprendemos com nossos entrevistados.

Atividade 1 – Reflexões sobre o seu Propósito

Já vimos que o propósito é a nossa intenção de usar nossas melhores capacidades a serviço de algo significativo para nós e com impacto além de nós. Sendo assim, faremos algumas perguntas de reflexão para apoiar você na construção do seu propósito:

1) **O que você tem melhor a oferecer?** (resgate sua história de vida, identifique suas maiores conquistas e extraia o que ajudou a consegui-las, assim como relembre suas maiores dificuldades e perceba o que facilitou que você as superasse)

2) Quais causas ou que tipo de pessoas lhe interessam ajudar? (imagine que você tenha todo o dinheiro do mundo... para que tipo de causa você doaria parte da sua riqueza? Quem você ajudaria com o seu tempo?)

3) Quais ações você pode realizar para oferecer o seu melhor para essas causas ou pessoas? (mobilizar pessoas, organizar projetos, buscar uma formação, fazer um pequeno experimento)

Se quiser mergulhar fundo na identificação e construção do seu propósito, recomendamos que leia o livro *Propósito de Vida: um guia prático para desenvolver o seu,*[1] que possui diversas atividades organizadas em um método por etapas com essa finalidade. Vale a pena!

---

1. SHINODA, C. **Propósito de Vida**: um guia prático para desenvolver o seu. São Paulo: Benvirá, 2021.

Atividade 2 – Caminhos para o Propósito

Vimos que há três caminhos principais para identificarmos o nosso propósito: interno, externo e misto. Que tal refletir sobre os aspectos presentes em cada um deles?

Interno (de dentro para fora)

Reflita sobre suas características mais naturais. Quais são elas? O quanto o que você entrega para as pessoas à sua volta está diretamente relacionado com sua essência?

Resgate como foi o seu convívio familiar, escolar, religioso. Relembre como foi sua vivência nos seus círculos próximos, que podem ser muito singulares na sua história, por exemplo, um clube, uma casa de férias, a casa dos avós, os escoteiros etc. Houve pessoas ou ambientes que reforçaram aspectos da sua essência?

Externo (de fora para dentro)

Relembre vivências, experiências, trabalhos que você se identificou muito. Resgate também pessoas que lhe mostraram caminhos interessantes a explorar. O que aprendeu com elas?

Misto (transformação dentro e fora)

Quais foram as suas maiores dores ou dificuldades na vida? Como conseguiu superá-las? Ao olhar para pessoas que vivenciam hoje as mesmas dificuldades que você viveu, como poderia apoiá-las?

Lembramos que não há uma única forma ou mesmo três formas para caminhar na direção do seu propósito. Esses caminhos são apenas orientadores para que você ganhe consciência de aspectos que você já viveu na sua trajetória e que pode integrar à construção de seu propósito.

Atividade 3 – Focos de atuação: formas de contribuir além de si

Qual é o seu foco de atuação? Vimos que existem diferentes escopos de atuação: nosso círculo mais próximo (família e amigos), nossa comunidade conhecida (pessoas que escolhemos ajudar dentro dos espaços em que atuamos, seja no trabalho, na igreja, entre outros), uma comunidade desconhecida (pessoas ou instituições que ajudamos mesmo sem conhecer as pessoas ajudadas) ou as próximas gerações.

Em quais focos você mais consegue contribuir? Conte um pouco sobre como você faz ou pode vir a fazer sua contribuição para outras pessoas.

Atividade 4 – Reflexões com base nas lições dos nossos entrevistados

Discutimos diversos aprendizados que emergiram nas entrevistas ao longo do livro. Vamos olhar para cada uma e refletir sobre a nossa própria vivência?

1) **Propósitos são uma escolha**: percebemos que viver uma vida com propósito é bancar uma escolha, que tem ganhos e perdas. Quais escolhas você precisa bancar para poder viver o seu propósito?

2) **Os desafios da vida são oportunidades para crescermos**: essa é uma mentalidade que nos ajuda a ver os problemas que surgem com mais leveza e nos desenvolvermos a partir das dificuldades. Nem sempre conseguimos sustentar essa forma de ver a vida. Como você encara os desafios da vida?

3) **Os valores dão forma ao propósito**: nossos valores são balizadores das nossas decisões e nos ajudam a dar prioridade ao que

nos é mais importante. Quais são os valores que você se vê colocando em prática no seu dia a dia? Do que você não abre mão?

4) **O autoconhecimento é um propulsor para as descobertas**: percebemos que, ao nos conhecermos por inteiro (com nossa luz e nossa sombra), conseguimos levar o nosso melhor para o mundo e de forma coerente com quem somos. Como você pode ampliar o seu autoconhecimento?

5) **A força dos exemplos**: algumas pessoas ou ambientes nos influenciam fortemente. Quem são os seus maiores exemplos na vida? O que aprendeu com cada um deles?

6) **O papel das habilidades**: nossas habilidades são nossa musculatura, que potencializam a realização do nosso propósito. Quais são suas maiores habilidades? Já trabalhamos esse aspecto em atividades anteriores. Há algo que precise se fortalecer para ampliar o alcance da sua contribuição?

7) **Gratidão e contentamento**: não são equivalentes a passividade, mas é uma sabedoria que nutre e dá forças a partir do foco que escolhemos. A gratidão pode ser um sentimento e também uma prática de apreciar o que existe de positivo na vida e o contentamento nos ajuda a entender que existe uma diferença entre o que precisamos e o que queremos e a buscar atender às nossas reais necessidades. Como é a sua vivência da gratidão e do contentamento? Caso ainda não tenha experimentado a prática do diário de gratidão, convidamos você a tentar por alguns dias e perceber a diferença no seu olhar para a vida.

8) **A importância dos limites**: os limites são essenciais para uma vida com bem-estar e equilíbrio (qualquer que seja a sua forma de equilíbrio). Quais limites são importantes para você conseguir viver de forma equilibrada?

9) **A coragem de sair das gaiolas de ouro**: às vezes permanecemos em situações que nos trazem comodidade, mas que nos

aprisionam. Por quais gaiolas de ouro você já passou? Há alguma de qual ainda precise se libertar?

10) O efeito multiplicador do propósito: quando deixamos um pouco de nós com outras pessoas, perdemos a noção do impacto do que geramos de positivo no mundo. Como você deixa um pouco de si para outras pessoas?

Escreva a seguir algumas reflexões a partir das perguntas que mais mexeram com você:

14

Integrando o <u>Bem-Estar</u> e o <u>Propósito</u> no seu dia a dia

Foi uma jornada até aqui! Discutimos os conceitos de bem-estar e de propósito, exploramos as fontes de bem-estar, entendemos os diferentes caminhos para chegar ao propósito, as diversas formas de contribuir, os benefícios de viver com propósito. E aprendemos com os ensinamentos dos nossos entrevistados sobre como sustentar uma vida com felicidade e propósito.

Nossa intenção com essa trajetória foi ajudar você a ampliar a consciência sobre tudo que é importante para que possa tanto se nutrir (na linha do bem-estar) quanto contribuir (pensando em propósito). Talvez compense responder novamente o questionário e as perguntas que fizemos para os nossos entrevistados e que você também respondeu no comecinho do livro (Capítulo 3). Você se lembra? Talvez algumas percepções suas possam ter mudado a partir das reflexões ao longo da leitura.

Sabemos que nem sempre estamos em condições de nos dedicar a outras pessoas. E está tudo bem. Assim como há momentos em que nem mesmo conseguimos nos nutrir. Isso é humano. Mesmo os nossos entrevistados não conquistaram esse estado de realização de uma hora para outra. Em suas histórias, pudemos ver que é um esforço constante manter-se nessa condição. Esperamos que conhecer os desafios, lutas e alegrias dessas pessoas reais tenha sido inspirador para você. Afinal, notamos que esse tipo de realização pode trazer benefícios significativos para a nossa vida.

Vimos a importância de gerenciar as fontes de felicidade no seu dia para estar energizado e contribuir com seu melhor para outras pessoas. Percebemos também que é necessário fazer conscientemente a gestão da nossa vida para que o bem-estar e o propósito estejam continuamente sendo lembrados e vivenciados, sempre que possível. Seja de forma estruturada ou fluida (vimos a estratégia "2 em 1" e a "tudo junto e misturado"), é positivo ter formas de não deixar a vida simplesmente passar por nós sem que tenhamos a chance de fazer escolhas que nos levem a uma vida com mais sentido e significado.

Percebemos também o papel que nossa rede de apoio pode ter na nossa vida. Não precisamos dar conta de tudo sozinhos. As pessoas que nos amam podem nos lembrar da nossa luz e do nosso caminho verdadeiro. Conte com elas.

Busque momentos para ir aos seus ambientes de recarga energética, sejam eles onde forem, para manter-se saudável e nutrido para os desafios da vida. Desejamos a você uma vida real, humana. Repleta de desafios que levem você a crescer. Coerente com quem você é. E com a sensação de que não é uma pessoa perfeita ou heroica, mas realizada.

APÊNDICE – METODOLOGIA DA PESQUISA

É importante compartilharmos como foi o processo metodológico de construção do conhecimento neste livro. Queríamos reunir histórias de pessoas e extrair aprendizados que pudessem ser levados para os nossos leitores.

Como não queríamos ficar restritas às pessoas que conhecíamos, estabelecemos alguns critérios de diversidade: precisaríamos encontrar pessoas em diferentes momentos de vida (jovens, jovens adultos, meia-idade, terceira idade), de contextos sociais diversos (pessoas na luta para ganhar o pão de cada dia a pessoas que não precisam se preocupar com a questão financeira), mulheres e homens heterossexuais (que sentem atração por pessoas do sexo oposto) e pessoas com outras orientações, de diferentes estados civis (casados, solteiros, namorando, separados), com ou sem filhos e nascidos em diferentes estados no Brasil. Fizemos uma tabela cruzando essas várias características e começamos a empreitada.

E antes de todos esses critérios, quisemos entrevistar pessoas que, na literatura acadêmica, são nomeadas de "exemplares" (*exemplars*). Nas pesquisas sobre Propósito de Vida, os exemplares são aqueles que demonstram alto senso de propósito (se reconhecem trazendo grande contribuição para uma causa ou para outras pessoas) e que conseguem manter isso com relativa estabilidade ao longo do tempo.[1]

---

1. BRONK, K. C.. A grounded theory of youth purpose. **Journal of Adolescent Research**, v. 27, p. 78–109, 2012. Disponível em: http://dx.doi.org/10.1177/0743558411412958.

O benefício de entrevistar pessoas exemplares era conseguir identificar padrões comuns que as levaram a conseguir construir e sustentar um Propósito ao longo do tempo. Seriam pessoas que já nasceram com um dom? Pessoas que eram mais sortudas do que outras (recebiam mais presentes da vida)? Ou será que eram crenças e comportamentos que elas desenvolveram ao longo do tempo e que poderiam inspirar outras pessoas a chegarem nesse mesmo estado?

No entanto, tínhamos conhecido a matriz 2x2 da construção de uma vida com Propósito e Alegria proposta por Coleman[2] (veja a seguir) e queríamos entrevistar não apenas pessoas com propósito, mas sim as pessoas "Plenas", que chamamos no livro de Realizadas.

Matriz 2 x 2 para construir uma vida com Propósito e Alegria

	Sem alegria	Com alegria
Com propósito	penosa	plena
Sem propósito	miserável	superficial

Uma pessoa que nós traduzimos como "Plena" (em estado de *flourishing/fulfillment*, em inglês) é aquela que se dedica a um propósito significativo e também extrai alegria das atividades da sua vida. É um estado diferente de uma pessoa que leva uma vida "penosa" (*drudgery*, no idioma original), por exemplo, que tem sim propósito, mas não tem alegria. Por exemplo, uma enfermeira que dedica sua vida a cuidar de pessoas, mas se sente esgotada por não conseguir ter tempo para cuidar de si, estar com os amigos e familiares e curtir a vida, poderia estar nesse estado.

---

2. COLEMAN, J. **HBR Guide to crafting your purpose**. Boston: Harvard Business School Publishing Corporation, 2022. p. 25. Tradução livre da figura "2 x 2 for crafting a purposeful and joyful life".

Nosso objetivo não era pesquisar as pessoas penosas, pois entendemos que isso não é positivo ao longo do tempo. A pessoa pode acabar adoecendo pela dureza de se doar constantemente, sem se energizar.

Além disso, não vimos sentido em entrevistar pessoas no estado "Superficial" (*Superficiality*, no original). Essas seriam pessoas que têm uma vida com alegria, mas não se dedicam a algo além delas mesmas. Podem ser pessoas, por exemplo, que têm bons relacionamentos, uma condição financeira tranquila, podem desfrutar de viagens, ir comer em lugares gostosos, passear, mas não têm um trabalho significativo ou uma função social em que se dediquem a outras pessoas (como pais, avós, voluntários etc.).

E, finalmente, também não tínhamos interesse em entrevistar pessoas no estado "Miserável" (*Misery*, no idioma original). Essas são pessoas que vivenciam atividades que não têm nem alegria e nem propósito. Podem ser aquelas que estão enfrentando uma condição difícil de saúde ou que trabalham em algo que não enxergam sentido algum.

É claro que podem ser extraídos muitos ensinamentos de pessoas em todos os estados. Como uma pessoa que vive um estado penoso por muito tempo consegue ter saúde e energia para se manter nesse padrão? Como uma pessoa no estado superficial percebe sua vida? Como alguém no estado miserável dá conta de lidar com essa situação?

No entanto, o objetivo do livro era trazer caminhos para uma vida no estado "Pleno", que substituímos pelo conceito de "Realização", a partir das falas dos nossos entrevistados. Então, tivemos que fazer escolhas.

Um ponto de ajuste importante que fizemos foi ampliar a proposta de Coleman no que se refere ao que ele chamou de *Joy* e que traduzimos como "Alegria" na matriz para o conceito de "Bem-Estar" da Psicologia Positiva. Esse conceito foi proposto por Martin Seligman e inclui aspectos que vão muito além da alegria. O bem-estar inclui: emoções positivas, engajamento, relacionamento, propósito e realizações.

Seligman propôs a sigla PERMA para englobar estes cinco componentes do bem-estar:

P = *Positive emotions* (emoções positivas): sentir contentamento e alegria.
- Em geral, com qual frequência você se sente alegre?
- Em geral, com qual frequência se sente positivo(a)?
- Em geral, o quanto você se sente contente?

E = *Engagement* (engajamento): sentir-se absorvido, interessado e envolvido nas atividades ou no mundo em si. Relacionado ao estado de "*flow*", em que se perde a noção do tempo ao dedicar-se às atividades.
- Com qual frequência fica profundamente envolvido(a) na atividade que está realizando?
- No geral, quanto se sente empolgado(a) e interessado(a) nas coisas?
- Com qual frequência você perde a noção do tempo porque está fazendo algo que você gosta?

R = *Relationships* (relacionamentos): sentir-se amado, apoiado e valorizado por outras pessoas.
- Quanto de ajuda e apoio você recebe de outras pessoas quando precisa?
- O quanto se sente amado(a)?
- O quão satisfeito(a) está com os seus relacionamentos pessoais?

M = *Meaning* (sentido/propósito): refere-se a ter um senso de propósito, uma direção para onde a sua vida está indo. É sentir que a vida vale a pena. Tem a ver com conectar-se a algo maior do que a si mesmo.
- Em geral, o quanto leva uma vida significativa e com propósito?

- No geral, quanto acha que o que faz na sua vida é relevante e vale a pena?
- Geralmente, o quanto sente que está consciente sobre a direção que sua vida vem tomando?

A = *Accomplishment* (realizações): pode ser algo objetivo, como prêmios recebidos, mas é importante sentir que se tem domínio de algo e reconhecer conquistas. É sentir-se capaz de arcar com suas responsabilidades.[3]

- Com qual frequência sente que está fazendo progresso na conquista dos seus objetivos?
- Com qual frequência conquista objetivos importantes que estabeleceu para si mesmo(a)?
- Com qual frequência é capaz de lidar com as suas responsabilidades?[4]

Foi interessante perceber que o Propósito estava incluído em uma das dimensões do Bem-Estar. E, apesar do nome original ser "*meaning*", que em português seria "significado" (e não sentido/propósito), o autor detalha esse aspecto como ter um senso de propósito. Portanto, para nós, era fundamental que nossos entrevistados realmente tivessem bem-estar e direcionassem as suas escolhas na vida a partir de um propósito. Ou seja, queríamos encontrar pessoas que vivessem em estado de plenitude, o que está longe de ser uma vida fácil, tranquila, sem problemas ou com muito dinheiro.

---

3. BUTLER, J.; KERN, M. L. The PERMA profiler: A brief multidimensional measure of flourishing. **International Journal of Wellbeing**. v. 6, n. 3, 2016. DOI: 10.5502/ijw.v. Disponível em: https://www.internationaljournalofwellbeing.org/index.php/ijow/article/view/526

4. CARVALHO, T. F. **A ciência do florescimento**: adaptação e evidências de validade da escala PERMA-Profiler para o contexto brasileiro. Dissertação (Mestrado em Psicologia Clínica)–Departamento de Psicologia, PUC-Rio, 2020.

Como nós duas somos pesquisadoras, achamos importante trazer uma escala para que pudéssemos nos certificar de que nossos entrevistados estavam realmente no estado de plenitude. E buscamos a escala que medisse os componentes do PERMA nos artigos científicos (emoções positivas, engajamento, relacionamentos, propósito e realizações).

Assim, nossa escolha foi por pessoas que alcançassem um nível acima de 8,0 pontos na média dos cinco componentes do PERMA.

Ao identificar tal escala, notamos que, além desses cinco elementos, foram incorporadas as emoções negativas (raiva, tristeza, ansiedade) como algo inverso às emoções positivas, além de dimensões relativas à saúde e à solidão.

No entanto, ao disponibilizarmos a escala do PERMA para os potenciais entrevistados, quase ninguém conseguia obter uma pontuação elevada (acima de 8,0 pontos na escala de 1,0 a 10,0) nesses componentes adicionais. Imaginamos que a pandemia pode ter tido um impacto grande nesse sentido, mas também desconfiamos que algumas emoções negativas também poderiam ser propulsoras do propósito. Por exemplo, uma pessoa que sente um certo nível de raiva no dia a dia, pode mobilizá-la para fazer a diferença no mundo. Assim como a ansiedade pode ser um propulsor das realizações. E a tristeza pode gerar conexão com uma situação difícil e impulsionar a pessoa a fazer algo para melhorar aquela condição.

Quanto à saúde, entendemos que tenha, sim, impacto no bem-estar, mas desde que a pessoa não esteja em um estado de doença que a prejudique significativamente, não consideramos que seja impeditivo que uma pessoa que não se sinta um destaque no campo da saúde física possa estar no estado Pleno.

E no que diz respeito à solidão, na escala havia uma única pergunta para medi-la: "O quanto você se sente solitário(a) na sua vida diária?". Tivemos cinco entrevistados que pontuaram abaixo de 6,0 nesta questão. Quatro deles moravam longe da família ou do parceiro e um deles fazia home-office quase todos os dias. Também não entendemos que isso seja determinante para uma vida Plena. A pessoa pode ter apoio sempre que precisar, mesmo que no dia a dia sinta-se mais sozinha.

Além do aspecto quantitativo da escala, pedimos para os potenciais entrevistados responderem a duas perguntas abertas: uma sobre o que compõem o seu dia a dia (o que faz na sua rotina e com quem se relaciona) e outra sobre como contribui para a vida de outras pessoas além dela. Isso foi fundamental, pois diversas pessoas atribuíam notas bastante elevadas nos componentes do PERMA, mas as suas contribuições pareciam mais simples: eu procuro ser uma pessoa boa, estou aberto a ajudar quem precise, faço alguns projetos voluntários, digo para as pessoas que elas são especiais. São contribuições válidas e importantes, mas não pareciam tão amplas e consistentes como a de outros respondentes.

Para chegar aos potenciais entrevistados, fizemos um vídeo no Instagram explicando os critérios que buscávamos para a nossa pesquisa. E as pessoas responderam ou se candidatando ou indicando pessoas. Para todas que conseguimos contactar (alguns indicaram pessoas com perfis fechados que não permitiam o envio de mensagem), enviamos o link do questionário. Além dessa iniciativa no Instagram, também buscamos indicação com pessoas da nossa rede: amigas que são professoras indicaram ex-alunos, profissionais que trabalham em institutos indicaram jovens, amigos da área de desenvolvimento humano indicaram mentorados. Recebemos ao todo 50 respostas de pessoas que se candidataram ou foram indicadas. E foi difícil fazer a escolha final, pois havia pessoas maravilhosas que atendiam a todos os critérios, mas estavam no mesmo perfil de diversidade que outras pessoas também incríveis. Assim, chegamos a 14 entrevistados!

Desenhamos um roteiro para os entrevistados com poucas perguntas, mas com questões profundas.

ROTEIRO PARA AS ENTREVISTAS

Contextualização para os entrevistados: Explicar o que é a pesquisa, o motivo de ele/ela ter sido escolhido como entrevistado e a necessidade de gravação e uso dos dados:

- Estamos escrevendo um livro sobre Felicidade e Propósito. E entrevistando pessoas para coletarmos histórias e exemplos que possam ajudar pessoas a ter uma vida mais feliz e com sentido.
- Essa pesquisa tem o objetivo de ouvir as suas percepções sobre o que traz alegria na sua vida e sobre o que lhe faz sentir que contribui com outras pessoas.
- Escolhemos pessoas que demonstraram viver uma vida tanto feliz quanto com propósito na pesquisa que fizemos com o questionário que respondeu.
- Podemos gravar esta conversa para usarmos alguns exemplos ao longo do livro? Tudo o que quisermos usar no livro será enviado antes a você para que possa avaliar se está de acordo.

Vida Significativa

1) O que traz alegria na sua vida?

2) Como você faz no seu dia a dia para vivenciar essas coisas que lhe trazem alegria?

Vida com Propósito

Na definição de Propósito de Vida que usamos, estamos buscando a contribuição que a pessoa faz para outras pessoas ou para uma causa. A partir disso...

3) Como você contribui para a vida de outras pessoas ou para causas além de você?

4) Por que isso é importante para você?

5) Como você descobriu esse propósito? (deixar livre, mas depois explorar: o que disparou a descoberta, quais qualidades ela colocou a serviço disso, o que ela ama nisso, o que a vida trouxe de surpresas, houve alguma dor associada?)

6) No final da sua vida, o que precisará ter acontecido para você sentir que deixou um legado?

Agradecer ao entrevistado e explicar os próximos passos da pesquisa: vamos transcrever as entrevistas, escrever um relato da sua história e enviar para sua validação. Após todas as entrevistas, iremos identificar pontos em comum e escrever o livro, citando algumas falas suas, que validaremos também com você!

Análise e resultado das entrevistas

As entrevistas duraram, em média, 52 minutos. Foram feitas via zoom, gravadas e transcritas por uma empresa externa que contratamos. As transcrições totalizaram 194 páginas (fonte Times New Roman, tamanho 12, espaçamento simples).

Não faria sentido inserir essas transcrições na íntegra no livro, então fizemos dois extratos dessa base completa:

Compusemos histórias de vida resumidas de cerca de duas páginas para cada entrevistado.

Buscamos padrões que se repetiam nas diferentes histórias.

Foi bastante desafiador sintetizar histórias tão ricas em poucas palavras, dando sentido às suas trajetórias e adicionando o nosso olhar amoroso e sensível. Alguns dias depois de cada entrevista, enviamos as histórias para cada pessoa e recebemos suas validações. Ficamos positivamente surpresas com as reações deles. Havia poucos ajustes a serem feitos e muitos nos relataram que nós conseguimos ver as histórias deles de uma maneira que eles nunca haviam se dado conta.

"Vocês conseguiram ver coisas em mim que eu nunca tinha percebido. Gostei muito!"

"Fico honrado pelo cuidado com as palavras e por poder ler uma parte da minha história escrita de forma tão sensível."

"Que lindo que ficou!! Me identifiquei com tudo!!! 😍 obrigada por me traduzirem tão bem!! ♡"

E então começamos o trabalho de identificar padrões comuns aos diferentes entrevistados. Inicialmente, imaginamos fazer uma análise de categorias, um método qualitativo bem detalhado em que buscamos identificar categorias que sintetizam diversas falas dos entrevistados. E procuramos o Vicente Sarubbi, especialista nesse tipo de análise.

Buscamos inicialmente fontes de bem-estar, formas de gestão da vida para ter bem-estar, contribuições além de si, fontes de propósito, efeitos de viver com propósito, legados. No entanto, emergiram muitas crenças que nos pareceram bastante importantes também, por exemplo, "os desafios da vida são fonte de aprendizado" e "é necessário fazer escolhas na vida". E passamos a incluí-las nas análises.

Mas conforme avançamos no processo, percebemos que em algumas categorias como "fontes de bem-estar", havia um número muito grande de peculiaridades. E eram aspectos bastante singulares de cada pessoa, que não poderiam servir de parâmetro para os nossos leitores.

Então, nos direcionamos a identificar padrões em um nível mais amplo, de grandes categorias e aí achamos um caminho que consideramos que seria útil para que os leitores pudessem avaliar suas vidas e escolhas. Validamos todo o conteúdo com os entrevistados e obtivemos seus consentimentos para publicação de suas informações no livro.

E você teve acesso ao resultado desse trabalho de análise ao longo de todo o livro. Esperamos que nossa pesquisa tenha sido útil a você e que possa construir seus próprios caminhos a partir dos exemplos das diferentes pessoas que contribuíram para este livro. Que você também se sinta realizado em sua vida, nutrindo-se do que for significativo para você e contribuindo para o mundo além de si.